湖北省社会科学基金一般项目（前期资助项目，项目编号：19ZD118）

新时代大学生
思想政治工作优化路径研究

——基于社会工作参与的行动策略

张微　王祖根　著

武汉大学出版社

图书在版编目（CIP）数据

新时代大学生思想政治工作优化路径研究:基于社会工作参与的行动策略/张微,王祖根著.—武汉:武汉大学出版社,2022.12
ISBN 978-7-307-23349-2

Ⅰ.新… Ⅱ.①张… ②王… Ⅲ.大学生—思想政治教育—研究—中国 Ⅳ.G641

中国版本图书馆 CIP 数据核字(2022)第 185563 号

责任编辑:胡国民　　　　责任校对:鄢春梅　　　　版式设计:马　佳

出版发行:**武汉大学出版社**　　(430072　武昌　珞珈山)
　　　　(电子邮箱:cbs22@whu.edu.cn　网址:www.wdp.com.cn)
印刷:湖北金海印务有限公司
开本:720×1000　1/16　印张:18　字数:283 千字　插页:1
版次:2022 年 12 月第 1 版　　2022 年 12 月第 1 次印刷
ISBN 978-7-307-23349-2　　定价:65.00 元

目 录

第一章

新时代大学生思政工作育人现状的实证分析

2017 年 12 月，教育部印发《高校思想政治工作质量提升工程实施纲要》，提出切实构建"十大"育人体系的基本任务。大力提升高校思想政治工作质量、加快推进"十大"育人体系建设，成为当前高校思想政治工作加强改进的重点。2020 年 6 月 8 日，教育部组织召开全面推进高等学校课程思政建设工作视频会议，部署《高等学校课程思政建设指导纲要》贯彻落实工作。会议强调，要深刻认识全面推进高校课程思政建设的战略意义，充分发挥好专业课教师"主力军"、专业课教学"主战场"、专业课课堂"主渠道"的作用，推动课程思政建设不断取得新进展新成效。近年来，高校"十大"育人体系各方面建设总体值得肯定，但有关工作仍有较大改进空间。

2018—2020 年，笔者针对大学生思想政治及其教育开展状况在全国范围内展开问卷调查，积累了反映高校思想政治工作开展及其育人成效的数据，系统分析了当前高校思政工作在学科育人、实践育人、组织育人、管理服务育人、资助育人和心理育人这六大方面的问题，可进一步为分析研判高校思想政治工作的建设实态与育人成效、探索提升高校思想政治工作质量的创新路径提供数据支撑。

社会工作参与高校思想政治教育工作是以回应现实问题为导向的，而这些现实问题就是目前我国高校思想政治教育面临的问题，其成为社会工作参与高校大学生思想政治教育工作的现实依据。

一、课程育人

课程育人指的是在充分发挥传统的思想政治理论课教育的同时，挖掘其他课程的育人元素，以形成合力和达到"同频共振"的效果，来实现育人的目的。

(一)思想政治理论课形式单一，创新不足

传统的思想政治理论课是大学生思想政治教育的主阵地，发挥着不可替代的作用。经过对1130名大学生的调查统计表明，从表1-1的结果可以看出，样本群体中目前学习思政课的主要途径是传统教学和网络课程，分别占比89.1%、81.5%，而翻转课堂和实践活动的形式则比较少，分别占比31%、47.2%；且在访问交谈中有大学生表示不重视思想政治理论课学习，认为思想政治理论课的内容过于空洞，理论性、说教性太强。传统教学和网络课程

表 1-1　你学习过的思想政治理论课开展的形式

		N(频率)	百分比(%)	有效百分比	累计百分比
有效	翻转课堂	350	11.9%	11.9%	31.0%
	传统教学	1007	34.2%	34.2%	89.1%
	网络课程	921	31.3%	31.3%	81.5%
	实践活动	533	18.1%	18.1%	47.2%
	其他	130	4.4%	4.4%	11.5%
合　　计		2941	100.0%	100.0%	260.3%

注：误差在±1%以内。

的共同特点都是以教师的灌输和讲解为主导，缺乏师生互动与反馈的机制，因此造成课堂沉闷枯燥，学生吸收率极低。而实践活动与翻转课堂则由于有了学生的互动、体验参与，能够弥补灌输教学的不足，提高教学质量。

表1-2显示，学生对现阶段完善思想政治理论的有效路径的需求排列前三位的分别是：增加更多的社会实践环节、教学手段与方法的创新、全校各个系统形成合力，营造"大思政"氛围。76.4%的学生认为现阶段完善思想政治理论课程教育的有效路径有增加更多的社会实践环节，58.8%的学生认为现阶段完善思想政治理论课程教育的有效路径有教学手段与方法创新，58.5%的学生认为全校各个系统形成合力，营造"大思政"氛围。此外，加强多媒体资源平台资源建设、加强对课堂和学生的管理以及思政课老师要更加具有人格及个人魅力的需求也占有一定的比重。

表1-2　你认为现阶段完善思想政治理论课程教育的有效路径

		N(频率)	百分比(%)	有效百分比	累计百分比
有效	全校各个系统形成合力，营造"大思政"氛围	19.1%	19.1%	19.1%	58.5%
	加强对课堂和学生的管理	14.4%	14.4%	14.4%	44.1%
	增加更多的社会实践环节	24.9%	24.9%	24.9%	76.4%
	教学手段与方法创新	19.2%	19.2%	19.2%	58.8%
	多媒体资源平台资源建设	12.1%	12.1%	12.1%	37.3%
	思政课老师要更加具有人格及个人魅力	9.8%	9.8%	9.8%	30.0%
	其他(请注明)	6%	6%	6%	1.9%
合　　计		3468	100.0%	100.0%	306.9%

注：误差在±1%以内。

(二)学生对于思想政治课程的理论与实际结合诉求较多，服从学校安排的惰性刻板思维明显

如表1-3所示，问卷反映的"学生将理论作用到实际中去，提高生活质量"的选择人数频率达到500，在总的1130份问卷调查人中占有较大优势，但是与此同时"学校强制规定学习，完成任务即可，重点放在其他学科"的选择频率与前者几乎相差不大，二者存在冲突和矛盾。另外，在表1-2中，认为现阶段完善思想政治理论课程教育的有效路径对于增加更多的社会实践环节的要求占比达到76.4%，频率为863，学生对于思想政治课程的理论与实际结合诉求较多，学生服从学校安排的惰性刻板思维明显。

表 1-3 你对学习思想政治理论课程的态度是

		N(频率)	百分比(%)	有效百分比	累计百分比
有效	非常喜欢，对相关知识涉猎广泛，有意向以后从事相关工作	229	20.3%	20.3%	20.3%
	将理论作用到实际中去，提高生活质量	515	45.6%	45.6%	65.8%
	学校强制规定学习，完成任务即可，重点放在其他学科	336	29.7%	29.7%	95.6%
	以后不参与相关的工作，没有了解的必要	50	4.4%	4.4%	100.0%
合　　计		1130	100.0%	100.0%	

不难看出，高校思想政治理论课形式单一，创新不足，没有结合学生的切实需求；实践教学环节少，内容多但与学生生活联系不够紧密，缺乏新意和创新。学生对于完善思想政治理论课程教育途径各有思考，表达出自身的诉求，各高校应该加大对服务对象的研究，理论与实际相结合探索多元化的思政理论课的教学方式，最大可能满足学生对于思想政治理论课程教育的丰富诉求，以达到课程育人的理想效果。

(三)学生学习思政课兴趣不浓厚

在关于学生对学习思想政治课程的态度问题的测量中，如表1-3所示，20.3%的学生对学习思想政治课程的态度是非常喜欢，对相关知识涉猎广泛，有意向以后从事相关工作，45.6%的学生对学习思想政治课程的态度是将理论作用到实际中去，提高生活质量，29.7%的学生对学习思想政治课程的态度是学校强制规定学习，完成任务即可，重点放在其他学科，4.4%的学生对学习思想政治课程的态度是以后不参与相关的工作，没有了解的必要。

另外，在笔者的访谈中，在谈到"你会在思政课上做什么"的时候，极少数的同学选择认真听课，在课上都有不同程度地开小差，做其他事情，一部分学生在课上看其他方面的书，做专业课的作业，甚至有的同学会在思政课上睡觉、玩手机。大多数学生对思政理论课不以为意，觉得思政这样的课程，上不上无关紧要，只要考前看一下书，集中背一下就能通过考试。不难发现，广大学生对思想政治理论课的兴趣不浓厚。

(四)专业课教师育人意识有待进一步提高

如表1-4所示，在被问及专业课老师在培养学生"以德为先德法兼修"方面内容的评价时，79.3%的被调查者认为他们专业课老师不大注重、根本不注重学生"以德为先，德法兼修"的内容培养；在被问及专业课老师在培养学生"人文素养与人文情怀"方面内容的评价时，74.3%的被调查者认为他们专业课老师不大注重、根本不注重学生这方面素质的培养；在被问及专业课老师在培养学生"科学精神与科学伦理、深入基层，服务民众、社会责任感与使命感"三个方面内容的评价时，分别只有30%、44.7%、27.1%的被调查学生（都不到50%的比重）认为专业课老师较注重学生这几方面素质的培养。同样，在表1-5中，在"你与专业课老师沟通与请教学习以外的内容多吗"的测量中，选择非常多和比较多的选项的学生也只有274人，不到三成，而70%以上的学生平时跟专业课教师的互动交流是较少的或不足的。

学科育人要求专业课老师不仅要传授专业知识，还要培养学生的各种素养。学生日常与专业课老师沟通与请教学习以外的内容的频次和评价，能够有效反映专业课教师发挥第二课堂育人的效果。从上述数据不难发现，专业课教师在教学、科研和实践过程中育人的意识需要进一步提高，增强主动育人的意识，从而积极有效地在学习生活中开展育人工作。

表1-4　你认为你的专业课老师在教学、科研和实践过程中

注重培养学生如下内容的程度如何

选项　内容	非常注重（5分）	比较注重（4分）	一般（3分）	不大注重（2分）	根本不注重（1分）
(1)以德为先、德法兼修	2.5%	2.5%	15.7%	39.6%	39.7%
(2)人文素养与人文情怀	2.9%	4.8%	18.0%	41.9%	32.4%
(3)科学精神与科学伦理	2.0%	5.5%	22.5%	39.7%	30.3%
(4)深入基层，服务民众	3.6%	8.0%	33.1%	29.5%	25.8%
(5)社会责任感与使命感	2.7%	5.9%	18.5%	36.8%	36.1%

表1-5　你与专业课老师沟通与请教学习以外的内容多吗

		N(频率)	百分比(%)	有效百分比	累计百分比
有效	非常多	70	6.2%	6.2%	6.2%
	比较多	204	18.1%	18.1%	24.2%
	一般	507	44.9%	44.9%	69.1%
	很少	281	24.9%	24.9%	94.0%
	从不	68	6.0%	6.0%	100.0%
合　　计		1130	100.0%	100.0%	

（五）专业课教师对学生思想与价值观的引领作用仍需进一步强化

如表1-6所示，在对"专业课教师乐意与你交流为人处世的话题吗"的调查中，22%的学生认为专业课教师非常乐意与同学交流为人处世的话题，44.2%的学生认为专业课教师比较乐意与同学交流为人处世的话题，29.6%的学生认为专业课教师与同学交流为人处世的话题一般。不难发现，接近七成的学生认为专业课教师能够积极主动地去跟他们分享生活中为人处世的话题，对他们的行为表现和价值引领作用还是积极肯定的。但是，选择一般、很少、从不选项的被调查者仍然占到33.7%的比重。在表1-7中，关于"你认为专业课教师除了讲授专业知识外，对学生思想与价值观引领的作用重要吗"

的调查中，选择非常重要、比较重要和一般选项的学生占到 98.5% 的比重，反映了学生当前需要加强对其思想和价值引领的迫切需要。

表 1-6　你的专业课教师乐意与你交流为人处世的话题吗

		N（频率）	百分比（%）	有效百分比	累计百分比
	非常乐意	249	22.0%	22.0%	22.0%
	比较乐意	500	44.2%	44.2%	66.3%
有效	一般	335	29.6%	29.6%	95.9%
	不太乐意	38	3.4%	3.4%	99.3%
	非常不乐意	8	0.7%	0.7%	100.0%
合　　计		1130	100.0%	100.0%	

注：误差在 ±1% 以内。

表 1-7　你认为专业课教师除了讲授专业知识外，对学生思想与价值观引领的作用重要吗

		N（频率）	百分比（%）	有效百分比	累计百分比
	非常重要	547	48.4%	48.4%	48.4%
	比较重要	440	38.9%	38.9%	87.3%
有效	一般	126	11.2%	11.2%	98.5%
	不太重要	15	1.3%	1.3%	99.8%
	根本不重要	2	0.2%	0.2%	100.0%
合　　计		1130	100.0%	100.0%	

通过上述实证数据不难看出，专业课教师学习生活中乐意与学生交流分享为人处世的话题，对其在思想、价值引领育人层面发挥了重大作用，学生和老师形成互补效应，但可以看到育人的潜力尚未充分有效挖掘出来，专业课教师对学生思想与价值观的引领作用仍需进一步强化。

综上所述，目前各高校的"课程育人"水平还有待提升，特别是在"大思政"氛围的营造与网络新媒体环境的创新上，未能充分为学生提供一个与时俱进的学习平台。所以高校的意识形态育人不应仅局限在思政课程，更应在基础课程、专业课程教学中，以及学生的日常管理中深入，在将思政课程同课程思政结合起来的基础上加以创新。

二、实践育人

实践育人是新时代高校思想政治教育工作的重要载体和途径，是高校人才培养的一个重要环节，包括课程实践教学和社会实践两种形式，是融合学校教育、社会教育和学生自我教育为一体的育人形式。

（一）学生对学校组织的社会实践教学内容满意度不高

表1-8显示，在"你如何评价学校组织的社会实践教学内容"的调查中，认为社会实践教学丰富课堂教学，很有收获的人数有590人，占比37.7%；认为社会实践教学很多，但是与理论联系不够紧密的达621人，占比39.7%；认为社会实践教学流于形式，玩大于学的有355人，占比22.7%。可以看到其占比都没有超过五成，可以看出学生对学校组织的社会实践教学内容满意度不高。

表1-8　你如何评价学校组织的社会实践教学内容

		N（频率）	百分比（%）	有效百分比（%）	累计百分比
有效	丰富课堂教学，很有收获	590	37.7%	52.4%	
	很多，但是与理论联系不够紧密	621	39.7%	55.2%	
	流于形式，玩大于学	355	22.7%	31.6%	
	总计	1566	100.0%	139.2%	

（二）实践育人的目标与社会实践教学内容客观实际不一致

表1-9显示，在"你认为实践实训是大学生将所学理论知识内化为思想、

外化为行为的重要环节"这个问题的测量中，有37.8%的被调查者非常同意这一观点，47.7%的被调查者比较同意这一观点，12.9%的被调查者持一般态度。从这个问题的回答来看，绝大多数人认为实践实训确实是大学生将所学知识内化为思想、外化为行为的重要环节。结合表1-8，不难发现，实践育人有助于大学生将理论知识内化为思想，外化为行为，但是在学校组织的社会实践教学内容的反馈和评价中却是与理论联系不够紧密，实践活动流于形式，玩大于学等负向评价，说明现在开展的实践活动还没有得到广大学生的认可，实践活动的作用没有体现出来。由此得知，实践育人的目标与社会实践教学内容客观实际是不一致的。

表1-9　你认为实践实训是大学生将所学理论内化为思想、外化为行为的重要环节

		N(频率)	百分比(%)	有效百分比	累计百分比
有效	非常同意	427	37.8%	37.8%	37.8%
	比较同意	539	47.7%	47.7%	85.5%
	一般	146	12.9%	12.9%	98.4%
	不大同意	16	1.4%	1.4%	99.8%
	根本不同意	2	0.2%	0.2%	100.0%
合　　计		1130	100.0%	100.0%	

(三)创新创业、志愿服务社会实践育人形式认可度较高，实效性增强

创新创业、志愿服务社会实践与大学生日常生活联系紧密，也是青年学生在成长发展的过程中关注较多的现实问题。在表1-10中，在参与大学生"互联网+"的创新创业赛事方面，有19.5%的被调查者表示非常愿意参与，35.3%的被调查者表示比较愿意参与，34.7%的被调查者持一般的态度，大部分的学生有参加大学生"互联网+"创新创业大赛的意愿。在进一步的访谈中，受访学生表示参加创新创业实践和志愿服务能够走出去，锻炼自己的实干本领，在活动过程中可以锻炼自己的职业能力、创新能力和应变能力，能

够为将来步入社会打下基础。可以看到，国内多数高校整合校内外资源，将大学生就业创业、志愿服务作为实践教学的重中之重，在提高学生就业创业素质、竞争力和责任感、奉献意识层面取得巨大进展，实效性增强。

表 1-10   你愿意参加大学生互联网的创新创业的赛事吗

		N（频率）	百分比（%）	有效百分比	累计百分比
有效	非常同意	220	19.5%	19.5%	19.5%
	比较同意	399	35.3%	35.3%	54.8%
	一般	392	34.7%	34.7%	89.5%
	不大同意	105	9.3%	9.3%	98.8%
	根本不同意	14	1.2%	1.2%	100.0%
合 计		1130	100.0%	100.0%	

综上所述，传统的实践教学由于内容陈旧、形式单一缺乏创新、流于表面、没有注重学生的参与性等原因已经无法满足当代大学生的需求；同时，三位一体的教学体系分别属于不同部门管理，难以形成教育合力，导致实践教学环节被虚化、弱化，致使实践育人的内容与目标有差距，实效性不足。与之相反，注重实践性、个体性和参与性较强的创新创业等新型实践形式日益受到学生的青睐，能够有效调动学生的实践热情和学以致用的积极性参与到实践中来，达到实践育人的效果。

三、学生组织育人

在高校组织育人实践中，学生会和社团等学生组织发挥着不可替代的作用。社团组织是学生基于共同的兴趣和爱好而自发组织起来的群众性团体，是学生自我服务、自我管理、自我教育、自我监督的群众性组织，是学校与广大青年学生之间的桥梁和纽带。随着社会的发展和高等教育的深入改革，高校中大学生社团组织呈现出蓬勃发展的态势。习近平总书记在全国高校思想政治工作会议上特别强调要注重发挥共青团、学生会组织和学生社团的作用，重视加强第二课堂建设。在此背景下，高校学生会组织和社团组织如何有效地发挥其在思政工作中组织育人的作用成了一个紧迫的现实性话题。

(一)组织育人载体——学生组织功能弱化明显

表 1-11 所示，在对"你认为社团、学生会等学生组织存在哪些不足"的问题测量中，53.3%的被调查者认为学生组织存在组织过于松散、凝聚力不足的问题；42.9%的被调查者认为学生组织缺乏老师的指导和扶持；69.2%的被调查者认为组织事务性工作太多、活动内容单一；60.4%的学生认为组织自主性不强，对学生多使用、少培育。可以看到，学生反映的社团、学生会学生组织的不足问题超过了五成，这说明，学生组织存在组织功能弱化，无法有效发挥组织育人的载体功能，需要重新挖掘组织的内生动力，加以引导，重塑组织的育人功能。

表 1-11　你认为社团、学生会等学生组织存在哪些不足

		N(频率)	百分比(%)	有效百分比	累计百分比
有效	组织过于松散，缺乏凝聚力	600	23.1%	53.3%	
	缺乏老师的指导与扶持	483	18.6%	42.9%	
	事务性工作太多，活动内容单一	778	29.9%	69.2%	
	学生自主性不强，对学生多使用、少培育	680	26.1%	60.4%	
	其他(请注明)	62	2.4%	5.5%	
总　　计		2603	100.0%	231.4%	

注：误差在±1%以内。

(二)学生对学生组织的工作满意度有待进一步提升

如表 1-12 显示，当被问及"你对校、院学生会的工作满意度如何"的问题时，只有 52.3%的被调查者对校级或者院级学生会的工作是持比较满意和非常满意的态度，还有近五成的学生持一般、不大满意或很不满意的态度。由

此可知，学生组织在服务学生方面起到了至关重要的作用，受到了肯定的评价；但仍有相当数量的学生对学生组织的工作满意度不高，其所发挥的育人效果相应地大打折扣。

表 1-12　你对校、院学生会的工作满意度如何

		N(频率)	百分比(%)	有效百分比	累计百分比
有效	非常满意	115	10.2%	10.2%	10.2%
	比较满意	476	42.1%	42.1%	52.3%
	一般	451	39.9%	39.9%	92.2%
	不大满意	64	5.7%	5.7%	97.9%
	很不满意	24	2.1%	2.1%	100.0%
合　　计		1130	100.0%	100.0%	

学生会和社团作为高校的重要群众组织，对学生起着重要的发展和提升作用，为了提高自身的能力和综合素质，很多学生在大学期间会选择加入学生会和社团工作来锻炼自己。从表 1-13 可以看出，52.4%的被调查者认为在学生会、社团等学生组织中工作收获是比较大和非常大的；而选择在学生会、社团等学生组织中工作收获一般、不太大和没有收获的累计占比达 47.6%。

表 1-13　你认为在学生会、社团等学生组织中工作收获大吗

		N(频率)	百分比(%)	有效百分比	累计百分比
有效	非常大	145	12.8%	12.8%	12.8%
	比较大	448	39.6%	39.6%	52.5%
	一般	414	36.6%	36.6%	89.1%
	不太大	101	8.9%	8.9%	98.1%
	没有收获	22	1.9%	1.9%	100.0%
合　　计		1130	100.0%	100.0%	

注：误差在±2%以内。

从这个数据来看，学生会和社团组织在高校育人方面起到了重要且良好的作用，五成以上的学生表示在学生组织中收获较大，但是也有相当比重的被调查者认为工作收获不大，这与其对校、院学生会等学生组织的工作满意度不高的选择是相一致的。

（三）学生组织对学生的思想、价值观引领作用需要进一步强化

在定量数据中，在对"如果你在学生会、社团等学生组织中锻炼，你想收获什么"的问卷调查中，如表1-14所示，想通过学生会、社团等学生组织使个人能力得到提升、个人人际交往圈得到扩大的学生分别占86.6%和72.6%，而在学生会、社团等学生组织中锻炼希望塑造正确价值观的学生比重占54.2%，想和老师有更多接触和交流机会的学生比重仅占48.1%，在所有想收获中处于最低比重状态。由此不难看出，利用学生组织做好高校学生思政工作，加强对学生的思想、价值观引领是高校组织育人的关键所在，学生组织对学生的思想、价值观引领作用需要进一步强化，引导广大青年学生形成正确价值观。

表1-14　如果你在学生会、社团等学生组织中锻炼，你想收获什么

		N(频率)	百分比(%)	有效百分比
有效	个人能力的提升	978	33.1%	86.6%
	正确价值观的塑造	613	20.7%	54.3%
	个人人际交往圈的扩大	820	27.7%	72.6%
	能和老师有更多接触、交流的机会	544	18.4%	48.2%
合　　计		2955	100.0%	261.7%

注：误差在±1%以内。

综上所述，学生组织作为高校思政工作的重要阵地，在高校育人工作中发挥着极其重要的组织育人作用。然而，当下出现了学生组织功能弱化、满意度不高和思想、价值观引领作用不充分等现实问题。

四、管理服务育人

管理服务育人是一种"大服务"理念，包含管理育人和服务育人两个层面，管理服务育人的中心不在于管理，而在于服务育人。管理服务育人是在贯彻落实党和国家对育人总体要求，应对当前我国经济社会发展对高校育人工作的新变化、新要求等大背景下提出来的，在十大育人体系处于核心地位。

(一)学校管理制度约束强，自我管理制度建设不足

高校通过系统规范的奖惩措施来为学生营造良好的管理服务育人环境，在制度保障机制方面是强有力的，在被问及"你所在学校(或院系)的学生管理与奖惩制度完善程度如何"的问题时，如表 1-15 所示，82.8%的被调查者认为自己学校的管理与奖惩制度比较完善和非常完善，仅有少部分学生认为是一般或不完善的。学校奖励惩处管理是既对立又统一的两个方面，通过发挥正强化和负强化效应来达到育人的目的。奖励管理体现的是一种管理制度约束，也是高校学生管理制度当中重要的环节之一。相反的是，在被问及"你

表 1-15   你所在学校(或院系)的学生管理与奖惩制度完善程度如何

		N(频率)	百分比(%)	有效百分比	累计百分比
有效	非常完善	175	15.5%	15.5%	15.5%
	比较完善	586	51.9%	51.9%	67.3%
	一般	303	26.8%	26.8%	94.2%
	不大完善	53	4.7%	4.7%	98.8%
	很不完善	13	1.2%	1.2%	100.0%
	合　计	1130	100.0%	100.0%	

注：误差在±1%以内。

所在的学校或者院系有制定自律公约吗"的问题时,如表 1-16 所示,只有 42.3%的被调查者选择"有"选项,而 57.7%的占比人数选择"没有"和"不知道"的选项,超半数以上的学生不知道或对学校(或院系)是否有制定自律公约给予否定,反映出学校(或院系)在加强学生自我管理制度建设方面的不足,因而学校(或院系)在这一方面还有待转变管理服务理念,以提高学生自我管理、自我约束的能力。

表 1-16 你所在的学校或者院系有制定自律公约吗

		N(频率)	百分比(%)	有效百分比	累计百分比
有效	有	478	42.3%	42.3%	42.3%
	没有	218	19.3%	19.3%	61.6%
	不知道	434	38.4%	38.4%	100.0%
合　计		1130	100.0%	100.0%	

同时,在表 1-17 中,在从学生角度出发,学校可以从哪些方面入手完善工作的建议调查中显示,"建立健全管理服务育人制度体系"的选择频率达到 778 人次,也从侧面反映出高校管理服务育人的管理机制有待进一步完善和建设。

表 1-17 建立健全管理服务育人制度体系

		N(频率)	百分比(%)	有效百分比	累计百分比
有效	无	352	31.2%	31.2%	31.2%
	有	778	68.8%	68.8%	100.0%
合　计		1130	100.0%	100.0%	

综上所述,各学校(或学院)在管理服务方面令在校生较为满意,但还得不断改进,在学生管理与奖惩制度、管理服务工作人员及其他管理服务方面

需要不断完善。已有研究表明，当前我国高校中普遍存在行政管理制度不全、管理措施不到位和管理水平不高等问题，制约了高校管理服务育人功能的发挥。

(二)学生对学校管理服务人员的工作效能满意度不高

高校管理服务育人的主体包括行政管理人员(教务处、学工部、院系办公室等部门)、后勤保障人员(宿管、食堂、保安等)、图书馆工作人员、辅导员、班主任或导师等，他们在日常工作中的工作效能、人文素质、形象等是管理服务育人的重要影响因素，是育人的关键环节。如表1-18所示，在"你对学校以下人员工作效能的评价是"的测量中，在对行政管理人员(教务处、学工部、院系办公室等部门)的效能评价中，选择"不大好"和"根本不好"的占比达到66.7%，在对后勤保障人员(宿管、食堂、保安等)的效能评价中选择"不大好"和"根本不好"的占比达到68.3%，在对图书馆工作人员、辅导员、班主任或导师的效能评价中，负向评价也分别达到70%、67.8%、71.1%的高占比。由此可知，学生对学校管理服务人员的工作效能满意度不高，也就从反面佐证了管理服务育人实效性不强、育人质量不高的结论。

表1-18　你对学校以下人员工作效能的评价是

内容＼选项	非常好 (5分)	比较好 (4分)	一般 (3分)	不大好 (2分)	根本不好 (1分)
(1)行政管理人员(教务处、学工部、院系办公室等部门)	3.0%	6.8%	23.5%	39.5%	27.2%
(2)后勤保障人员(宿管、食堂、保安等)	3.5%	5.2%	23.1%	42.6%	25.7%
(3)图书馆工作人员	1.9%	7.2%	21.1%	43.5%	26.5%
(4)辅导员	3.1%	6.4%	22.7%	35.9%	31.9%
(5)班主任或导师	3.2%	6.2%	19.5%	36.5%	34.6%

(三)学校过于强调校园服务设施硬件建设，忽视人文环境软件建设

良好的校园环境是管理服务育人重要的支撑条件，同时也是校方在管理服务育人方面作出的重大努力。在被问及"你学校在宿舍文化建设或评比中最重视的是"的问题测量中，如表1-19所示，87.0%的被调查者选择了"宿舍卫生"选项，51.3%的学生选择了"宿舍学风与总体成绩"选项，46.5%的被调查者选择了"宿舍装饰与布置"，这三项高居前三。而选择"是否建立宿舍公约与规则"和"宿舍人际关系和谐"的选项分别只占33.3%和40.6%。可以看到，学校在管理服务建设或评比中十分强调硬件设施建设和完善，而对于人文环境比如宿舍公约与规则、宿舍人际关系和谐等软件建设重视不够甚至忽视，管理服务育人环境建设浮于表面，没有深入发掘管理服务育人环境的内涵。在表1-20中，在"你觉得你所居住的宿舍区像是一个有'人情味'与归属感的社区吗"的问题测量中，接近35.0%的被调查者表示宿舍区不是一个具有"人情味"与归属感的社区，只是个暂住蜗居的地方和表示说不清，没有什么特殊感觉的地方。造成这种现象产生的原因可能有个体因素和家庭因素，其中，个体因素包括个性的差异、生活习惯的差异、人际交往知识和技能的欠缺，家庭因素包括家庭经济条件和家庭结构。学校对宿舍的管理工作往往只是最开始的给学生分配宿舍，以及评选优秀宿舍等奖惩规定，而忽视了学校作为

表1-19　你学校在宿舍文化建设或评比中最重视的是

		N(频率)	百分比(%)	有效百分比	累计百分比
有效	宿舍卫生	983	33.2%	33.2%	87.0%
	宿舍装饰与布置	525	17.7%	17.7%	46.5%
	宿舍学风与总体成绩	580	19.6%	19.6%	51.3%
	是否建立宿舍公约与规则	376	12.7%	12.7%	33.3%
	宿舍人际关系和谐	459	15.5%	15.5%	40.6%
	其他(请注明)	35	1.2%	1.2%	3.1%
合　计		2958	100.0%	100.0%	261.8%

表 1-20　你觉得你所居住的宿舍区像是一个有"人情味"与归属感的社区吗

		N(频率)	百分比(%)	有效百分比	累计百分比
有效	是的有归属感，很温暖	741	65.6%	65.6%	65.6%
	不是，只是个暂住蜗居的地方	184	16.3%	16.3%	81.9%
	说不清，没有什么特殊的感觉	205	18.1%	18.1%	100.0%
合　　计		1130	100.0%	100.0%	

主体，能够为学生营造和谐具有"人情味"的宿舍氛围。可以看到，学生对宿舍区归属感的认可度有待进一步加强，学校应该注重校园服务环境人文软件的建设和完善，考虑学生的需求，建设良好的社区文化环境氛围。

(四)学校营造学生参与的"善治"空间不足

基于前面的问题，在"你认为从学生角度出发，学校可以从哪些方面入手完善工作"的需求调查中，如表 1-21 所示，74.6%的被调查者选择"营造民主有序到位的育人环境"选项，建立健全管理服务育人制度体系、加强宣传教育提高自律意识、加强规范管理严格要求、推广先进经验和典型做法的选择占比依次是 69.2%、60.2%、59.3%、41.2%。不难发现，一方面学生认识到规

表 1-21　你认为从学生角度出发，学校可以从哪些方面入手完善工作

		N(频率)	百分比(%)	有效百分比	个案百分比
有效	建立健全管理服务育人制度体系	778	22.5%	22.5%	69.2%
	营造民主有序到位的育人环境	839	24.3%	24.3%	74.6%
	加强规范管理严格要求	667	19.3%	19.3%	59.3%
	加强宣传教育提高自律意识	677	19.6%	19.6%	60.2%
	推广先进经验和典型做法	463	13.4%	13.4%	41.2%
	其他(请注明)	33	1.0%	1.0%	2.9%
合　　计		3457	100.0%	100.0%	307.6%

范健全的管理服务育人体系、严格要求及宣传工作是必不可少的中心环节；另一方面，学生对于营造民主、有序、到位育人环境的愿望强烈，学校应该充分做到以生为本，增强学生参与管理的空间，从而营造民主有序到位的育人环境，真正从"管理"走向"治理"，让学生主体发挥"主人翁"责任意识，为校园建设、管理发展贡献力量。

综上，学校在管理服务育人的格局中，不同程度地存在学校管理制度约束强，自我管理制度建设不足，学校过于强调校园服务设施硬件建设，忽视人文环境软件建设，学生对学校管理服务人员的工作效能满意度不高，学校营造学生参与的"善治"空间不足等问题，需要高效转变管理服务育人理念，从"管理"走向"治理"，注重硬软件环境的协调建设，促进管理服务育人工作的高效开展。

五、资助育人

"资助育人"是新时代高校做好思想政治教育工作的重要内容和全新探索，是提升高校资助力量的有效途径。随着我国高校资助工作的不断发展，资助对象、领域的不断扩大，资助育人在促进教育公平公正，培育社会主义事业建设者和接班人的伟大工程中发挥着重要作用。

（一）学校针对大学生的各种资助政策完善程度良好

在定量数据中，在"学校针对大学生的各种资助政策是否完善"方面的问题调查中，如表 1-22 所示，有 151 名学生认为非常完善，占比 13.4%，有594 名学生认为比较完善，占比 52.6%，有 311 名学生认为一般，占比27.5%，共计 93.5% 的被调查者认为学校针对大学生的各种资助政策完善程度良好，表明高校在针对贫困生资助政策落实方面不断加强，知晓度高。通过进一步的访谈发现，部分学生认为政策不大完善，认为政策应该考虑不同地区、不同院校、不同专业、不同群体的综合性和差异性进行设计；还有学生指出尽管我国高校资助政策的上层体系建设相对完备，但是资助实施过程中缺乏精细化的管理规范与监督，影响资助政策的实施成效。

表 1-22   你认为学校针对大学生的各种资助政策完善程度如何

		N(频率)	百分比(%)	有效百分比	累计百分比
有效	非常完善	151	13.4%	13.4%	13.4%
	比较完善	594	52.6%	52.6%	65.9%
	一般	311	27.5%	27.5%	93.5%
	不大完善	64	5.7%	5.7%	99.1%
	很不完善	10	0.9%	0.9%	100.0%
合 计		1130	100.0%	100.0%	

(二)精准资助有待加强

在"你认为学校对贫困生资助的认定精准吗"这一问题的调查中,如表 1-23 所示,认为"非常精准"和"比较精准"的总占比 53.3%,认为"一般""不大精准"和"很不精准"总占比 46.8%。可以看出,相当部分被调查者对"贫困生资助的认定"的工作的认可度是不高的,也侧面反映出高校资助精准度方面存在一定缺陷和不足。在访谈中,笔者搜集到,有学生反映:一方面,在民主评议阶段,存在以人情为基础的投票,评议结果往往难以服众,无形之中给资助工作贴上了"人情化"标签,也违背了资助育人的目的和初衷;另一方面,贫困生家庭摸底难,仅仅依据学生提交的材料缺乏客观性,并且很多高校缺乏走访学生家庭这一环节,这加大了精准资助的难度。

表 1-23   你认为学校对贫困生资助的认定精准吗

		N(频率)	百分比(%)	有效百分比	累计百分比
有效	非常精准	111	9.8%	9.8%	9.8%
	比较精准	491	43.5%	43.5%	53.3%
	一般	350	31.0%	31.0%	84.2%
	不大精准	141	12.5%	12.5%	96.7%
	很不精准	37	3.3%	3.3%	100.0%
合 计		1130	100.0%	100.0%	

(三)资助育人成效有待进一步加强

资助育人成效强调的是要以扎实的资助工作为基础,培养受助学生的科学精神、思想品德、实践能力和人文素养,引导青年学生树立正确的世界观、人生观和价值观,最终实现受助学生的成长成才。在考量资助育人成效的调查中,如表1-24所示,在获得资助学生投身志愿服务方面,选择比较好和非常好的占比仅占56.9%,仍有43.1%的被调查者认为获得资助学生在投身志愿服务方面做得不尽如人意;在获得资助学生是否认真刻苦学习方面,选择比较好和非常好的占比占63.5%,仍有26.5%的被调查者认为获得资助学生认真学习方面没有用心追求学业进步;在获得资助学生是否如实陈述家庭情况方面,选择比较好和非常好的占比仅占62.9%,仍有37.1%的被调查者认为获得资助学生在如实陈述家庭情况方面没有如实反映家庭经济实际情况。

表1-24　你认为获得各种资助的同学做到如下方面的程度是

内容＼选项	非常好 (5分)	比较好 (4分)	一般 (3分)	不大好 (2分)	根本不好 (1分)
(1)投身志愿服务	24.2%	32.7%	31.0%	8.2%	3.9%
(2)认真刻苦学习	25.8%	37.7%	25.1%	7.5%	3.8%
(3)如实陈述家庭状况	27.6%	35.3%	24.5%	8.0%	4.6%

在访谈中,笔者调查到,国家资助体系的政策措施不断地完善,投入金额不断增多,但基本集中在物质层面,而缺乏情感上和精神上的育人,致使育人效果不佳。一方面,受资助学生存在心理上不感恩、思想上不诚信、行动上不自强等不良现象。另一方面,部分贫困学生并没有将诚信意识贯彻落实到生活实践中,部分学生为获取助学金不如实陈述家庭情况,也反映了资助育人没有达到理想的效果。而且,一些受资助学生不自强自立,在校期间并没有认真刻苦地学习,没有利用好助学金完成好学业,滋长了"等靠要"的

心态，导致资助育人没有达到预期的成效。

综上所述，虽然学校针对大学生的各种资助政策完善程度良好，但在实际层面却出现精准资助认可度不高和资助育人成效大打折扣等不良现象。鉴于此，一方面要加强对受助学生的思想教育引导，将物质资助和精神、情感资助相结合，端正学生的个人思想认识，让其深入理解国家资助的初衷和目的，加强诚信教育、苦难教育和培养感恩意识。高校既要从经济上扶贫，更要从精神上扶贫。加强挫折教育、苦难教育，引导学生常怀感恩之心，提高自立能力，提高资助育人的实效性。另一方面，加强资助育人工作的程序管理和监督反馈。建立定性指标与定量指标相结合的认定体系，利用大数据、互联网等工具建立动态数据库和考核监督机制，根据数据进行综合全面分析，深入了解受助学生的心理、健康、学习情况等，提高受助资格认定的准确度，进一步扩大援助对象的范围。

六、心理育人

心理育人指的是高校教育者根据教育对象（主要是在校师生）的实际身心情况，通过多种教育手段来实施的心理健康教育，是以积极引导、排解困惑、开发潜能、提升素质为目的的育人方式。简而言之，就是通过心理健康教育的方式达到育人的目的，进行育人活动。

（一）学校心理健康课程育人效果不显著

传统的心理健康课程是每所高校必修课程（多数选择在大一期间开设），是新生入学教育的重要组成部分。如表 1-25 显示，在关于学校开设心理健康课程对大学生帮助大小的调查中，认为学校开设心理健康课程对其的帮助非常大和比较大的被调查者有 451 人，占总人数的 40%；认为帮助一般、不太大、没有帮助的人数达 679 人，占总人数的 60%。同时，在"更愿意参加哪种形式心理主题相关活动"的调查中，选择更愿意参加"学生心理健康教育课程"的仅有 536 人，占总人数的 47.4%，不足五成。不难发现，多数被调查者认为心理健康课程对大学生的帮助不大或作用不明显，心理健康课程对学生的影响力一般，不能很好地帮助学生们预防和解决心理问题，起到育人的效果。通过进一步访谈了解到，部分学生也认为高校的心理育人教学内容照本宣科，枯燥晦涩，流于形式，教师教学方式单一，缺乏吸引力，很多内容当时就是觉得新鲜，在生活中却很少运用。

表 1-25　你认为学校开设心理健康课程对你的帮助大吗

		N(频率)	百分比(%)	有效百分比	累计百分比
有效	非常大	126	11.2%	11.2%	11.2%
	比较大	325	28.8%	28.8%	39.9%
	一般	492	43.5%	43.5%	83.5%
	不太大	140	12.4%	12.4%	95.8%
	没有帮助	47	4.2%	4.2%	100.0%
合　计		1130	100.0%	100.0%	

(二)高校心理健康教育机构专业化程度不高

如表 1-26 所示，当被问及"当你遇到心理问题时，你会第一时间想到去校心理咨询中心咨询吗"的问题时，超过 60% 的学生不会甚至不太相信去校心理咨询中心。从访谈发现，多数访谈对象更愿意找信任的人如朋友、班主任、辅导员倾诉心理压力和问题，希望他们能给出意见。还有学生反映心理师资力量缺乏或专业素养欠缺而导致服务能力不足，导致大学生对心理健康教育服务较为不满意。这种现象在高校普遍存在，心理健康咨询中心在高校没有发挥应有的作用和功能，成为一个兴趣社团而非专业机构。这一方面是由于专业的健康教育体系起步较晚，另一方面则是具有行政性质的辅导员等学校职务涵盖心理健康教育的职能，学生普遍更信任辅导员式的心理健康教育而非专业的心理健康咨询机构。由此可知，高校心理健康教育机构专业化程度不高，从而导致心理育人效果不理想。

表 1-26   当你遇到心理问题时，你会第一时间想到去校心理咨询中心咨询吗

		N(频率)	百分比(%)	有效百分比	累计百分比
有效	会觉得心理老师肯定能帮到我	427	37.8%	37.8%	37.8%
	不会，不是很相信	703	62.2%	62.2%	100.0%
	合 计	1130	100.0%	100.0%	

(三) 心理育人形式单一，学生期待心理服务多样化

如表 1-27 所示，在"你更愿意参加哪种形式的心理主题相关活动"的调查中，更愿意参加"团体辅导"的有 512 人，占总人数的 45.3%；更愿意参加"心理主题班会"的有 510 人，占总人数的 45.1%；更愿意参加"学生心理健康教育课程"的有 536 人，占总人数的 47.4%；更愿意参加"心理知识相关讲座"的有 557 人，占总人数的 47.4%；调查数据显示，传统的心理健康课程仍然是心理育人的主要阵地，发挥着重要作用，但是目前大学生心理主题活动更青睐主题班会和团体辅导，占比达 49.6% 和 45.6%，大学生更加愿意参加多种形式和不同主题的活动，也侧面反映出大学生心理主题活动较为单一化、模式固定化和吸引力不足等问题，反映了大学生期待心理服务多样化的新诉求。

表 1-27   你更愿意参加哪种形式的心理主题相关活动

		N(频率)	百分比(%)	个案百分比
有效	团体辅导	512	23.6%	45.6%
	心理主题班会	510	23.5%	45.4%
	学生心理健康教育课程	536	24.7%	47.7%
	心理知识相关讲座	557	25.7%	49.6%
	其他(请注明)	53	2.4%	4.7%
	合 计	2168	100.0%	192.9%

　　综上所述，当前高校心理育人面临学校心理健康课程育人效果不显著，高校心理健康教育机构专业化程度不高，以及心理育人形式单一、学生期待心理服务多样化等新的问题。应该结合学生需求特点完善心理健康通识教育工作形式、内容，立足于当前的时代背景和文化特点，在社会主义核心价值观和本土文化的引领下发挥出自己的特色，推进心理育人工作的新发展。

第二章

社会工作：一种大学生思政工作路径优化的行动策略

本章分为三节，主要涉及社会工作的内涵，历史沿革等相关概述；社会工作与高校思想政治教育工作相结合的依据；社会工作参与大学生思政工作育人的优化路径。

一、社会工作概述

社会工作是现代社会福利制度的有机组成部分，已成为我国基层治理与社会福利传递中不可缺少的制度安排，它既是一个专门的服务领域，也是一个专业和学科。本部分介绍社会工作的产生、发展，以及它的体系结构和服务领域。

(一) 社会工作的产生与发展

1. 社会工作在西方国家的历史发展

社会工作首先发端于西方社会，早期的文艺复兴、宗教改革到启蒙运动，促使资产阶级人道主义思想作为西方社会的一种意识形态与宗教伦理相结合，并一起为后来兴起的现代慈善活动和社会工作奠定了思想基础。工业革命的兴起，在带来巨大生产力的同时也推动了从传统的农业社会向现代社会的转型，但同时滋生了大量的社会问题，如贫穷、饥饿、失业、环境污染、贫富差距拉大等，许多思想家、政治家和社会人士致力于解决这些社会问题，使人们免于痛苦，摆脱社会弊病，社会工作就是众多尝试中的一种。

不难发现，社会工作提供了一种解决社会问题的思路，试图解决资本主义发展过程中带来的种种弊端和社会问题的改良道路。在西方国家新教伦理、人道主义、社会福利思想、实证主义和空想社会主义等多种思潮的影响下，社会工作在长期的助人实践中不断发展起来。在发展过程中，这些助人实践从最开始的宗教、慈善、救济等行为活动逐步发展为具有高度组织化、职业化和专业化的助人行业。论及现代社会工作的发端，要追溯到 17 世纪以来西欧国家，特别是英国针对农村破产、失业和贫困人员建立的社会救助制度，最具标志性的事件就是 1601 年英国伊丽莎白女王颁布的《济贫法》。该方案包括六大方面内容，包括现代社会工作的助人自助、评估需求、分类救助等基本思想。尔后，这种助人实践在德国有了进一步发展，1788 年的"汉堡制"和 1852 年的"埃尔伯福制"形成组织化与专业化程度更高的救济助人工作体系。在这一时期，现代社会工作的基本思想与方法的雏形已初露端倪。但论及真正意义上现代专业意义上社会工作的形成，不得不提到 19 世纪末至 20 世纪初的慈善组织会社与社区睦邻运动。该时期，英国出现了许多民间的社会服务组织，弥补政府济贫活动的不足，慈善组织会社运动 1869 年发端于英国伦敦，并在长期的实践过程中发展形成了一套专业化的工作方法，比如：详细的个案记录、尊重案主、对案主的个人处境进行计划、对原因进行分析而不是仅仅谴责其行为、重视社会工作者与案主之间的关系等，都为现代专业社会工作奠定了基础。在随后的 30 多年间，其影响力扩大到英、美的诸多城市，英、美等国又兴起了一场睦邻组织运动又称社区睦邻运动，从巴内特在伦敦东区建立了一个社区睦邻服务中心"汤恩比馆"到亚当斯（J. Adams）在芝加哥创办了类似汤恩比馆的"赫尔馆"。在此过程中社区睦邻运动不仅发展了个案工作方法，还发展了小组工作方法和社区工作方法，对现代社会工作方法形成影响甚大。

　　研究者一般把两项活动视为专业社会工作的开端：1896 年，美国纽约有了第一批带薪的友好访问员（friendly visiting teacher），这标志着社会工作开始走向职业化，1898 年美国纽约慈善学院对带薪的"友好访问员"进行六周的专业培训；1893 年荷兰阿姆斯特丹社会工作学院成立，开设两年制的社会工作服务专业，这标志着社会工作开始走向专业化。可以说，19 世纪末 20 世纪初，一个具有系统的服务体系、服务人员经过培训和实践具有一定的专业方法和技巧、追求更好服务效果的职业和服务领域逐步形成了。这种职业化、专业化的服务被称为社会工作（social work），从事这种服务活动的人被称为社会工作者（social worker）。① 1917 年，玛丽·瑞奇蒙德撰写了《社会诊断》一书，这是社会工作领域的第一本专著，随后又出版了《什么是社会个案工作》，社会个案工作作为一种专业方法被社会工作者普遍接受，社会工作的专业性行动逻辑也开始内化到社会工作者的大脑中，成为社会工作专业化的标志。在随后社会工作的发展脉络上，其不断吸收和借鉴其他学科的理论成果，使其学科支撑也愈加多元，包括社会学、心理学、政治学、管理学等，社会工作的基础理论也涉及精神分析、行为主义、人本主义、系统论、标签论、优势视角、赋权视角等各大理论流派等。进入 20 世纪 40 年代，其工作方法也不断丰富，小组工作方法、社区工作方法相继被纳入社会工作中，个案工作、小组工作、社区工作三大基本方法得以确立。到了 70 年代，社会行政也作为一种间接的社会工作方法也被接受。社会工作专业方法的发展是社会工作知识和经验不断积累和发展的反映，也是其工作领域不断扩大和解决问题的方法不断发展的过程，这标志着社会工作专业的发展和相对成熟。

　　20 世纪中期以来，现代化进程加快，各种社会问题层出不穷，发展中国家和地区的社会工作在借鉴西方发达国家经验的基础上也创造着自己的经验，社会工作的发展反映着专业化和本土化两个方面的要求。伴随着社会工作在世界范围内的发展，社会工作的职业化与专业化使其服务拓展到了多个领域，包括贫穷、失业、疾病、婚姻家庭、学校、吸毒、酗酒、犯罪、劳工、种族

---

① 王思斌：《社会工作概论（第三版）》，北京：高等教育出版社 2014 年版，第 5 页。

歧视等各个领域，也使得社会工作模式不断转变。社会工作者不再是施舍者，而是帮助或协助受助者改变不利处境，不但要帮助受助者解决具体问题，还要增强其应对困境的能力，促进其能力发展与赋权增能。还有，社会工作不但关注现有问题的解决，而且注重从预防的角度开展工作。这些都彰显了社会工作已变得更加人性化、更加科学和深刻，标志着社会工作的不断发展。

2. 社会工作在我国的历史发展

社会工作在我国是一个舶来品，20 世纪初，具有现代意义的社会工作在中国出现了。

一方面，一些传教士开始在中国的大学讲授社会学、社会工作。1922 年北京社会学会成立；1925 年燕京大学建立"社会学与社会服务系"，系统地开设社会工作课程，并设有社会服务研究科、社会服务专修科、宗教社会服务专修科、宗教社会服务研究科等，培养多层次的社会工作专业人才，并从事专业性的服务活动。另一方面，从 20 年代开始，一些在西方受过正规教育的中国知识分子，开展了大量类似于社区睦邻运动的社区建设运动，其中以晏阳初倡导并极力推行的华北平民教育运动最为典型。这是中国知识界施行的、具有一定专业性质的社会工作实践活动。另外，在一些有国际背景的大医院中，如北京协和医院，有了中国最早的医务社会工作，在战后孤儿和贫民救济活动中，社会工作专业也得到了发展。

新中国成立后，从 1952 年到 1976 年，由于特定的政治、历史因素使得专业意义上的社会工作并未得到进一步发展。1978 年改革开放后，中国社会工作的发展进入新的历史时期。1979 年，国家决定在高校和科研院所恢复社会学学科，一些高校开始恢复讲授社会工作专业的相关课程。1986 年，国家教育委员会决定在高等学校设立社会工作与管理专业。北京大学等高等学校开始招收社会工作与管理专业的本科生，自此社会工作专业教育在我国开始逐步恢复重建。与此同时，民政部门也开始推进社会工作的发展，对干部进行社会工作相关知识的在职培训，讲授社会工作的相关内容。1991 年，在民政部的大力推动下，"中国社会工作者协会"成立，并加入国际社会工作者协会。1994 年，中国社会工作教育协会成立。进入 21 世纪的新时期新阶段，高等院校社会工作专业招生规模大幅度增加。2006 年中共中央十六届六中全会通过的《中共中央关于构建社会主义和谐社会若干重大问题的决定》（以下简称《决定》），作出了发展社会工作的重大战略部署，指出造就一支结构合理、素质优良的社会工作人才队伍，是构建社会主义和谐社会的迫切需要。要建立健全以培养、评价、使用、激励为主要内容的政策措施和制度保障，确定职业规范和从业标准，加强专业培训，提高社会工作人员职业素质和专业水平。同年，民政部颁布《社会工作者职业水平评价暂行规定》和《助理社会工作师、社会工作师职业水平考试实施办法》，以推动社会工作的职业化进程。2008 年 6 月，我国进行了全国第一次社会工作师职业资格考试。在中央政策引导和相关部门的推动下，我国社会工作人才队伍建设得到较快发展。随着2012 年《民政部、财政部关于政府购买社会工作服务的指导意见》的制定和落实，我国专业社会工作呈现出扎实发展的局面，而中共中央十八届三中全会提出"创新社会治理体制""激发组织活力"则进一步为我国社会工作的发展奠定了坚实的政策和制度基础。2018 年《政府工作报告》中指出，促进社会组织、专业社会工作、志愿服务健康发展，这已是政府工作报告中连续四年指出要加快专业社会工作的发展。"社会工作"一词连续四年被纳入《政府工作报告》，从"发展""支持"，再到"促进"，分别描述着社会工作不同时期的演变，也勾勒出社会工作事业发展的美好蓝图。2020 年社会工作在参与精准扶贫、乡村振兴的宏大计划中，发挥了重大的作用，习近平总书记在出席统筹推进新冠肺炎疫情防控和经济社会发展工作部署会议时强调，打赢疫情防控这场人民战争……要发挥社会工作的专业优势，支持广大社工、义工和志愿者开展心理疏导、情绪支持、保障支持等服务。2021 年《中华人民共和国国民经济和社会发展第十四个五年规划和二〇三五年远景目标纲要》中指出，发挥社会组织在社会治理中的作用，畅通和规范社会工作者等参与社会治理的途径。在党的十九大和"十四五"规划的引领下，未来社会工作的发展前景将更加美好。

在国家政策的大力推动下，社会工作在实务社会服务领域的发展也日新月异。首先，社会工作岗位数量再创新高，行业组织、社会工作机构不断壮大。从 2003 年，上海成立了中国第一家社会工作机构，到 2020 年年底，我国社会工作机构已超过 9700 家。其次，服务领域涉及社会治理、扶贫、医

务、精神卫生等帮困救弱的各个领域。再次，社会工作人才队伍建设不断发
展，人才培养规模实现历史跨越，全国现有 80 多所高职院校开设了社会工作
专科专业，近 350 所高校设立社会工作本科专业，150 多所高校和研究机构开
展了社会工作硕士专业教育，每年培养社会工作专业毕业生近 4 万名。此外，
2018 年 3 月 21 日，民政部网站正式对外公布了《高级社会工作师评价办法》，
我国初、中、高级相衔接的社会工作者职业资格制度体系基本建成。最后，
人才培养模式日益多元化，社会工作行业逐渐加深了对培养"专才"型人员的
关注，远程教育成为高等教育的重要组成部分，各地积极开展专业技巧、实
务模式方面的专题培训，扎实提升社会工作从业者在具体实务领域上所需要
具备的专项技能。

(二) 社会工作的内涵

就社会工作概念本身而言，其是"Social Work"的直译，在我国和西方国
家的实践中，由于不同国家和地区社会工作实践的差异性和复杂性，其内涵
十分丰富，各有不同。在早期阶段，社会工作被当作一种个人的慈善事业，
主要是社会的中上阶层成员在基督教信仰和人道主义的理念影响下，对社会
上贫困无助者的救助活动；中期阶段，主要是指由政府或私人社团所举办的
各种救助与救济事业，是一种有组织的活动，目的是解决因各种经济困难而
产生的诸如失业、贫困、老年、疾病、残障、孤寡等问题；现代意义上的社
会工作被当作一种由政府或私人社团所举办的专业服务，它所涉及的救助对
象不仅仅局限于贫困或遭遇其他社会问题的人，其范围也扩大到一般人。其
目的也不仅仅是对被救助者物质上的帮助，更重要的是提供专业上的咨询服
务，最终目的是助人自助，使被助者自觉、自立，发挥最大潜能。①

就微观行动而言，社会工作是一种职业、专业的助人活动。不同学者对
专业意义上的社会工作给出了不同的定义，美国社会工作者协会(National As-
sociation of Social Workers，NASW)认为社会工作是一种专业活动，用以协助
个人、群体、社区去强化或恢复能力，以发挥其社会功能，并创造有助于达

---

① 叶楚生：《社会工作概论》，台北：台北同泰公司 1980 年版，第 34 页。

成其目标的社会条件。① 联合国 1960 年出版的《国家社会服务方案的发展》指出，社会工作是协助个人及其社会环境，以使其更好地相互适应的活动。徐震认为社会工作是一套科学的助人过程和方法，其在《当代社会工作》中引述了弗里兰德和芬克的社会工作的定义：弗里兰德 1989 年在其著作《社会福利导论》(*Introduction to Social Welfare*)中强调社会工作是一种专业服务，是一个助人过程；芬克认为社会工作是一种科学和艺术，它通过提供助人服务，以增强个人与群体的人际关系和社会生活功能。② 在诸多对社会工作的专业意义的定义中，看到对社会工作者科学知识和方法改善受助者的不利处境、个人与社会环境更好地相互适应、人的发展等内容的强调。可见，社会工作是一个建构过程。它是社会工作者和服务对象之间进行互动的过程，也是他们作为一个行动系统与外部社会环境进行互动的过程，并且参与这一互动系统的每一个人（或机构）行动都对社会工作的发展方向、进程和结果产生影响。③学者王思斌进一步给出了一般性定义，即社会工作是秉持利他主义价值观，以科学知识为基础，运用科学的专业方法，帮助有需要的困难群体，解决其生活困境问题，协助个人及其社会环境更好地相互适应的职业活动。社会工作本质上是一种职业化的助人活动，其特征是向有需要的人特别是困难群体提供科学有效的服务。

就宏观制度视角而言，社会工作可被视为是社会的一种制度安排。如《世界社会科学百科全书(1968 年)》中指出，社会工作是旨在帮助社会上受到损害的个人、家庭、社区和群体，为他们创造条件，恢复和帮助人们适应社会和改善社会制度。我国官方对社会工作的理解更多的是把其纳入国家的顶层设计中，超越了微观领域的职业活动的意义。为了落实中共中央十六届六中全会发展社会工作的战略部署，民政部将社会工作视为社会建设的重要组成部分，它是一种体现社会主义核心价值理念，遵循专业伦理规范，坚持"助人自助"宗旨，在社会服务、社会管理领域，综合运用专业知识、技能和方法，

---

① 李迎生：《社会工作概论》，北京：中国人民大学出版社 2004 年版，第 5 页。

② 徐震、林万亿：《当代社会工作》，台北：台北五南图书出版公司 1986 年版，第 4~6 页。

③ 王思斌：《社会工作导论》，北京：高等教育出版社 2004 年版，第 6 页。

帮助有需要的个人、家庭、群体、组织和社区，整合社会资源，协调社会关系，预防和解决社会问题，恢复和发展社会功能，促进社会和谐的职业活动。这一说法结合中国当下国情，从基本要素、工作方法及功能的角度对社会工作进行阐述，比较具体地说明了社会工作的内涵。

本书的研究主旨是高校思想政治教育工作的社会工作参与，即社会工作参与到高校思想政治教育工作的行动实践中。在此主旨下，在界定"社会工作"内涵的基础上，本书并非意指社会工作作为制度安排或职业活动的一面，而是意指其专业的一面，即社会工作是指其作为一种专业性的实践活动在长期行动实践中所形塑的一整套专业行动框架，包括基本价值、专业价值、基础理论、实践模式及具体技巧，从宏观到微观的专业行动逻辑。简而言之，本书探讨的议题中，社会工作意指其在参与高校思想政治教育工作的行动实践中所表现出有别于传统高校思想政治教育工作的行动框架。

(三) 社会工作的特点

社会工作学作为一门综合性应用社会科学，有着自己独特的学科特点，主要体现在价值为本性、客观科学性、功能多元性和领域广泛性。

1. 价值为本性

社会工作是以价值为本、利他主义为指导的专业，价值是社会工作的灵魂。它为社会工作的发展指明了方向，为社会工作者提供了行为准则，也为社会工作方法提供了依据。新教伦理、人道主义和社会福利观念是西方社会工作价值的主要思想来源，植根于西方信仰科学、民主、自由、平等、博爱等文化之中。高登斯坦(H. Goldstein) 明确指出价值与社会工作的关系："价值被认为是社会工作定义的基础，同时被看作是社会工作的唯一基础和不可缺少的基础之一，也被认为是社会工作技术的源泉，是对某些人进入某种职业的动机和社会工作者与案主互动的特征、关系的解释。总之，社会工作的结构中，价值被置于重要的战略地位。"① 社会工作价值是为社会工作专业所秉持的一套持久稳定的信念体系，它是在本专业的基础上形成的、被全体成

---

① 转引自王思斌：《社会工作概论》，北京：高等教育出版社 2006 年版，第 41 页。

员认同的、对从业者的行为起指导和规范作用的专业趋向。①

世界上不同的国家和地区，由于其文化背景、民族传统、风俗习惯等方面的差异，社会工作专业价值观也存在着不同。尽管如此，社会工作的核心价值理念无论在哪个国家、哪个民族、哪个地区都是相同的，即公正、平等、人道等理念决定了社会工作专业区别于其他专业的本质特征。美国《社会工作教育会议课程方针声明书》对社会工作职业的核心价值作了如下概括：社会工作者的职业关系建立在他们对个人价值、人类尊严以及更进一步共同参与、接受、保密、诚实和处理冲突责任尊重的基础之上；社会工作者尊重人们选择、缩短和参与帮助过程的权利；社会工作者致力于使社会机构更人道和敏感地对待人类的需要；社会工作者对不同人口的独特个性表示尊敬和接受；案主参与、自决、保密是其中基本的社会工作价值。② 社会工作价值按照从抽象到具体的次序，可以区分为终极价值、中介价值和工具价值三个不同层次。学者王思斌立足于我国传统文化和本土化的国情，根据对发达国家社会工作价值体系的借鉴和创新，认为中国社会工作价值体系包括四个层次的内容，即社会价值、专业价值、专业伦理和操作守则。

社会工作注重价值为本的特性也就使得其在具体的行动实践中展现出人本性、服务性和增能性的独特特征。第一，人本性。在现代成熟的社会工作价值中，著名的操作定义、比斯泰克和泰彻的三大价值体系中，均把人本主义的思想作为社会工作最主要的实践价值。比如比斯泰克（F. P. Biestek）指出，人的尊严和价值是至高无上的；泰彻（M. Teicher）指出，每一个人都有作为人的尊严和价值，每一个人都应该受到尊敬和得到周到的对待；操作定义中指出，个人是社会首先要关心的对象，尽管对每个人来说，他们都具有共同的人类需要，但是每一个人从本质上来说是唯一的，与其他人是不同的。③在我国，党的十六大把以人为本作为国家发展中的基本战略，由此，以人为本也成为社会工作在我国本土实践的基本价值。在实践中，人本性是社会工

---

① 罗肖泉：《践行社会正义》，北京：社会科学文献出版社 2005 年版，第 74 页。
② 罗肖泉：《践行社会正义》，北京：社会科学文献出版社 2005 年版，第 87 页。
③ 王思斌：《社会工作概论（第三版）》，北京：高等教育出版社 2014 年版，第 46~47 页。

作基本的实践特性，其延伸出了社会工作的多个实践原则，比如个别化、尊敬人、接纳、真诚、自决、非评判、保密等都形塑着各个领域的社会工作实践。第二，服务性。社会工作是职业的助人活动，是以利他主义为取向的。社会工作以专业性的服务供给为目标诉求，通过"助人自助"解决其经济上、精神上、社会交往上存在的困难。服务性即社会工作的根本特性与价值诉求。① 自社会工作实践诞生伊始，对贫民、流浪人员的救助不仅仅是物质性的，还包括诸多服务性的救助，比如开设习艺所，为身体健全的贫民提供就业培训，将流浪乞讨人员、孤儿收容到感化所中，为其提供教育、医疗等各种服务。随着社会工作不断职业化、专业化的发展，社会工作者们始终将为服务对象链接服务资源和直接服务对象的服务性价值理念作为其实践的重要行动逻辑。第三，增能性。社会工作在实践中助人活动，并非简单地为人提供救助性的服务。从根本说上，其实践的目标导向是促进服务对象的增能。增能性是社会实践的重要特性，就某种意义而言，其是社会工作行动实践的根本特性，是社会工作助人活动区别于其他专业助人活动的本质特征。在西方早期的社会工作中，无论是在《济贫法》指引下的慈善活动，还是德国"汉堡制"和"爱尔伯福制"下的专业组织救助活动，均始终以感化受助使其贫民回归社会，并努力提升其就业、生活能力为工作目标。在19世纪中后期英美的社会工作实践中，"汤恩比馆"和"霍尔馆"本身就不是简单的救助场所，而是带有浓厚感化和习艺性质的场所，而社区睦邻运动本身就是以"道德提升"为目标的贫民教育运动。社会工作者与服务对象之间并非治疗关系，而是保持平等互动的关系，社会工作者为服务对象提供积极帮助的同时，也提供协助其潜能发展与成长发展的服务，促使其内在潜能的激发。

2. 学科综合多元性

社会工作是一个以助人为中心的专业，处在社会关系中的人复杂多样、问题错综复杂，这决定了社会工作者必须善于运用多种社会科学甚至自然科学提供的理论、方法及技术为服务对象提供服务。首先，社会工作服务对象的多样性，在实践中不同类型的服务对象使得社会工作者需要具备的知识结

---

① 李静：《合作治理视域下社会企业介入社会服务的路径研究：逻辑、优势及选择》，载《人文杂志》2016年第6期，第120~125页。

构会有所不同；其次，由于社会工作实践领域的宽广性，使得社会工作者在实践中必须了解不同层次的知识结构；最后，由于服务对象问题的复杂性，社会工作者需要运用多种理论模式去审视与解决问题，这要求社会工作者对介入策略相关知识的掌握具有一定的宽度。基于此，皮拉里斯(Pilaris)提出"三分法模型"，① 它将社会工作理论从内容上划分为三个相互联系又相互区别的组成部分：宏观理论、中观理论和微观理论。很多学者倾向于社会工作理论的"两分法"模型："为社会工作的理论"和"社会工作的理论"，或被蒂姆斯(Timms)称为外借理论(理论基础)和实施理论(或助人模式)。②

　　所谓外借理论，是指影响社会工作实践发展的外部理论，是来自其他学科的理论，在实践中，社会学、心理学、管理学、政治学和伦理学、精神医学、经济学等是社会工作者需要具备的知识基础。所谓实施理论，是指社会工作者在长期的专业发展过程中所积累的经验，形成的一套系统的理论，它直接指导着社会工作实践的行为模式，实现社会工作的目标，因此也叫作"助人模式"。社会工作的实施理论一般分为诊断理论和干预理论两个部分。一方面，诊断理论主要包括对问题的界定和分析、对受助者人格系统的评估分析、对案主的需要分析、对案主所在环境分析的相关理论和概念等。就服务科学性、有效性而言，在为案主提供专业服务之前，必须依赖科学方法和工具，对案主的自身情况家庭背景组织背景、相关社会政策等资料和信息详细掌握，对相应问题进行科学研究，探寻案主人格系统与环境变迁之间的联系，或社区内问题与当地居民的关系等，这就是社会工作实践中的诊断或评估过程。另一方面，微观上，干预理论主要是指社会工作者如何通过行动来影响案主的人格、环境和社会系统，促使个体行为改变或团体生活的变化等；而宏观上，干预理论主要是指社会工作者如何通过行动使宏观体系得以改变，比如社会改革，社区福利制度的改良等。干预理论主要是一些"解决问题"的方法和模式，这些实务模式是同社会工作最常用的三大方法联系在一起的。个案工作中的主要模式有心理社会治疗模式、行为治疗模式、人本主义治疗模式、危机干预模式等；小组工作的主要模式如社会目标模式、治疗模式和互动模

① 王思斌：《社会工作概论》，北京：高等教育出版社 2006 年版，第 63 页。
② 李迎生：《社会工作概论》，北京：中国人民大学出版社 2010 年版，第 91~92 页。

式；社区工作则主要为地区发展模式、社会计划模式和社会行动模式。

社会工作者在实践过程中需要运用的知识在类型上和结构上均十分宽广，从类型而言，包括哲学、经济学、社会学、心理学、管理学、政治学等学科；从层次而言，有哲学层次上的宏观理论，其是对人与社会本质和发展规律进行解释与预测的理论，如历史唯物主义、马克思关于人的全面发展理论等；还有中观层面对某一群体或社会现象进行解释与介入的理论或模式；还包括谈话技巧等微观理论等，这些都会成为社会工作专业实践的行动框架，因此社会工作理论运用的多元性与多层次性是社会工作学科综合多元性的集中体现。

3. 科学实践性

首先，社会工作是以解决实际问题为宗旨的应用科学，发端于实践，服务于实践。社会工作和自然科学中以解决现实问题为宗旨的工程学类似，社会工作学是社会科学中以解决现实社会问题为宗旨的或可称为"社会工程学"其中的一门。① 它是以解决问题为导向，运用各种方法、手段去解决问题的学科。梳理社会工作专业发展的历程不难发现，社会工作专业是一个发端于实践的专业，并在发展中经历了先有实践后有理论、先职业化后专业化的发展历程，这样的发展历程均是以实践作为主线的，且是以知识的应用作为基础的。与此同时，社会工作专业教育不但聘用具有丰富实务经验的一线社会工作者来授课，同时在课时安排、学分获取上也大大加重实践课程的安排，注重培养学生的实务能力和业务素质。此外，社会工作的相关理论与实务研究也大多是指向实践的，回归到社会现实实践中，更好地将理论研究和实务相结合，推动社会工作专业的发展。我们可以看到，在具体的实践中，由于不同领域、不同人群的特点不同，在实践中必须结合各个领域、各个人群的不同问题与需求，因此服务手法也不尽相同，甚至是相对独立的。

其次，社会工作开展的行动实践以科学的理论和方法作为支撑，提高了行动实践的科学性。如前所述，社会工作具有学科综合多元性的特点，丰富了实务中方法的多样性和操作性。第一，在社会工作的实践中，具有很强科

---

① 李迎生：《社会工作概论》，北京：中国人民大学出版社 2004 年版，第 12 页。

学性的各社会科学学科均被纳入社会工作，比如精神分析、行为主义、生态系统、心理学、伦理学等理论，促使社会工作者在行动实践中所持的价值理念和审视解释服务对象问题的理论背景均具有很强的理性色彩，不再是凭借自身的情感与经验出发，而是建立在实证主义基础之上的调查研究与客观分析，提高干预行动的科学性有效性。第二，理性科学的行动逻辑提高工作方法的严谨性。社会工作十分注重工作方法，社会工作的个案、小组、社区和社会行政等工作方法都是在专业化的过程实践中不断沉淀与完善，最后被纳入社会工作的专业行动框架中。就此种意义而言，社会工作各种工作方法历程充分体现了社会工作方法形成的严谨性。第三，社会工作专业方法的实务应用，体现了工作流程的严密性。就社会工作的工作流程而言，虽然不同学者的表述不一，但事实上，从接触案主开始，到结束服务，均要经过建立专业关系、需求评估、计划、实施、效果评估和结案等多个程序，且每个环节均有较为标准化的操作。这一流程是一个持续的、前后连贯的过程，每个环节都是必不可少的，并形成了一个逻辑严密地闭合回路，保证服务目标的实现。虽然在目标实现的实践过程中，每个流程会根据实际状况有所调整，但每个环节在逻辑上是环环相扣的，体现出高度的严密性。

4. 领域广泛性

社会工作专业学科的指向是应用性的，是以解决具体问题为导向的，这就意味着社会工作服务或介入的领域具有广泛性的特点。从社会工作的产生过程和社会工作解决问题的特点来看，社会工作实践可以分为基本领域和拓展领域。社会工作实践的基本领域即社会工作发挥作用的传统领域（最易于发挥自身的特长），拓展领域则是随着新的社会问题出现和社会问题的复杂化，需要社会工作新介入的领域。

社会工作发展史表明，遭遇基本生活困难的弱势群体、困难群体是社会工作优先干预和解决的，也即传统领域。这主要包括：失去家庭关爱和社会支持的儿童问题；缺乏经济能力和家庭支持的老人问题；被歧视、生活水平低下的女性问题；失业而导致的家庭生活困难等的问题；由于多种原因家庭成员之间的冲突及家庭解组方面的问题；由于社会变迁及环境恶劣而导致的社区贫困等问题。无论从社会工作的价值观，还是从当事人的困境以及社会正义和秩序的价值而言，弱势群体、困难群体遇到的基本生活方面的困难是社会工作实践的基本领域。当然，由于不同国家和地区的社情不同、所遇到的社会问题不同，社会工作实践的基本领域在不同国家、地区和社区可能会有所差异。

在现代社会中，随着工业化、市场化、城市化水平的不断深入，社会问题不断增加、复杂化，社会工作实践的领域也在不断扩大。随着人类物质生活水平的提高，人们对生活幸福感、生活质量的关注和追求也相应提升，加之社会工作的不断发展，社会工作解决社会问题、促进人类进步和社会发展的能力也在不断提高，它在解决社会问题和促进社会进步中的作用越来越得到认可，反过来在某种程度上也促进了社会工作对社会问题的干预。我国在和谐社会建设中引入社会工作，也是社会工作影响力不断增强的体现。新的领域主要包括儿童青少年服务、老人(长者)服务、妇女社会工作、残疾人康复服务、精神健康服务、外来农民工服务、家庭服务、学校社会工作、医疗社会工、公共卫生政策社会工作、就业服务、社会救助、矫治服务、乡村社区发展(乡村治理)等。除了上述领域，民族社会工作、军队社会工作、救灾社会工作等也是重要的社会工作领域和内容。总而言之，社会工作不仅需要提供具体的帮助，还需要在政策、制度等方面予以积极干预，解决结构性或制度性的社会问题(指由于受社会性因素直接或间接影响而产生的问题)，如失业、贫困等。针对不同的问题，社会工作的分类方式不同，呈现出各式各样不同的类型。无论哪一种社会工作的分类，都是与社会问题的出现和解决分不开的，而社会问题的产生以及人们为解决这些问题所做出的努力同时也促进着社会工作的发展。

二、社会工作与高校思政工作结合的依据

新时期"三全育人"的高校思想政治工作格局给高校思政工作的改革和发展指明了方向，在此背景下，探索社会工作参与高校思想政治教育工作的命题是切实可行的，本部分将进一步论述社会工作与高校思政工作结合的理论依据和现实依据。

（一）理论依据

社会工作与高校思政工作相结合的理论依据体现在工作理念的共融性、工作目标的统一性、工作对象的一致性三个方面。

1. 工作理念的共融性

工作理念是目标达成的指导思想。大学生思想政治教育的本质是服务于大学生更好地适应社会生活，通过建立良好的社会关系和人际关系，帮助大学生形成健康人格，实现远大人生理想目标的过程。在 2017 年 2 月中共中央国务院印发《关于加强和改进新形势下高校思想政治工作的意见》（简称《新意见》）中，将加强和改进高校思想政治工作的指导思想确定为高举中国特色社会主义伟大旗帜，全面贯彻党的十八大和十八届三中全会、四中全会、五中全会、六中全会精神，以马克思列宁主义、毛泽东思想、邓小平理论、"三个代表"重要思想、科学发展观为指导，深入学习贯彻习近平总书记系列重要讲话精神和治国理政新理念新思想新战略，全面贯彻党的教育方针，坚持社会主义办学方向，扎根中国大地办大学，以立德树人为根本，以理想信念教育为核心，以社会主义核心价值观为引领，切实抓好各方面基础性建设和基础性工作，切实加强和改善党的领导，全面提升思想政治工作水平，紧密团结在以习近平同志为核心的党中央周围，牢固树立政治意识、大局意识、核心意识、看齐意识，坚定不移维护党中央和党中央集中统一领导，为实现"两个一百年"奋斗目标、实现中华民族伟大复兴的中国梦，培养又红又专、德才兼备、全面发展的中国特色社会主义合格建设者和接班人。该文件作为党和政府对大学生思想政治教育的指导思想与基本原则的一般性论述，对高校思想政治教育工作的基本价值理念具有方向性指导意义。习近平总书记进一步指出："高校思想政治工作关系高校培养什么样的人、如何培养人以及为谁培养人这个根本问题。"[①]并通过系列论述从理论和实践结合上对这一根本问题进行了系统回答。这些重要论述，从确保中国特色社会主义事业后继有人和兴旺发达的高度，对大学生思想政治教育提出了更高的战略定位。由此看来，

---

① 《习近平在全国高校思想政治工作会议上强调把思想政治工作贯穿教育教学全过程开创我国高等教育事业发展新局面》，载《人民日报》，2016 年 12 月 9 日。

"以人为本、服务学生的全面发展"是新时期高校思想政治教育的核心价值理念，也是加强和改进大学生思想政治教育的根本要求。

社会工作作为一门专业性助人工作，以个人的价值和尊严、社会的稳定和展为取向，相信人的潜能和价值。社会工作的价值理念是多层次的，不同的学者有不同的划分，但总体而言，社会工作的价值体系分为基础价值(社会价值)与专业价值。社会工作专业的基本价值即助人自助、尊重人的尊严与价值和维护社会公平正义等，它们根植于社会工作的理论：对人的尊重，相信人有独特的个性，坚持人的自我改变、成长和不断进步的能力、"人在情境中""用生命影响生命"以及"以人为本"等。① 由此引申出社会工作的三个基本理念：助人自助的理念、尊重平等的理念、服务的理念。② 专业价值则是在实践过程中所有具体遵循的操作原则与专业伦理守则等。

就高校社会工作这一具体工作领域而言，其是社会工作价值在学校这一场域实践中的具体体现。美国学者米雷斯(P. A. Meares)总结了将社会工作价值观应用于学校的四种具体体现，社会工作价值应用于学校社会工作当中具体表现在：第一，重视每个人的价值和尊严。每个学生都是值得尊重的个体，无论其本身的任何独有的特征。第二，自主和自我实现的权利。每个学生都应该被允许享有共同学习的过程；第三，尊重个人的潜力并支持个人的志向使其得以实现。认识个体的差异性，介入的目的是协助学生达到教育上的目标。第四，每一个体有权与其他人不同，这些不同点应得到尊重。每个孩子不论其种族、经济地位如何，均有权在学校中获得同等待遇。③ 中国台湾社会工作学者廖荣利比较准确、全面地描述了学校社会工作应秉持的价值理念，包括：每个学生都有自我表达和实现的权利；学生在学习适应上有困难是个人行为发展过程中的自然现象；希望每一个学生都能在其天赋能力范围内充分发挥；相信学生在心理和行为方面适应不良是与家庭、学校、社会等外部环境密切相关；认清学生除了在学校得到应有的服务外还有赖于家和社区资

---

① 王思斌：《转型期的中国社会工作》，上海：华东理工大学出版社2003年版，第31页。

② 王思斌：《社会工作导论》，北京：北京大学出版社1998年版，第12页。

③ Meares A P. Social Work Services in Schools, 6th, N J: Prentice Hall Inc, 2009, p. 189.

源的充分服务；深信学校的各种设施与活动，应该以逐步形成学生社会化人格为目标；重视学生的个别差异及其对团体职责的表现；坚信学校社工必须具备科学知识和专业技能的原则。① 此外，学者许莉娅结合中国的实际状况提出了学校社会工作的基本价值和实践原则。关于基本价值，其从学生、群体、学校和社工四个层面予以界定，在实施原则方面，其提出了优势取向、资源连接、提供机会、主动服务和优先性五大原则。② 学者杨晓龙在《高校社会工作》一书中，对高校社会作的原则从提供资源、尊重价值、个体差异和助人自助、自我负责等方面进行了界定。③

从上述对"高校思想政治教育工作"和"学校社会工作"价值理念与原则的论述中可知，在基本价值方面，虽表述不同，但事实上都包含以学生为本、服务学生、尊重学生、注重学生成长和发展等价值理念。同时，在基本原则上，两者也存在诸多相似之处，都强调方法运用、客体参与、开放发展等原则。社会工作方法的工作理念体现了"以人为本"的理念和价值追求，符合新时期思想政治教育的核心价值理念。正是由于两者在基本价值理念与原则上的共通之处，使得两者在价值理念与实践原则上实现了共融，这种共融为社会工作的参与提供了可能性。

2. 工作目标的统一性

思想政治教育目标是指教育者根据社会的要求和人的发展要求，通过思想政治教育工作，使受教育者的思想品德、心理素质、人格及行为活动等方面在一定时期内达到所要的预期结果。2004 年，《中共中央国务院关于进一步加强和改进大学生思想政治的意见》提出将促进大学生的全面发展作为我国大学生思想政治教育的总目标，这也是我国高校思想政治教育工作的总目标。习近平总书记在高校思想政治工作会议指出青年是党和国家的未来、民族的希望，要全面贯彻党的教育方针，落实立德树人根本任务，培养德智体美全面发展的社会主义建设者和接班人。习近平总书记在同各

---

① 林胜义：《学校社会工作》，台北：巨流图书公司 1988 年版，第 111 页。

② 许莉娅：《学校社会工作》，北京：高等教育出版社 2009 年版，第 5~19 页。

③ 杨晓龙、张子中：《高校学社会工作》，北京：中国社会出版社 2010 年版，第 42~45 页。

界优秀青年代表座谈时的讲话中提出，广大青年要坚定理想信念、要练就过硬本领、要勇于创新创造、要矢志艰苦奋斗、要锤炼高尚品格，旨在历练宠辱不惊的心理素质，坚定百折不挠的进取意志，保持乐观向上的精神状态，善于变挫折为动力，用从挫折中吸取的教训启迪人生，使人生获得升华和超越。这就要求青年学生要以习近平总书记提出的"五个要"为标准，把自身的前途命运同国家和民族的前途命运紧紧联系在一起，不断促进自身全面发展。

首先，全面发展的目标充分体现了马克思主义关于人的全面发展学说，是党和政府"以人为本"的发展理念在高等教育和大学生思想政治教育中的具体落实，是党和政府充分考虑新时期大学生时代特点和思想状况的具体体现。其次，全面发展是当代大学生的个体需要，蕴含着大学生在德智体美等方面潜能的全面激发，在能力方面的全面增长，且与社会转型和社会发展方向相适应。最后，全面发展的培养目标也适应了建设中国特色社会主义的需要，是全面实施科教兴国和人才强国战略，是确保实现全面建成小康社会、加快推进社会主义现代化宏伟目标构建社会主义和谐社会的需要。总而言之，全面发展的目标力图把大学生这一精英群体培养成中国特色社会主义事业的建设者和接班人，是建设中国特色社会主义现代化事业的必然要求，具有重大而深远的战略意义。

社会工作的目标体现在两个层面：一是服务对象层面，主要有解救危难、缓解困难与促进发展等目标；二是社会层面，主要有解决社会问题、促进社会公平正义等目标。由此看来，社会工作秉承专业的价值观，用自身的专业方法介入社会生活，旨在解决个人、家庭、社会方面的问题，帮助服务对象恢复功能，发掘潜力，修复社会机制，解决和预防社会问题，促进人与环境、社会相和谐。从学校社会工作的目标出发，无论是外延更为宽广的"学校社会工作"，还是更为精准的"高校社会工作"，在其内涵中关于目标的界定上都包含促进学校内学生全面发展的目标取向。学者许莉娅在《学校社会工作》中提到学校社会工作的目的要与学校教育目的相一致，通过促进学校教育目的的实现来达到学校社会工作的目的实现，使学生获得良好幸福的人生。同时，其从终极目标、中期目标与具体目标阐述了学校社会工作的目标体系，其中，将宏观抽象的终极目标定位为一种理想、展望，学校社会工作的最终目标就是使学生获得良好与幸福的人生。① 而在学者石彤主编的《学校工作实务教程》中将学校社会工作的目标确定为如下四个方面：第一，保证实现教育机会均等和普及义务教育；第二，促进家庭、学校和社会的协调，配合学校的需要和增强教育的功能；第三，学校社会工作的最终目标是促进学生德、智、体、美、劳等的全面发展；第四，实现社会福利。② 同时，在学者程勇、陈天柱、苏祥主编的《学校社会工作概论》书中，学校社会工作既包括社会工作目标，又体现学校教育发展目标，它们的一致性就是通过学校社会工作帮助学生成长与发展，增强社会适应能力，获得社会福祉。③

从上述关于"高校思想政治教育工作"与"社会工作""学校社会工作"的目标论述中可以发现，它们在目标上具有一定的统一性。这种统一性是社会工作作为一个学科能参与高校思想政治教育工作的前提。思想政治教育工作是中国共产党的独创，扎根于我国的国情和文化传统之中，而学校社会工作起源于西方，两者的发端与发展呈现两种完全不同的历史发展脉络，来源于不同的哲学基础，但二者都以学生的成长与发展作为其终极工作目标。事实上，虽然两者的侧重点与话语视角不同，而这正体现了两者在工作目标表达上的耦合性，这种目标上的耦合性正是社会工作参与高校思想政治教育工作的重要内在依据之一。总之，无论是社会工作服务对象层面目标还是社会层面目标，还是基于学校社会工作具体领域的实践目标，实质上追求的都是和谐发展，即人和社会的和谐发展，这与思想政治教育的价值即促进社会全面进步和促进个人全面发展是统一的。

3. 工作对象的一致性

高校思想政治教育是一项以有思想、有思维、有思考的、活生生的人为服务对象的系列社会实践活动，是一个动态的、历史的、具体的过程。高校思想政治教育的对象包括四个部分：一是学生，二是教师，三是管理干部，四是后勤职工，这些对象中，学生是高校思想政治教育的最主要最基本的对

① 许莉娅：《学校社会工作》，北京：高等教育出版社 2009 年版，第 19~20 页。

② 石彤：《学校社会工作实务教程》，北京：中国人民大学出版社 2010 年版，第 6~8 页。

③ 程勇、陈天柱、苏祥：《学校社会工作概论》，北京：北京师范大学出版社 2012 年版，第 4~6 页。

象。高校思想政治教育不仅涉及大学生的思想、观念、意识，还涉及其生理、情感、家庭、环境和社会生活等各个方面。就社会工作的服务对象而言，随着现代社会的发展和社会工作服务能力的提高，包括发达国家、新兴工业化国家在内的大多数国家和地区，都已将社会工作制度纳入整个社会管理社会福利与社会服务的制度架构，社会工作的介入的领域不断扩大，其服务对象可以是社会工作服务的所有群体。就学校社会工作的内涵而言，其工作对象也包括全体学生，特别是有困难、需要帮助的学生，还有学校教师、行政管理者、学生家长以及学生的社区环境等。如前所述，在学校社会工作的定义中，美国社会工作协会（NASW）出版的《社会工作百科全书》中，将学校社会工作服务对象界定为全体学生；中国台湾地区出版的《社会工作词典》中学校社会工作的服务对象包括全体学生，少数在学习和适应上有困难的学生也包括在内；《中国社会工作大百科全书》将学校社会工作的服务对象界定为正规或非正规教育体系中的全体学生，特别是处境困难的学生。

基于对上述"高校思想政治教育工作"和"学校社会工作"工作对象的检视不难发现，现行的高校思想政治教育工作与学校社会工作在工作对象上具有高度的一致性，这意味着这两者事实上是服务于同一客体的，两者既关注全体学生，同时又为有困难和特殊需要的学生提供帮助，促进学生的健康全面发展，这为社会工作参与高校思想政治教育工作奠定了重要基础。

综上所述，从上述关于高校思想政治教育工作与社会工作的目标、理念和对象的考察发现，两者在工作目标上具有统一性，在工作理念上具有共融性，在工作对象上具有一致性。这样的特性为社会工作参与高校思想政治教育工作提供了内在依据。

（二）现实依据

社会工作与高校思想政治教育相结合的现实依据体现在三个层面：第一，社会工作参与高校思政工作是适应大学生思想政治教育环境变化的时代要求；第二，社会工作参与高校思政工作满足了大学生社会化和全面发展的主体需要；第三，社会工作参与高校思政工作有助于提高大学生思想政治教育的实效性。

1. 社会工作参与高校思政工作是适应大学生思想政治教育环境变化的时代要求

随着改革的不断深入，当前我国进入前所未有新的发展时期，社会生产关系和上层建筑及其原有的运行机制发生了巨大而深刻的变化，这既为社会生活注入了活力，为当代大学生成才创造了较好的环境和机遇；同时也使大学生思想政治教育的环境发生了巨大变化，对高校思想政治教育工作提出了新的挑战。

就世界层面而言，社会主义和资本主义在意识形态领域中的较量和斗争依然长期存在。近年来，新冠肺炎疫情肆虐全球，世界各国经济体经济损失严重，以美国为首的西方资本主义发达国家仍然加紧向其他国家传播它们的价值观念，从未放松对我国意识形态领域的渗透和侵蚀。它们利用所谓人权、民主、民族、宗教等问题向我国发难，在思想文化上极力散布资产阶级思想文化、意识形态、价值观念和生活方式。国际形势的深刻变化对大学生思想政治教育提出了新的挑战，一些青年大学生思想混乱，甚至存在信仰危机，同时尖锐复杂的思想文化斗争也对大学生思想政治教育提出了更高要求。就我国国内环境而言，一方面，随着对外开放的不断扩大，社会主义市场经济不断纵深发展，综合国力明显增强，人民群众生活水平不断提高，增强了大学生的自强意识、创新意识、成才意识、竞争意识、民主法律意识和开拓创新意识。另一方面，也导致有的大学生政治信仰迷茫、理想信念模糊、价值取向扭曲、诚信意识淡薄、社会责任感不强、团结协作意识较差等问题。有的受拜金主义、享乐主义、极端个人主义影响较深，走向腐化堕落。与此同时，改革开放以来，高等教育体制改革促进了高等教育的不断发展，为大学生健康成长创造了更好的环境，提供了更强大的动力。随着高校办学规模不断扩大，高校扩招使在校生人数急剧增加，但高校改革发展过程中，我国高校大学生思想政治教育工作在教育理念、教育内容、教育方法以及途径手段等许多方面还普遍存在着不适应时代要求、不适合青年学生特点，缺乏针对性和实效性等问题，这些问题也给大学生思想政治教育提出了新要求。就时代背景而言，当前的时代是知识经济的时代，信息技术日新月异，互联网、信息技术、自媒体的迅猛发展引起社会生活方方面面的深刻变革，信息来源十分复杂，各类文化的呈现和传播有着广泛多元的载体，都以不同方式影响着"象牙塔"内的大学生，给大学生思想政治教育工作带来了更大的考验。在新的历史时期，国际国内各种社会思潮交流、交锋、交融，针对大学生思想政治教育所面临的诸多尖锐挑战和难题，需要重塑教育理念，转变教育方式，探寻新的途径和方法，把思想政治教育工作推向一个新的水平和阶段。

在前面第一章，通过实证分析我们可以看到高校思想政治教育工作育人的现状面临诸多困境，传统的思想政治工作体系受到了很大冲击，思想政治教育的内容、方法与途径正面临一个新的挑战。因此，要在认真研究学生思想特点的基础上，积极探索和建立与大学生思想政治教育环境新变化相适应的新工作运行机制和工作方法。研究和实践证明，在大学生思想政治教育中引进并运用社会工作方法是进一步加强和改进大学生思想政治教育工作的有效选择。

第一，社会工作价值理念和工作方法对新时期思想政治教育工作者，具有启示和借鉴意义。首先，社会工作的价值理念符合新时期思想政治教育的核心价值理念，在社会工作专业化、职业化的发展过程中，逐步形成了具有自身特色的专业理念，即以人为本、助人自助、尊重、平等和公平正义等理念，有助于教育者引入"服务学生"理念，改变了以往师生之间的主客体关系，实现教育观念和教育思想的转变。其次，在新的形势下，思想政治教育者在具体的教育实践中利用社会工作三大专业方法（个案、小组、社区），以及社会调查、社会行政等方法，实现社会工作方法运用与思想政治教育的真正结合，丰富育人手段和方式，提高育人的效果。最后，有助于广大思想政治教育工作者更好地转换角色，实现从单纯的教育者向服务者、资源链接者、倡导者等综合角色的转变，重新进行角色定位，牢固树立服务学生的理念，与学生建立平等、合作、和谐的师生关系。总之，思想政治教育工作者掌握社会工作的基本原则和方法，不仅可以拓展自己的知识结构，丰富开展大学生思想政治教育实践的手段和方法，还可以使思想政治教育工作者在充分了解学生个人情况和学校各种制度基础上，了解学生家庭和社区背景，了解社会环境变化对学生各方面的影响，以开放心态，融入学生，融入社会，听取各方意见，有效地开展各项工作。

　　第二，社会工作方法有效契合了当代青年学生主体需要。社会工作方法是一套科学的助人过程和方法，同时也是一种科学和艺术，它在实践中不断被建构。在实践中，社会工作者十分注重个体差异性和个性需求的满足，与服务对象之间进行互动，经过科学评估和有计划的介入，使得个体需要得到充分满足，并且参与这一互动系统每一个人（或机构）的行动都对社会工作的发展方向、进程和结果产生影响。由此以来，有利于满足大学生自尊、自主的需要实现，追求人生价值的强烈愿望，发挥学生本身的主动性和积极性，使他们认识到解决困难首先要发挥自己的主观能动性，树立起克服困难的信心，并依靠自身努力解决学习、工作、生活中遇到的问题。

　　第三，社会工作方法有助于破解和处理大学生思想政治教育中的"难题"和特殊问题。社会工作助人的方法作为一种社会调节机制并不能成为直接促进人与社会发展的条件，而在于充分帮助个人或群体充分发掘、调动内在或外在资源，并有效地为服务对象积极链接社会环境系统中的资源，促进服务对象问题的解决。针对当前大学生心理健康、人际障碍、经济困难、就业困难等"难点"问题，特别针对在个人、家庭、人际关系和学校适应等方面有特殊需要的大学生，可以运用社会工作方法的理念与方法进行介入干预，提供有效服务，帮助他们走出困境，从而能够更好地适应未来的学习和生活。由此，通过积极引用社会工作的专业方法可以更好地应对和破解高校思想政治教育出现的新情况、新问题以及学生中的"难点"问题和特殊问题，推进思想政治教育体制机制创新。在高等学校教育中，思想政治教育擅长整合全部的资源，对学生进行系统的教育，而社会工作则擅长针对学生个人问题，做深度的分析和辅导。因此，在同一个平台，若思想政治教育与社会工作相互弥补，可以产生巨大的功效。

　　综上所述，社会工作的价值理念符合思想政治教育工作"以人为本"的核心价值理念和价值追求，与当代大学生思想政治教育的主体性特征具有内在的、本质上的一致性。社会工作的专业助人方法对进一步丰富和拓展思想政治教育的方法具有重要的启示和借鉴意义，在大学生思想政治教育工作中引入社会工作方法的理论和方法，旨在结合和应对正在变化着的社会变革现实，进一步创新大学生思想政治教育的理念、手段和具体路径，不断拓宽、拓深大学生思想政治教育的渠道，切实提高大学生思想政治教育的针对性和实效性。

2. 社会工作参与高校思政工作满足了大学生社会化和全面发展的主体需要

社会化是个体在环境中通过交互活动习得学习技能，掌握角色行为和社会规范，成为社会一员的过程，即通常所讲的从"生物人"到"社会人"的变化过程。大学生社会化是指青年大学生在生活、劳动与知识技能、社会角色扮演、行为规范以及思想、信念、人生观等方面社会化，使自己成为社会所期待社会成员的过程。其内容主要包括政治社会化、道德社会化、社会生活基本技能社会化和社会规范社会化等。社会化在大学生成才的道路上不仅是必要的，而且也是复杂全面的，是大学生个体由幼稚走向成熟、从依赖走向独立、从被动走向主动，并获得一定的社会角色、承担一定的社会义务的关键所在，这直接关系到大学生的成长和发展，也关系到高校培养目标的实现以及社会的稳定和进步。

促进大学生的社会化，客观上要求大学生思想政治教育的社会化。高校大学生思想政治教育社会化，是指高校大学生思想政治教育在适应社会发展需要的同时，以学校为主导，借助全社会的资源和力量，贴近实际、贴近生活、贴近学生，实现高校思想政治教育与社会教育相互渗透、相互作用的过程。大学生思想政治教育社会化是我国改革开放的必然产物，当前我国正处于社会转型和改革发展的关键时期，社会变迁和社会成员的思维方式、思想观念和价值取向的变化，给大学生这个青年群体的典型代表带来了巨大时代冲击，使大学生在社会化的过程中面临着许多新问题，也给大学生思想政治教育工作者提出了新的挑战。社会工作参与高校思政工作满足了大学生社会化和全面发展的主体需要，是适应大学生社会化与全面发展的必然趋势。

如前所述，在理论层面，社会工作和高校思政工作在理念层面具有共融性，二者都聚焦于"以人为本"和促进个体"全面发展"的理念。从大学生的全面发展这个角度来说，高校思想政治教育社会化的任务就是引导大学生正确处理个人与个人、个人与社会的相互关系，使之和谐发展，最大限度地激发大学生挖掘激发潜在的能力，促进大学生的综合能力和素质的不断提高。在实践层面，在大学生思想政治教育中运用社会工作方法就是引导大学生寻求个别化和生活化的教育，建立社会化人格，获得适应现在与未来生活的能力，促进大学生社会化人格的正常发展。首先，社会工作方法可以借助专业方法采取个人辅导、小组工作、综合性活动及咨询服务等形式，针对大学生社会化过程中出现的心理素质脆弱、职业准备不足、人际交往障碍和价值观念功利化等问题进行专业介入，为有需要的学生或群体开展服务。其次，社会工作可以在其行动框架下，把社会工作的原则、方法与技术运用到学校环境中，促成学校、家庭和社区之间协调合作，从而构建社会环境支持网络，给学生营造良好的社会化环境，促进大学生社会化人格的正常发展。最后，社会工作可以发挥政策倡导者的角色，通过政策建议和研究的形式，给大学相关部门提出优化、改良的建议，从而给大学生思想政治教育社会化创造人文和谐的文化环境和制度环境。

因此，在大学这个特定场域，在思想政治工作中运用科学化、专业化的社会工作方法，不仅体现了以生为本的宗旨，而且对于大学生调整人与人、社会与个人、成才与成人的关系，促进自身全面发展都具有极其重要的理论与实践意义。

3. 社会工作参与高校思政工作有助于提高大学生思想政治教育的实效性

实效性是大学生思想政治教育的目标追求和归宿，也是高校思想政治教育生命力之所在。高校思想政治教育工作的实效性，就是关于高校思想政治教育的现实功能与预设目标的吻合程度。具体而言，就是指高校思想政治教育者运用一定教育方法、教育手段对受教育者实施教育，其教育内容和预设目标在大学生思想观念、行为方式等方面所产生影响的深刻性、持久性以及效果的实现程度。思想政治教育的根本目的是育人，就是为了学生的成长，为了学生的成人成才，因而把党和人民以及中国特色社会主义伟大事业对大学生的要求和学生健康成长成才的程度作为评价和检验思想政治教育实效性的尺度。

在传统的思想政治教育中，一些思想政治教育者未能有效转换育人理念。在思想政治工作中，时常把学生当作客体，方式手段单一，多采用"我讲你听""我教育你服从"的单向灌输式，说教多于启发，指责多于疏导，这种育人方式易引起学生的心理抵触，难以引起学生心灵上的共鸣和回应，效果大打折扣。要增强思想政治教育的实效性，这就要求我们在大学生思想政治教育中，要有效回应大学生的心理需求，走进其内心世界，贴近实际、贴近生活、贴近学生，努力提高思想政治教育的针对性、实效性、吸引力和感染力。社会工作方法在大学生思想政治教育中的运用，对增强大学生思想政治教育工作的实效性，具有多方面的启示与借鉴意义，是增强大学生思想政治教育工作实效性的有效途径。具体来说，就专业社会工作方法的有效介入而言，采取个案工作、小组工作、社区工作三大方法在大学生思想政治工作中具有很好的运用价值。

首先，个案工作方法可以有效解决学生个体遇到的问题，更富有针对性，使思想政治教育工作具体化、可操作化，更具有实效性。传统的思想政治教育往往以集体训导、班级式课堂教学为主，忽视了回应学生个体差异的诉求。个案工作中的行为修正模式、任务中心模式、危机调适模式、家庭治疗模式等新的工作方法，可以为思想政治教育工作提供技术和手段支持，个案工作的接案、资料收集、问题诊断以及工作计划、结案与评估的过程为开展思想政治教育工作提供了清晰的路径与程序。比如，思想政治教育专业教师可在教学中采用问卷调查等方法了解学生对某门课的要求、学生的爱好、特长及学生存在的一些具体问题等，然后在课堂教学过程中及课外个别辅导中有针对性地开展思想政治教育工作。学生辅导员通过个别访谈、走访宿舍、微信互动、活动支持等方式都有助于增进师生关系，取得学生的信任，使他们愿意敞开心扉，从而更好地解决问题。

其次，小组工作可以促进思想政治教育工作发挥规模和群体效应，巩固教育成果。小组工作，以群体动力学理论为基础，对有类似问题或需要帮助的学生，运用小组方法来达到预防和改变的效果。思想政治教育工作者可根据不同的目标建立不同的小组，开展小组活动，利用组员互动中的角色分担、参与态度、行为的变化、情感支持、道德感化，引导小组成员在互动中积极、健康向上发展，实现思想政治教育、心理疏导、职业指导等目的。小组活动中，工作者在不同时期应扮演好不同的角色，引导、支持、鼓励和巩固、强化暗示，引领小组组员向健康、积极、建设性的方向发展，实现思想政治教育的目的。

最后，社区工作有助于实现思想政治教育的社会化和开放性，从而实现了寓教育于社会服务之中，寓教育于参与之中，使大学生达到知行统一。①社区工作认为"学校为社区的最大资源机构""学校为社区组织发展之中心"，大学生思想政治教育工作可以借鉴和利用社区工作的一些基本的理念，比如社区照顾、社区服务、社区沟通等，充分挖掘大学生所在社区丰富、生动的教育资源，引导大学生走出校门，关心、服务社区，通过志愿者和社会服务活动，树立主动参与社会、服务社群，奉献社会的社会责任感。

综上所述，引入现代专业社会工作方法的基本理念和方法，对于逐步改变高校传统的以思想政治教育为主导、集体管理的学生工作模式，进而优化大学生思想政治教育的路径是完全必要的。社会工作个案、小组工作、社区工作这三大方法有助于解决思想政治教育方法单一的问题，能够有效调动大学生学习和参与的兴趣，从而更好地达到思想政治教育的目标。在高校大学生思想政治教育中，引入学校社会工作，必将有效地整合各方面的资源，极大地拓展高校教育平台，在更大程度上保证大学生不断地获得优质服务，从而进一步增强思想政治教育的实效性。

三、社会工作优化大学生思政工作育人的内在机理

传统的大学生思想政治教育有着政治性、任务性、全体性和经验性的传统优势，但在新时期大学生思想政治教育工作中难以满足当代大学生主体性、个性化的多元需求，前面通过梳理社会工作的起源、特点以及社会工作与高校思想政治教育工作结合的依据，在此基础上进一步探讨社会工作参与大学生思政工作育人的优化路径。

(一)政治育人性向服务助人性延伸

大学生思想政治教育的根本任务就是为了培养社会主义事业合格建设者和可靠接班人，这个根本目标决定了我国各级教育系统、各种教育体系人才

---

① 赵芳：《学校社会工作的理念和方法在高校学生工作中的运用》，载《江苏高教》2016年第6期，第71~72页。

培养的根本方向。思想政治教育是一个系统的动态的历史范畴，大学生思想政治教育的主要任务有：第一，以理想信念教育为核心，深入进行树立正确的世界观、人生观和价值观教育。第二，以爱国主义教育为重点，深入进行弘扬和培育民族精神教育。第三，以基本道德规范为基础，深入进行公民道德教育。第四，以大学生全面发展为目标，深入进行素质教育。不难发现，我国高校大学生思想政治教育工作的实施过程具有明显的政治任务取向，这种目标取向坚持正确的政治导向，始终是我国高校思想政治教育工作的传统之一，是对我国高等教育正确方向的根本保证。然而，我们也要看到，长久以来这种目标取向使得思政工作者在实施过程中更多地将焦点放在政治生活和道德生活，而容易忽视学生的日常生活和个体生活，忽视了其他方面的育人工作。在传统的思想政治教育工作中，工作者主要对院系领导、学校负责，保证学校正常的教学秩序和教学稳定，却忽视了对学生本人、学生家庭、学生生活的社区以及社会环境的关注，从而导致思想政治教育工作者往往把不准学生的思想脉络，出现工作思路不清、方法不当的现象。在新时代背景下，高校思政工作始终坚持"立德树人"，作为根本价值取向，然而，育人价值取向上的正确性并非总能在实践效果上予以凸显。在学生思想政治教育工作的具体实践中，育人性如果把握不好，往往容易使得工作主体与客体之间处于一种不平等地位，使得主体的话语体系往往难以被客体接受。

社会工作是一个在实践中以服务为本、以助人为本的专业。首先，服务性意味着社会工作的专业行动框架将焦点更多地放在工作对象的日常生活和个体生活身上。如前所述，社会工作从诞生开始，就是关注弱势、困境群体的日常生活与个人生活，并从中积极促进服务对象的改变。即使在教育领域开展的社会工作亦是如此，从关注学生的日常生活与个人生活介入，从而促进其积极的改变。其次，助人性是社会工作行动实践者在长期对弱势群体的帮扶的历史实践中建构起来的，并被内化与传承，成为社会工作的根本专业特性之一。助人意味着工作主体与客体之间是一种平等关系，工作主体必须注重服务对象的主体性和话语体系，注重对服务对象的接纳等。

就此而言，知识化、信息化的社会要求高校思想政治教育工作者在关注政治育人的政治性和价值导向时，更应该密切关注工作对象，在助人自助的过程中，处理好服务的提供者、服务对象权益的保护者和服务资源的协调者的角色关系，实现政治育人性向服务助人性的思路转化。在我国高校学生工作的具体实践中，社会工作者注重对学生日常生活与个人生活的观照，秉持服务育人的价值理念，在某种意义上恰好可弥补高校学生工作中不重视与学生平等对话的实践习惯，进一步促使高校思想政治教育工作由政治育人性向服务助人性延伸。

（二）群体教育向个别化教育延伸

群体教育是指以多个个体构成的组织群体为对象进行的集中、统一的教育。在高等教育中，将大学生作为有组织的群体把握，并以群体为单位开群体教育，是由我国高校思想政治教育工作对象具有全体性和任务性的特点所决定的，其在大学生思想政治教育中既有必然性和合理性，能够实现统一管理和规范约束，具有不可替代的教育功能。然而，群体教育与大学生个性发展的要求存在一定冲突，往往容易忽视大学生的个体差异，难以做到因材施教。在具体大学生思想政治教育实践中缺乏有效的针对性，个体的性别、地域、民族等个体特征和个别需要就会被冲淡，难以有效深入地加以具体解决。

社会工作专业具有人本性的专业特性，社会个案工作充分肯定个人价值的崇高性，每个人的价值和尊严都应当得到尊重。每个工作对象作为合法的公民都有权力享受社会提供的各种机会和资源。在长期的实践中，社会工作者们始终坚持尊重个别化的思想，并形塑和沉淀了丰富的工作方法与技巧。因此，在实践中，社会工作者十分注重个体差异性和个性需求的满足，为这些个体工作对象合法权利和个人价值的实现提供服务。同时，这种个体需求并非工作者主观判断，而是经过科学评估，具有科学精准性，使得个别特殊需求不易被忽视。并运用建立在多学科理论基础上的方法和模式，通过直接的、面对面的工作和服务帮助服务对象缓解困难、摆脱困境并促进能力的增长与发展。

事实上，社会个案工作下的个别化教育与思想教育中原有的个别教育方法，在本质上是相通的。个别教育方法是党的思想政治教育的优良传统，有着丰富的实践意义，也是目前在大学生思想政治教育中常用方法之一，在一些问题的运用上，比如：重视度不够基本上是被动使用，大多数是某些学生个体出现了严重的问题时才使用，同时也缺乏对其科学有效地运用专业知识、理念和技术进行深度化理论研究，出现了实践运用中低效化和经验化等问题。因此，改变大学生思想政治教育个别教育方法的这种现状，需要用开放的态度，积极引入社会个案工作方法，转变原有大学生思想政治教育个别教育中传统理念和方式，增强个别教育方法的科学性和实效性。

运用社会工作个案方法能够有效促进大学生思想政治教育群体教育向个别化教育延伸，这一路径指向能够进一步扩宽大学生个体教育的范围与渠道，提高大学生个别教育的科学化水平，落实大学生思想政治教育"以人为本"的要求，切实解决不同学生个体的思想、心理和行为问题。显然，面对大学生思想政治教育群体教育法自身的功能性缺陷及实现困境，借鉴并引进社会工作的个案工作方法和模式，是优化大学生思想政治教育工作实现路径的有效举措。

（三）实践经验向规范科学延伸

我国高校思想政治教育具有较强的实践经验指向性特点，这是源于我国长期高校思想政治教育工作的工作实践和经验总结，对于高校思想政治教育工作具有重要指导意义。但同时，受限于对这种经验路径的依赖也使得在教育思想和教育观念方面不能坚持与时俱进，在教育中重视教育者的主导和灌输作用，而忽视学生的主体性地位，重视整齐划一的标准性教育，忽视人的差异性和个性教育，不能做到"因材施教"，重视知识和规范教育，忽视情感教育，重视教育管理职能，忽视教育的服务职能等问题。事实上，大学生思想政治教育工作也极其注重规范科学的开展实务活动，规范科学的干预服务，能够促使教育者管理、组织、协调、应变能力的提升，在教育活动中更加具有创新意识和服务意识，从而提高育人的实效性和科学性。受限于高校行政体制和事务性工作，加之缺乏长期有效的培训提升平台和机会，使得教育者在日常高校思想政治教育工作中往往从实践经验出发而忽视规范科学意识能力的提高。而社会工作方法具有一整套规范科学的干预理论和模式，可以帮助大学生思想政治教育工作者运用其中的工作方式和技术，积极有效地对大学生出现的问题进行干预和指导。

社会工作与高校思想政治教育工作相同，均具有实践性、应用性的专业特性，但不同的是，社会工作专业的实践性、应用性是建立在规范科学性的基础之上。从社会工作专业发展看，社会工作并非根植于哪个理论学科，而是从实践中不断发展的。在其发展早期的很长一段时间内，也主要是以经验为主，随着社会工作职业化、专业化的不断深入发展，从20世纪初开始，社会工作走上了专业化之路，并在20世纪50年代趋于成熟。至此，规范性与科学性就成为社会工作者的基本行动逻辑。

首先，社会工作规范科学的行动框架下，表现为建立畅通的预防体系。可借助社会工作构建三级预防体系，有效建立寝室、班级、社区信息联络员制，及时收集和反映大学生特殊个体或群体的思想问题和行为偏差的信息，在此基础上建立档案库和数据网络平台，从而为社会工作方法的实施和决策提供科学依据，能够更加便捷地从大学生日常生活和思想行为中搜集捕捉有效信息，并对其进行科学分析和推断，及时采取预防措施，减少或避免危机问题和各种极端行为的发生。

其次，表现为严谨科学的服务程序流程，确保对服务对象的管理和跟踪。在具体实务中，社会工作从基本的理论出发，寻找恰当的服务介入模式如行为修正模式、任务中心模式、危机调适模式、家庭治疗模式、心理社会治疗模式、任务中心模式、联合家庭治疗模式等新的工作方法，可以为思想政治教育工作提供技术和手段支持。严格按照科学的工作流程：接案、资料收集、问题诊断、预估以及工作计划、介入、结案与评估、跟踪的过程为开展思想政治教育工作提供了清晰的路径与程序。

最后，社会工作规范科学的行动框架下，表现为积极寻求科学的干预策略，及时介入，最大减少伤害。在规范科学的实务逻辑下，社会工作者采取适当、及时的介入，选择好介入时机，选择适合的干预模式、方法和技术，与服务对象进行双向的思想交流与沟通，并与之一起充分讨论解决危机问题的策略，提出多个可变通的应对方案，并充分尊重服务对象的自决权利，给予最大的帮助和支持，而不是自我决断。同时，在科学干预中，工作者特别注重创造有助于服务对象危机问题解决的环境条件和社会支持，推动危机问题的科学解决。

综上所述，在高校大学生思想政治教育工作中社会工作的参与能够促使教育工作者由实践经验向规范科学延伸。一方面，能更好地发挥大学生思想政治教育的积极预防作用，对其进行科学干预和积极帮助。另一方面，可以进一步提高大学生思想政治教育者运用社会工作方法的理论素养和实践技巧，充分发挥社会工作方法规范科学的理论策略和服务技巧，并在实践中反复演练、运用和总结，以提高大学生思想政治教育的针对性、规范性和实效性。而这样规范性、科学性、有效性的行动逻辑正是目前高校思想政治教育工作中所欠缺的，这恰好可以弥补思想政治教育工作者在实践中以个体实践经验作为行动逻辑带来的困扰与不足。

第三章

社会工作与高校思想政治理论课课程育人

高校思想政治教育是我国高等教育的重要组成部分，包含思想教育、政治教育、价值观教育和道德教育等。为了适应新时代大学生思想政治教育工作的新需求、新形势、新任务，高校思想政治教育正在完成从"思政课程"向"课程思政"的思政大格局、新理念的转变。其目的在于统筹思想政治理论课与其他课程的关系，实现思政课与其他课程同向同行的目的，增强课程群的协同效应，形成思想政治教育的合力，发挥课程育人的功能，进一步筑牢思想政治工作这条"生命线"，培养中国特色社会主义的合格建设者和接班人。社会工作作为哲学社会科学中的一门注重"专业价值教育"的应用型学科，在课堂教学中充分发掘学科中的"思想政治教育元素"，在实现育人功能方面有着自己独特的方式和路径。本章通过梳理思想政治理论课课程育人的内容，明确社会工作行动框架下的课程育人观，以此为着力点探寻社会工作与思政课程育人的理论结合点；然后在此基础上，在行动实践层面具体阐述社会工作参与高校思政理论课程育人功能的实现情况，发掘其具体的内在逻辑。

一、高校思想政治理论课课程育人

高校思政课课程育人是高校思政工作的核心体系，此部分从课程育人的大背景出发，尝试梳理高校思想政治理论课课程育人的目标及要求，在此基础上，从问题视角着手试图分析高校思政课课程育人当下所面临的困境和挑战。

（一）课程育人的提出

一直以来，我国教育领域普遍存在知识传授和育人、价值教育与才能素养教育相割裂分离的现象，价值引领和道德教育一直被"刻板化"是思想政治理论课的"专属专责"，高校思想政治理论课程与专业课等其他课程一直存在"两张皮"的现象，这使得高校思想政治理论课陷入孤立无援的境地，更背离了教育的科学育人本质。针对这一现象，2016 年习近平总书记在全国高校思想政治工作会议上强调"把思想政治工作贯穿教育教学全过程""其他各门课都要守好一段渠、种好责任田，使各类课程与思想政治理论课同向同行，形成协同效应"。① 会议精神明确了要把思想政治工作贯穿教育教学全过程，开创我国高等教育事业发展新局面。2017 年教育部党组在印发的《高校思想政治工作质量提升工程实施纲要》中首次提到"课程育人"，并取代了过去常提的教书育人，提出了教育、科研、管理等"十大"育人体系，把育人由过去的主体对象性活动扩展到育人载体层面，更加严密完整，并强调把"推进课程育人"作为第一大内容目的就是全面推动"课程思政"改革，进一步实现思想政治教育和各具体课程相互融合，所有专业教师要在传授专业知识的同时进行思想道德和价值观世界观的引导，所有思想政治理论课程和非思想政治理论课程都要承担起育人功能，即课程育人。② 2020 年，为深入贯彻落实习近平

---

① 《习近平：把思想政治工作贯穿教育教学全过程，开创我国高等教育事业发展新局面》，载《人民日报》，2016 年 12 月 9 日。

② 顾美娟：《高职院校课程育人的内涵及实践路径研究》，载《淮南职业技术学院学报》2020 年第 1 期，第 114~116 页。

新时代中国特色社会主义思想，贯彻落实党的十九大和十九届二中、三中、四中全会精神，学习贯彻习近平总书记关于教育的重要论述，加快构建高校思想政治工作体系，努力培养担当民族复兴大任的时代新人，培养德智体美劳全面发展的社会主义建设者和接班人，教育部等八部门发布了《关于加快构建高校思想政治工作体系的意见》，进一步明确了新时期的目标工作任务。

课程育人有广义和狭义之分，广义上的课程育人，是"大思政"格局下的全课程育人，既要发挥高校思政课的主渠道、主阵地作用，也要注重发挥其他课程课程育人的支持作用。狭义上的课程育人也就是大学生思想政治理论课的课程育人，当然高校思政课既包含课堂上的理论教学又涵盖实践教学，因此，从这一层面讲，课程育人主要指思想政治理论课课堂理论教学的育人，在早期和"课堂育人"是同一个意思，不包含实践教学环节。

(二)课程育人的目标及要求

根据中央文件和相关会议精神我们知晓课程育人旨在构建全课程育人的高校思想政治教育大格局，把"思政课程"和"课程思政"有效衔接起来，建立健全育人体系，从而实现思想政治教育与知识体系教育的有机统一。构建这样一个全课程育人体系是落实高校立德树人根本使命和增强高校思想政治教育合力和维护高校意识形态安全的必然要求，这符合知识与德育的辩证关系、大学生思想政治品德的形成发展规律和国内外高校思想政治教育的实践经验，不仅十分必要，也切实可行。[①] 在"课程思政"（它是我国新时期的教育纲领，是一种办学理念、一种育人方式、一种教学方法）的核心思想指导下，围绕着建立全课程育人体系这一目标，探索课程改革，发挥课堂育人主渠道作用，也是统筹课程育人的根本目标所在。

为了统筹课程育人，在课程改革理念上，必须做到从高等教育"育人"本质要求出发，树立"课程思政"核心理念，统筹课程思政与思政课程建设，构建全面覆盖、类型丰富、层次递进、相互支撑的课程体系，突出思想政治理论课显性教育和其他课程隐性教育相融相通的作用。具体要做到：第一，注

---

① 王瑞：《构建全课程育人的高校思想政治教育大格局》，载《思想理论教育导刊》2019年第3期，第122~126页。

重思想政治理论课的改革，加强核心价值观教育引领作用；第二，推进专业课程改革，强化知识传授过程与思政理论课价值观教育的同频共振；第三，促进综合素养课程改革，重视通识课程教育的价值引领作用。从国家宏观政策中不难发现，在统筹课程育人的观念层面，实际上构成了"一体两翼"格局，思想政治理论课思政教育是"体"，而专业课、通识课的思政教育是"两翼"。在这一大背景下，思想政治理论课更应该明确自身的目标和要求，才能在新时期大学生思想政治教育主阵地开展系统化科学化的思政教学，提高育人的实效性和针对性。

1. 课程育人的目标

在高校中开设思想政治理论课是党的思想政治工作在高校的具体体现，也是我们的优良传统和基本经验，习近平总书记强调："思想政治工作从根本上说是做人的工作，必须围绕学生、关照学生、服务学生，不断提高学生思想水平、政治觉悟、道德品质、文化素养，让学生成为德才兼备、全面发展的人才。"①

针对思政课，"要抓好马克思主义理论教育，深化学生对马克思主义历史必然性和科学真理性、理论意义和现实意义的认识，教育他们学会运用马克思主义立场观点方法观察世界、分析世界，真正搞懂面临的时代课题，深刻把握世界发展走向，认清中国和世界发展大势，让学生深刻感悟马克思主义真理力量，为学生成长成才打下科学思想基础"。②

从根本上讲，大学生思想政治教育最终要落实到"立德树人"这一核心问题上，思想政治理论课发挥着不可替代的作用。思想政治理论课是落实立德树人根本任务的关键课程，是高校思想政治教育的主渠道、主阵地，始终发挥着核心价值观教育的主导作用。思想政治理论课课程育人的目标不仅仅是传授大学生思想政治理论知识，更重要的是以知识为载体，运用丰富、生动的教学形式，引导大学生逐步树立符合社会发展和自身成长需要的正确的世界观、人生观和价值观。这一目标既符合思政课的课程性质定位，体现了社

---

① 习近平：《习近平谈治国理政》（第二卷），北京：外文出版社 2017 年版，第 377 页。
② 习近平：《在北京大学师生座谈会上的讲话》，北京：人民出版社 2018 年版，第 6 页。

会主义大学的本质要求，更是围绕"立德树人"培育具有高尚情操、崇高理想和社会主义使命感、责任感的当代大学生的关键步骤。

2. 课程育人的要求

习近平总书记指出，"推动思想政治理论课改革创新，要不断增强思政课的思想性、理论性和亲和力、针对性"，① 这明确了思想政治理论课的发展方向和基本要求。高校思政课要进一步深入推动习近平新时代中国特色社会主义思想进教材、进课堂、进头脑，办好思想政治理论课，按照"八个相统一"要求，推进"六个创优"，从新要求、新高度出发，改进思想政治理论课建设，统筹推进课程育人工作。具体而言，主要包含以下几个方面：

第一，在方向上，坚持马克思主义理论学科的引领作用。一方面，马克思主义理论学科的首要任务是支撑高校思想政治理论课程的建设，要从人才培养方案、内容建设、教学方法改革、师资团队组建乃至互联网手段载体运用上多途径推进改革，着力增强高校思想政治理论课的针对性和有效性。② 在思想政治理论课建设的重大、难点、瓶颈问题上下功夫，为思想政治理论课建设提供强力支撑。另一方面，马克思主义理论学科作为哲学社会科学学科的核心学科，要注重发挥在学科发展方向上的引领作用，从我国时代改革发展的实践中挖掘新材料、发现新问题、提出新观点、构建新理论。

第二，在定位上，坚持高校思政课的核心地位不动摇。在"课程思政"格局下，强调所有课程都要发挥思政教育的功能，实现全课程育人，"课程思政"拓展了思想政治理论课的深度与广度，并不意味着思政理论课的地位降低或者说身上的背负任务减轻。相反，作为落实立德树人根本任务的关键课程的思想政治理论课不可替代，其核心地位不能动摇，必须讲好思政课、办好思政课。在教学中，教师要以更高的政治站位、宽广的视野，审视思想政治理论课，挖掘、归纳多元的育人元素，做到内容新、设计新、形式新，把"课程思政"与思想政治理论课有机融合，使其巧妙地融入大学生网络化的日常生活中去，共同服务于立德树人的根本任务。

---

① 习近平：《习近平谈治国理政》（第三卷），北京：外文出版社 2020 年版，第 330 页。
② 高德毅、宗爱东：《从思政课程到课程思政：从战略高度构建高校思想政治教育课程体系》，载《中国高等教育》2017 年第 1 期，第 43~46 页。

第三，在价值层面上，坚持价值性和知识性相统一。在高校思想政治理论课教师座谈会上，习近平总书记指出，推进思政课改革创新，"要坚持价值性和知识性相统一，寓价值观引导于知识传授之中"，① 价值性和知识性是思政课的两种基本属性。价值性指的是思政课要发挥价值引领作用，引导学生树立正确的价值观并坚定理想信念；知识性，强调思政课的真理性和逻辑性，注重通过传授科学的知识体系，提高学生的思想认知和思维能力。② 对于思政课而言，由传统的单方面知识传授向价值引领转变，实现价值性和知识性相统一，这既是思政课本质属性的内在规定，也是思政课发挥其自身优势、大学生承担新使命的必然要求。

高校思政课只有在知识传授和价值引导的相互渗透、相互促进中才能更好地让学生系统掌握马克思主义理论知识，培养学生的认知理性和价值理性，提高学生的理论思维能力和价值判断能力，才能彰显其育人的独特价值。大学生只有兼具过硬的知识本领和正确的价值追求，主动融入新时代中国特色社会主义建设实践中才能勇担新时代时代责任和历史使命，增强实现人民幸福的现实重托，增强实现世界和谐的神圣职责。

第四，在工具层面上，坚持教学内容、形式、载体的多元化探索。教学内容上把握各项思政课的重难点，了解授课对象的基本情况，合理内容编排，注重内容之间的对话、衔接，避免重复讲授；在授课的手段与方式上，打破传统式的"灌输式"教育，向现代方式转变，调动学生学习的积极性和主动性，采用翻转、案例、演讲、辩论、专题等互动式教学方式，积极开展线上和线下网络辅助教学等；在教学载体上，进一步优化教学环境和教学平台，努力打造日常"学生自我教育的微课堂""课堂思政的主课堂"和"社会实践体验课堂"三位一体的思政教学载体，利用"互联网+"教育新手段丰富教学载体。此外，要警惕工具理性价值所带来的负面影响，如片面追求形式的"新"而忽视教学内容的"形式化"倾向，强调学生的主体地位而忽视教师的主导作

---

① 习近平：《习近平谈治国理政》（第三卷），北京：外文出版社2020年版，第330～331页。

② 郭榆：《思想政治理论课价值性和知识性探析》，载《教育评论》2020年第3期，第88～94页。

用的"本末倒置"的现象、只注重知识传授不注重价值引导的分离化等问题。

(三) 课程育人面临的挑战

习近平总书记在 2016 年全国高校思想政治工作会议上明确指出"高校思想政治工作，要因事而化、因时而进、因势而新"，① 大学生思想政治教育作为维护大学生意识形态安全的重要阵地，要顺应时代发展趋势不断推进教学方法的改革与创新，用马克思主义知识体系、信仰体系武装大学生的思想头脑，服务于国家社会主义现代化建设的需要。随着中国整体转型升级进入攻坚时期，国外思想的渗透、市场经济的影响、"互联网+时代"的到来诸多因素的叠加，为传统的思政教育带来机遇的同时也面临诸多挑战，主要表现如下：

1. 传统教学模式与思政课教育价值认同感降低

长期以来，思想政治理论课教学采用的是以教师、课本和课堂为中心的传统教学模式。教学内容泛化和过于政治化，存在偏重课堂上系统马克思主义理论的片面灌输，单纯讲理论的多，结合实际的少，填鸭式灌输的多，启发引导的少；教学方式方法呆板生硬、手段单一脱离实际、缺乏吸引力，很难激发学生的学习热情和兴趣；教学过程片面强调思政课教学为社会政治服务而忽视个体发展价值的现象，对于求新、求变的"00 后"新时代大学生而言缺乏创意、缺乏挑战，也是导致思政课教育对学生缺乏足够的吸引力的重要原因。在课堂上反映为学生表现出无兴趣、无动力、无目标、无反馈的状态，抬头率低，低头率高现象严重。

面对传统思政课的教学模式所带来学生对思政课教育价值认同感降低的挑战，要想更好地提高思政课教育价值的认同度，一方面，要从学生的主体需求出发，衡量评估教师开展的思想政治理论课教育能否满足学生的思想、实际需求；另一方面，将理论融入学生的社会实际、生活实际，让学生在观念上对思想政治的理论价值与实践价值产生认同，提高思政课教学的吸引力和实效性，兼顾思政理论课的社会价值和个人价值，把思政教育倡导的理想、

---

① 习近平：《习近平谈治国理政》(第二卷)，北京：外文出版社 2017 年版，第 378 页。

信念、尺度、原则等内化为自己的追求目标，并付诸实践。

2. 学生思想、信念不成熟

我们一直强调"意识形态工作是党的一项极端重要的工作"，高校思想政治理论课则是前沿阵地。新时代大学生的思想信念、价值观尚处在一个形塑阶段，加之受到资本主义意识形态渗透和和平演变及其他综合因素的影响，使得新时代大学生群体在思想和认知层面上，更容易受外部负面文化的影响。

在思想意识层面，由于大学生对马克思主义信仰，社会主义、共产主义信念的认识不到位，对思想政治理论课的理解就会存在一定偏差、误读，出现如"思政课取消论""思政课非意识形态化论""思政课无用论"等个别质疑高校思想政治理论课价值性的偏见。这些对思想政治理论课的误解、歪曲甚至抹黑的思维偏见，在"00后"大学生中有一定的影响力，给思想政治理论课教学带来新的挑战。① 而在教育实践层面，学生学习和思考的主动性、积极性不高、课堂参与度不强；上课不认真，经常迟到、旷课；将考试作为任务，重专业课轻思政课，功利思想普遍存在。

3. 高校思政课价值引领愈加紧迫

知识性与价值性是高校思想政治理论课的基本属性，在思政课改革任务要求中强调坚持"知识性与价值性相统一"，发挥思政课程知识传播与价值引领的基本功能。思想政治理论课的价值引领就是通过课程教学阐释中国理论、弘扬中国精神，在教材、教法改革创新上着力，使学生在政治导向明确、根本立场坚定、核心价值内化的条件下，"学习有更加明确的精神激励、目标指引、价值引领和情绪感化，激发学生勤奋学习知识、刻苦练习本领、报效祖国社会的干劲斗志"。② 高校思想政治理论课立足新的历史起点，比以往任何时候都更加注重强化价值引领功能，是新时代推进教育现代化的根本要求，是落实立德树人根本任务的内在要求，更是掌握意识形态工作主导权的必然

① 肖鑫：《"00后"大学生群体的特点与改进高校思想政治理论课教学的策略》，载《北京警察学院学报》2019年第9期，第116~120页。
② 汤志华、谢石生：《论思政课守正创新的价值性和知识性统一》，载《江西师范大学学报（哲学社会科学版）》2019年第4期，第4页。

要求。①

高校思想政治理论课强化价值引领功能具有重要的现实意义，但从当前高校思想政治理论课教育教学实践来看，仍存在诸多挑战。

首先，强化高校思想政治理论课的价值引领功能关键在于教师，对于个别教师并没有正确把握知识传播与价值引领的关系或者还存在认识上的误区，如有的教师将思想政治理论课片面教授成知识理论课、意识形态课，却忽视了对学生的价值介入、引导；有的教师只进行价值说教而忽视了理论高度和深度，育人说服力不强。因此，知识传播与价值引领的契合度还有待进一步深化。

其次，思想政治理论课在价值引领上的思路、载体、手段和方法还存在形式单一、缺乏技巧、载体不多、话语权不够、说服力不强等问题。个别教师存在信仰不够、能力恐慌等问题，这大大影响了价值引领的效果，也给思政课的价值引领作用带来了巨大挑战，需要不断进行改革和金课建设，改进价值引领的形式和方法。当然，处在时代变革中的大学生群体具有个性化、思维独立性强、价值观多元、生活空间网络化等特点，在一定程度上会加大教师价值引领的难度。

最后，在顶层设计上，高校思想政治理论课强化价值引领功能的理念并没有被完全纳入课程育人整体统筹规划框架，各环节衔接、合力不够。譬如一些高校思想政治理论课对大学生进行价值引领与中小学思想政治理论课育人或多有重复或缺乏新意、高度，导致受教育者厌倦乏味，价值引领效果不尽如人意；思政各门课程也各自为政，话题重复，课程价值引领特色不鲜明、重点不突出，学生听起来千篇一律。此外，当前与高校思想政治理论课价值引领相关联的评价、考核制度机制也存在短板。对于如何确保思政课教师在教学过程中能够对学生进行价值引领，引领的效果如何，仅靠教学评教制度让学生打分是有待商榷的，这些问题都有待进一步通过顶层制度设计去完善和突破。

---

① 苗志娟、蒲丽霞：《新时代高校思想政治理论课强化价值引领功能研究》，载《内蒙古农业大学学报(社会科学版)》2020 年第 3 期，第 43~48 页。

二、社会工作的课程育人观

全课程育人的大思政格局，提出了知识传授要强调价值观的同频共振的要求，即其他专业课程也要充分发挥思想政治教育的价值与功能，这与社会工作这一学科有着天然的耦合性。本节在厘清社会工作价值的基础上，进一步理解价值对于社会工作教育以及专业人才培养的特殊意义，以价值观为着力点，挖掘出社会工作课程体系中的三大育人观即社会工作哲学层面的社会价值观、专业层面的专业价值观和实践层面的职业伦理观，并试图引起当下中国社会工作教育者对社会工作价值教育的关注，注重课堂教学过程中的价值引领导向，为社会输送合格、专业的社会工作者。

（一）社会工作课程育人观的基本内涵

人才培养是育人和育才相统一的过程，育人是根本，课程是实现教育目标的载体和基本手段。社会工作作为一门独立的学科，在学科课程教育内容中主要包含知识教育、价值教育和技术教育三大组成部分，但其核心是价值教育。在社会工作课程体系中始终强调价值观的教育和引领，这是社会工作课程育人观的基本内涵，也是这门学科在育人观上与其他学科的根本区别和独特之处。价值作为社会工作的灵魂，价值的重要性不仅在于它界定了社会工作本身——它的目标和意义，而且决定了社会工作的方法和技巧、社会工作者和案主的关系、社会工作的实践领域和伦理原则，以及机构和社会工作者的关系等。[①] 不难看出，社会工作的价值是贯穿于社会工作整个行动框架体系之中的，从历史与现实、理论与实践、工作者与案主、专业与教育整个关系过程中都逃不过对"价值"这一问题的思考、探索。

学科课程教育强调对学生"价值观的教育"，这是由社会工作专业本身的性质所决定的，也是由社会工作专业教育的目标所决定的。社会工作者只有专业知识和技术而没有良好的价值取向、人格和道德操守，是不会得到认可

---

① 王思斌：《社会工作概论》，北京：高等教育出版社 1999 年版，第 11 页。

的，这就要求其必须提高综合素养高、强化专业价值内化程度。

(二) 社会工作课程育人观的内容

社会工作专业要求其工作者要在价值观上与专业保持一致。因此，社会工作专业教育目标的一个重要组成部分就是提高受教育者的文化素质，使专业的价值观内化为每一个受教育者的价值观。基于此，就当代中国社会工作价值的体系而言，社会工作哲学层面的社会价值观、专业层面的专业价值观和实践层面的职业伦理守则始终贯穿在社会工作专业课程和人才培养教育之中，这也就构成了社会工作的课程育人观的基本内容。社会工作价值的三个不同层次遵循着从一般到个别的原则，哲学层面的价值即终极价值是抽象的概括的，专业层面的专业价值即中介价值是中介的、实质性的，而实践层面的价值即工具价值则是具体的和应用性的。①

1. 哲学层面的社会价值观

西方社会工作价值深深植根于西方的新教伦理、人文主义、乌托邦和社会福利思想之中。文艺复兴以来，人成为中心，人文思想得到进一步的弘扬，个人的利益得到重视；欧洲资产阶级革命过程又大大宣扬了天赋人权、自由、平等、博爱的人道主义精神，这一人道主义作为西方社会的一种意识形态与宗教伦理，促进了慈善活动和助人活动的发展。随着资产阶级民主政治的建立，社会对个人负责、人民享有福利的权利得到进一步强化和重视。纵观西方民主政治发展过程，主流思潮在对人的尊严和价值上的看法基本一致，即人有生存的权利，都应得到有尊严的对待；人是独立和自主的个体，具有与生俱来的价值。与此同时，也看到了人具有社会属性的一面，个人不能脱离社会而存在，也必须顾及他人的利益，但前提是不能失去自我的独立地位。

综上，在西方文化的影响下形成的对人和事的看法影响着社会工作价值观念的形成。崇尚人的尊严、价值自由、平等、公平、博爱等关于人的信念，依然是社会工作者所坚守的核心价值，也是社会工作的一般哲学基础。虽然在不同的时代背景、社会环境条件下，社会工作的专业价值观念取向会有所

---

① 教育部思想政治工作司组：《社会工作方法在大学生思想政治教育中的运用》，北京：高等教育出版社 2010 年版，第 6 页。

不同，但对人的价值和尊严的尊重这一出发点却是共同的，对人和社会的关系、人与人之间的关系的不断思考，始终是社会工作价值变化的导向。需要指出的是，西方文化更注重个人的基本价值，个人主义思想浓厚，无论是比斯台克还是泰彻的价值体系都侧重强调个人而不是社会。或者说至少不是社会，基于我们国家文化传统和现实基础的不同，西方社会工作价值的本土化问题一直在不断探索和实践。

王思斌在谈及社会价值时提道："社会价值是整个大社会所崇尚的基本价值，它们是由占统治地位的文化价值观念所决定的，是社会工作价值体系的基础层次。……社会所崇尚的基本价值并不是固定不变的，它们是随着时代和社会的进步而不断变化的，是和国际社会占主导地位的社会价值观相平行而发展的。"①结合对发达国家社会工作价值体系的借鉴和创新，对我国国家古代社会工作实践价值理念再思考，以及对当代中国社会主义核心价值观的发掘，社会工作的基本价值使命应该是追求社会正义，注重集体主义思想，主张社会中的个人对他人负有责任。同时，这个价值也是社会工作终极层面的价值，具有普遍的指导意义的价值。社会工作的灵魂就是它的使命与核心价值。社会工作的使命与核心价值是社会工作诞生、发展并将继续发展为人类服务的内在根据与动力，是社会工作者之间、社会工作者与社会之间交流、互动的基础，是社会工作者的骄傲，是我们为社会工作事业奋斗终身的信心的源泉。② 这也是社会工作教育者要不遗余力地在平时的教学过程中引导学生树立社会工作核心价值的必要性所在。

2. 专业层面的专业价值观

社会工作专业层面的价值是社会工作专业对终极价值的具体体现，也可以看作是社会工作的中介价值。社会工作从早期的一种救助、志愿实践变成一种专业经历了一个长期的过程，由于各个国家社会工作发展的思想、历史基础、条件的不同，导致各国社会工作迈向专业化的历程也不尽相同。社会工作专业化开始于20世纪20年代的美国，1919年，美国社会工作学院协会成立，协会把社会工作的专业化问题提上议事日程，让更多的社会工件者看

---

① 王思斌：《社会工作概论》，北京：高等教育出版社1999年版，第53页。
② 库少雄：《社会工作实习》，武汉：华中科技大学出版社2003年版，"前言"。

到在社会工作教育中存在的非标准化、非规范化和非专业化的问题。自此以后，社会工作教育标准化和规范化运动在美国迅速发展，同时在实践领域，社会工作也开始了类似的标准化和专业化进程。为了实现社会工作职业化、专业化的发展需求，社会工作专业价值观的教育自然成为社会工作专业教育的重要取向，也被纳入高等学校社会工作的课程体系。

社会工作专业教育是一种价值观的训练。社会工作专业学生要想成为职业社会工作者，必须保证社会工作专业学生在价值观上认同专业的价值追求，因为我们知道，社会工作者的价值观将会直接影响社会工作专业服务目标的实现。[①] 在社会工作实务中，一方面要求实践中贯彻专业价值信念；另一方面，在为服务对象提供服务时，会面临很多价值、道德选择，造成价值困境，影响专业判断，降低服务质量。所以，社会工作专业教育开展学生专业价值观的训练不仅是对社会工作专业目标的要求，也是对社会工作专业学生个人成长的要求。根据社会工作专业价值的国际的普遍性原则，结合我国文化传统和实践经验，社会工作的专业价值应包括以下几个部分：

（1）敬业。敬业是社会工作者对社会工作专业和实践的根本态度，是社会工作专业价值的基础，更是社会主义核心价值观公民个人层面的价值准则。敬业是一种人生态度，更是一种价值坚守精神。一方面，敬业体现了社会工作者对工作、案主、机构和社会的关系原则尽心尽责；另一方面，也是社会工作专业的性质、信誉和科学精神的延伸。有了敬业精神，社会工作的其他专业价值就会由此衍生出来。

（2）接纳。接纳是社会工作专业关系中尊重个人价值和尊严的体现，接纳意味着接受、相信和尊重。但是这并不意味着我们总是要同意其他人的价值或我们要放弃自己的价值去支持另外某一个人的价值，接纳更多地强调拒绝价值判断，积极地追求理解服务对象。当服务对象的行为违反一般道德或者其价值观与社会工作者的价值相左时，就会产生"拒绝接纳"的伦理难题。

（3）案主自决。案主自决即自我决定，是尊重案主的自由人权的体现。在社会工作专业关系社会工作者中，尊重案主自我决定的权利，并且在协助

---

① 　王思斌：《社会工作概论》，北京：高等教育出版社1999年版，第44~50页。

案主的过程中，积极维护这种权利。社会工作者致力于协助案主及其系统获得需要的资源，并帮助他们充分利用这些资源发挥自己的潜能，实现助人自助。自决必须有两个前提：第一，案主绝对清醒，有自决的意志和能力；第二，自决的方向和后果对案主绝对无害。

（4）个别化。个别化是一种分别逐一对待的理念和方法，体现了对人与人之间差异的尊重，把每一个人看作是唯一的、不同的实体，区别对待。在实务中，要注意了解案主个性化特征和需求，有的放矢，切勿千篇一律、以偏概全。

（5）尊敬人。在社会工作文献中，"尊敬人"有时被当作社会的终极价值，有时被当作社会工作的专业价值。作为社会的终极价值，旨在强调"尊严的价值"，每一个人都有自己的尊严，都是值得尊敬的。作为社会工作的专业价值，与个别化、案主自决和接纳在文化层面颇有渊源，事实上它们是从尊敬人这个基本价值推导出来的。

（6）其他。侧重于社会工作者社会政策倡导和社会组织行动的价值。如社会工作者致力于社会福利机构人性化的努力而避免其官僚化的趋势，从而使这些机构更能满足人的需要、更好地实现其服务的功能。社会工作者应致力于协助案主更好地实现自我，从而为社会发展作出贡献。同时，倡导社会政策的变迁和改革以使其更能满足个体发展的需要。①

3. 实践层面的职业伦理守则

从欧美社会工作专业化的发展历程看，社会工作职业化发展推动了社会工作专业化的发展，同时专业化的发展也促进了社会工作职业化、标准化、规范化，各国"社会工作专业伦理守则"就是在这样的大背景下诞生的。职业伦理守则是由社会价值和专业价值决定的，同时又是前核心价值和专业价值的具体表现。美国社会工作者协会规定的社会工作伦理法典和伦理守则具体的专业伦理规范，对我们有重要的借鉴意义，具体如下：

（1）职业伦理。

第一，社会工作者的行为举止。社会工作者应该维持作为一个专业工作

---

① 罗肖泉：《践行社会正义》，北京：社会科学出版社 2005 年版，第 96~99 页。

者在能力和身份上的高标准；社会工作者努力争取和保持在专业实践和专业表现中的精通地位；社会工作者应该把服务看作是社会工作专业的首要义务；社会工作者应该按照专业诚实的最高标准行动；从事学习和研究的社会工作者应该按照学者质询的惯例来指导。

第二，社会工作者对当事人的伦理责任。社会工作者应该最大限度地来培育代表服务对象的自我决定权利；社会工作者应该尊重当事人的隐私，并且要在专业服务过程中保守所获得的一切信息和秘密；设定费用的时候，社会工作者应该保证其所履行的服务与当事人的支付能力比较是公平的、合理的、考虑周到的和相称的。

第三，社会工作者对同事的伦理责任。社会工作者应该以尊重、礼貌、公平和充分信任的方式来对待同事；处理同事的案主，社会工作者有责任用全部的专业知识来处理同事的案主。

第四，社会工作者对雇主和雇用组织的伦理责任。社会工作者应该遵守对雇主和雇用组织所做出的承诺。

第五，社会工作者对社会工作专业的伦理责任。社会工作者应该坚持和推进这个专业的价值、伦理、知识和使命；社会工作者应该帮助这个专业在一般大众接受社区服务方面更加方便和可行；社会工作者应该承担起在专业实践中鉴定、发展和完全使用知识的责任。

第六，社会工作者对社会的伦理责任。社会工作者应该促进社会的普遍福利的增长。

（2）操作守则。

操作守则是在更微观层面上的社会工作价值，是对哲学价值和专业价值在具体实务技巧和服务方法上的应用，是一种工具性价值。《全美社会工作者协会伦理守则》中，规定了服务、社会公正、人的尊严与价值、社会关系、真诚与能力、个性化、案主自决、保密原则、特许交流等具体伦理守则，还包括其他处理伦理困境的基本原则。一方面它体现了社会工作的各种原则和技术，另一方面更体现了社会工作价值、知识和技术的统一。社会工作的专业实践中，价值是指导，知识是基础，技术是手段，而这三者彼此融合到具体的操作守则之中，相辅相成、互为贯通。

社会工作专业是一个强调价值观的专业，它对从业人员在专业实践过程中的价值选择有着严格的要求，要求专业人员遵守社会工作专业基本价值原则。这就要求在社会工作专业教育过程中训练学生接受社会工作的价值观，将专业价值内化为其个人的价值观。作为"准社工"的学生群体，如果其个人价值观长期不能与专业价值保持一致，以后进入一线开展服务就会面临个人价值与专业价值不断冲突，使其长期处在价值矛盾冲突中。这不但会影响服务的有效开展，而且也不利于学生自身的成长发展。

社会工作者在实务中会经常面临价值冲突和价值选择的问题，社会工作专业教育的一个重要任务就是教育学生接受专业的价值观，避免在专业实践中个人价值与专业价值产生强烈的冲突。澄清价值是做好社会工作实务、解决问题冲突的重要基础，澄清价值与价值、价值与知识、价值与技术之间的关系对于社会工作专业学生是非常有必要的，而这也是社会工作专业教师在整个大学专业课堂教学中要不断坚守、不断强化、不断挑战的一项育人任务。

三、社会工作参与大学生思政课课程育人的功能实现

本节在前两节了解思政课课程育人和社会工作课程育人观的基础上，进一步探讨社会工作参与思政课课程育人的功能是如何实现的这一问题，思想政治教育与社会工作虽然分属不同学科，存在一定的差异性，在"三全育人"、构建全课程育人理念指导下，二者之间却密切关联，能够相互弥补，产生巨大功效。本节分为三个部分，第一部旨在弄清社会工作课程里的什么元素具有"思想政治教育功能"能够参与到思政课课程育人之中；第二部分从社会工作课堂教学的具体行动实践出发，进一步说明社会工作参与思政课价值观教育是怎样实现的；第三部分，试图从实践操作的层面分析二者发生的内在逻辑，为其他课程在探索"学科思政"共同育人的改革中提供一种思路。

(一)价值观教育：社会工作参与大学生思政课课程育人的核心

1. 价值教育：社会工作专业教育的核心内容

列维(Charles Levy)曾说："社会工作是一个以价值为本的专业。它不仅

是一种做事情的方式，而且是关于做什么事情是有价值的和它应该如何去做的准则。对于人们它充盈着理想主义的抱负和关于人们应该如何被对待的理想主义的理念……"①学者王思斌也写道："价值观界定社会工作本身——它的目的和意义，而且它同时界定社会工作的技巧方法，机构和项目、目标和社会工作者的行为态度，它贯穿于社会工作实践的始终。"②从历史角度，欧美国家社会工作专业教育是在职业化发展基础之上而进行的，是和社会需求的发展同步的，有着上百年的历史，在高等教育课程体系中价值教育、理论学习是最基础的教育环节，随着年级、学历层次的不同，价值教育的方式也不一样。我们国家社会工作的发展路径是先专业教育再到职业发展，高等学校社会工作价值观教育从一开始就面临着思想传统、系统学科体系、实践平台、经验不足的诸多水土不服和挑战。从 20 世纪 80 年代末至今高校社会工作教育的迅速发展、2012 年《社会工作者职业道德指引》、2015 年社会工作人才队伍的建设的文件到"社会工作参与社会治理创新"等一系列政府推动发展社会工作行动的背后，我们看到社会工作专业短短几十年里发生了重大变化，社会工作的职业化、专业化程度得到明显提升。

从现实的角度看，随着社会工作职业化的发展，社会工作专业教育已经开始了应用型人才培养的转向，注重社会工作实践教学，社会工作专业价值观教育的实践强化明显增强，对本土化专业价值观教育也有了一些探索和实践。值得我们关注的是，在社会转型加剧的巨变时期，市场经济时代带来了多元价值观的冲击与并存，加上许多高校缺乏系统的价值观教育以及传统教育体制内"重智育轻德育"在社会工作教育领域的现象，都不同程度地影响着社会工作专业学生、教师、从业人员对专业价值观的接受、理解和认同。专业认可度、职业认可度降低的倒逼压力让学生、教师、专业从业人员都会面临一种主体困顿和价值两难，从社会工作专业发展来看这是极其危险的。

另外，社会工作的课程育人观当中，我们系统梳理了社会工作不同层次的价值观，了解了社会价值、专业价值、工具价值三者之间相辅相成、互融一体的关系。在这里再次强调价值观教育对于社会工作的意义：社会工作专

---

① 转引自王思斌：《社会工作概论》，北京：高等教育出版社 1999 年版，第 41 页。
② 王思斌：《社会工作概论》，北京：高等教育出版社 1999 年版，第 39 页。

业化、职业化发展历程中价值观始终是社会工作的灵魂，价值观的培养是社会工作教育的核心内容，价值教育也是社会工作教育成败的关键。毫不夸张地讲，它直接决定了社会工作教育的效果，影响着中国社会工作的未来发展方向。

2. 价值引领：思想政治理论课教育的本质

在前面我们了解到高校思想政治工作是围绕"立德树人"这一核心问题展开的，立德是前提，育人才是目的，思想政治理论课坚持知识性和价值性相统一，知识教育固然重要，但本质却在价值教育，要以价值导向为重心，突出价值引领功能，才能塑造学生正确的世界观、人生观、价值观，为新时代社会主义现代化建设培养德智体美劳全面发展的时代新人。从这个高度讲，思想政治理论课价值观教育尤为重要，关系到培养什么样的人、怎样培养人以及为谁培养人的根本问题，思政课课程作为主干课程、主渠道、主阵地更是落实高校立德树人的根本任务，巩固马克思主义指导地位和维护国家意识形态安全的主阵地。

大学生思想政治理论课强化价值观教育和价值引领具有重要的现实意义，只有注重价值引领，才能引导大学生树立正确的理想、价值和信念，运用国际视野和政治思维正确看待时代发展和形势的变化，自觉抵御不良思想的影响，使社会主义核心价值观、中国特色社会主义和实现中华民族伟大复兴的理想信念内化于心、外化于行。这样才能牢牢掌握意识形态领域主导权和话语权，凝聚学生的共识，建设具有强大凝聚力的社会主义意识形态。新时代要着力推动高校思想政治理论课课程内容改革，贯彻党和国家战略目标要求，与时代的发展、形势的变化及社会思潮接轨，紧密联系大学生学习生活思想变化实际，教学课堂上注重强化教师对学生的价值引领作用。

3. 社会工作课程与思政课课程教育理念的耦合

2016年，在全国高校思想政治工作会议上，习近平总书记强调要把思想政治工作贯穿教育教学全过程，使各类课程与思想政治理论课同向同行，形成协同效应，也就意味着所有专业教师要在传授专业知识的同时进行思想道德和价值观世界观的引导，所有思想政治理论课程和非思想政治理论课程都要承担起育人功能。可以说高校"课程思政"承载着对大学生世界观、人生观和价值观的培育和塑造，对健全人格、文化传承、体育精神、审美情操和劳动热情的培养和引导，以及为大学生成长成才奠定坚实价值基础的使命。在这一理念基础之上，思想政治理论课和社会工作都必须发挥对学生价值观和世界观的引导作用，它们是相一致的，二者有着共同的使命。

（1）强调社会价值观的价值导向。社会工作价值观教育实际是要培养社会工作专业学生、从业者的专业理念、职业道德，它实际是思想道德教育在社会工作教育领域的具体体现。① 社会工作价值观是社会工作者基于利他主义、社会公正、自由、平等、和谐、博爱的理想和人道主义思想等而奉行的一整套理念、态度及行为准则的总称，具有非政治性、隐性的特征。高校思政理论课培养的价值观更多的是意识形态提倡下的社会主义价值观，具有政治性、整体性、显性特征，是新时代"社会主义核心价值观"的重要表现。党的十八大以来，习近平总书记曾多次作出重要论述并提出明确要求——富强、民主、文明、和谐是国家层面的价值要求，自由、平等、公正、法治是社会层面的价值要求，爱国、敬业、诚信、友善是公民层面的价值要求。从社会主义核心价值观的科学论证中，已经确立了当代中国的个人价值、社会价值取向和定位。社会价值因时代和社会环境的变化而变化，当前我国倡导的社会主义核心价值在很多层面上与社会工作抽象意义上的哲学、伦理学价值是相一致的。比如，敬业、利他、社会公正、和谐等。如同前述，王思斌认为社会价值是整个社会所崇尚的基本价值，它们是由占统治地位的文化价值观念所决定的，是社会工作价值体系的基础层次。基于此，社会工作专业价值应该以社会主义核心价值为根基，在价值观教育中不断探索本土社会工作价值观，在专业伦理原则上作出更符合新时代中国社发展会需求的界定。

（2）价值引导是过程，"育人"是终极目的。教育的本质意蕴是立德树人，习近平总书记在全国高校思想政治工作会议上提出"高校思想政治工作关系高校培养什么样的人、如何培养人以及为谁培养人"的问题，会议强调高校不管是专业教师还是思政教师，他们的首要任务和目标都是"育人"，各专业教师应把教书与育人结合起来，利用课堂教学，将思政教育和价值引领融于专业

---

① 张静：《成就注满价值的"社会工作者"——浅析社会工作价值观教育》，载《齐齐哈尔师范高等专科学校学报》2010 年第 3 期，第 103~105 页。

课的课堂教学中。价值观、道德观的引导是过程，而"育人"才是课程的终极目的。培养什么样的人？培养的是价值上认同社会主义核心价值观，具有浓厚人文关怀特质，具有奉献、利他、责任精神的，德才兼备的，有助于新时代中国特色社会主义建设的当代大学生。从哲学层面，强调价值引导的全面育人、全课程育人、科学育人，在实践上跟马克思关于"人的全面发展"理论是相一致的，马克思主义"人的全面发展"理论是大学生思想政治教育工作的基本指导思想，也是开展一切工作的出发点和落脚点。与此同时，跟社会工作的哲学渊源思想"以人为本"也是相符合的，通过积极有效的价值观教育引导，才能培养出一个个"注满价值"的社会工作者。

综上，从哲学层面育人的宗旨来看，社会工作的专业价值教育与高校思政教育是不谋而合的，从当下构建"课程思政"的大思政格局而言，二者也是能够"同向同行""同频共振"的；再从构建社会主义和谐社会，促进新时代社会主义现代化建设的宏伟目标来看，它们都发挥着不可替代的关键作用。

（二）社会工作参与大学生思政课价值观教育的行动实践

社会工作课堂教学是培养学生社会工作专业价值观和职业伦理的重要渠道，只有在教学过程中，才能够完成学生对社会工作价值观的理解及认同，同时这价值观的教学不应该仅仅是局限于理论层面，而更应该是实践和行动层面的。作为高校社会工作的教育者，在将社会工作价值观教育引入课堂的同时，必须摆脱理论灌输的"一言堂"模式，将专业价值观与实际案例有机结合，调动学生的主体参与性，通过案例分享、情景模拟、小组讨论、辩论会、专题研讨等开放、半开放式的教学形式来启发学生积极思考、积极评价，来达到价值观教育的目的，引领学生树立正确的价值观，并将其内化为社会工作价值观。

笔者在自身的行动实践和对多名具有社会工作专业背景的专业教学老师的访谈中，收集了大量实证资料和案例，这些课堂教学案例采用多元的教学方式融入学生的价值观教育之中，并取得了较好的教学效果，使利他、助人自助、案主自决、尊重、个别化等社会工作专业价值观在学生心中生根发芽并逐步被理解和认同。

1. 澄清价值，学会选择

不同学科对价值都有不同定义，在社会工作中，价值概念属于哲学范畴，它是以人为本位的哲学理念，它是对社会中的是非、善恶、真伪和美丑的一种判断或评价，包含着人与社会相互关系的规定。社会工作起源于人道主义和民主理想，社会工作的核心价值理念无论在哪个国家、哪个民族哪个地区都是几乎相近的，即社会公正、平等、人权等理念。社会工作价值观的第一堂课就是帮助学生澄清不同的价值观，做出正确选择。

案例 3-1：拍卖价值

本课采用情景模拟的教学方式采用类似"拍卖会"竞价的方法，让社工学生利用手中的虚拟砝码参与竞价获得自己内心的"价值标的"即亲情、爱情、友情、健康、美貌、爱心、助人、金钱、欢乐、自信心、创造力、意志力、人格、人际关系、诚实、健康、事业、威望、公平、自由、智慧等多方面的价值观念。教学过程分四阶段进行：（一）导入。说明拍卖东西的特殊性，即是人生当中的经历或品质；介绍拍卖规则和要求，注意要求的细则制定。（二）准备拍卖。播放各大价值、品质的介绍，插播背景乐，让学生思考并写下拍卖计划。（三）开始拍卖。拍卖师即教师主持拍卖，随机抽取拍卖品，学生竞价，出最高价者获得，出现价目相通的由最先出最高价的学生获得。（四）拍卖后的讨论交流。思考问题：（1）你是否什么都没买？为什么不买？（2）你买了什么，后悔你所买到的东西吗，为什么？（3）你是否后悔自己刚才争取到的东西太少？（4）争取到的东西是否是你最想要的？让学生结合上面的问题讨论交流，拍卖中和拍卖之后的感想。教学老师在整个过程要扮演好主持者、协调者、支持者、引导者的角色，也可以以参与者的身份参与学生的讨论分享，交流自己的想法。

在情景模拟练习中，形成如下文本：

文本一：

学生 L 分享：我用我所有的砝码拍到了智慧，是我最想得到的，因为拥有了智慧我就可以用知识创造价值，会赚更多的钱，满足我的生活需要。

教师：你在智慧和金钱二者之间建立起了联系，那我可以理解为金钱其实在你价值观里占有更重要的地位，对吗？

学生 L：（顿时有点卡顿）并不是这样的，我是想说我用知识创造价值首先满足我的生活需要，然后会用它去回赠社会，去服务社会。

教师：老师刚刚对你的回答有所误解，你想表达的意思应该是在满足基础个人价值的前提下再去实现社会价值，所以说你还是一个具有社会责任意识的人哦。

学生 L：谢谢老师的夸奖，我会努力做到的。

（学生 L 大学期间兼职多份家教，积累了丰富的辅导经验，后来主动申请加入困境未成年人帮扶项目，在参与志愿服务一个学习障碍的服务对象时主动把自己的时间挤出来去给服务对象补习功课，用她自己的话来说，学习知识不是为了赚钱，是为了让你更有价值的活着）

文本二：

学生 X：老师，我什么都没拍，因为我觉得这些都是虚的，没有意义。我不喜欢只在嘴上念叨，真正做到才是最重要的。

教师：（班上顿时安静下来，因为看似这有些反常规）有些同学还嫌拍得不够，你却一个都没拍，你是想把最珍贵的东西留给你的同学们吧。

学生 X：老师，我看见大家争得挺凶的，就让给他们吧。我不想要嘴皮子。

教师：我明白了，你比较懂得"礼让"，注重身体力行，这就是你身上展现出来宝贵的东西，只是你表达的方式跟别人不同。

学生 X：老师真会说，我没有这么好。

（后来，学生 X 在小组读书分享、社会调查、科研立项的活动中，都会把困难的任务留给自己，并一直叮嘱小组组员保证任务进度，组员们都习惯叫他徐大哥）

价值观是指一个人对周围的客观事物（包括人、事、物）的意义、重要性的总评价和总看法。在案例 3-1 中，通过情景模拟仿真拍卖会现场教学方式，让每个学生参与其中，在拍卖会上，学生个人的价值观念直接影响学生在拍卖时的选择，面对同样的标的物，学生做出的选择都不一样，因为我们每个人的价值观不一样。教师针对学生 L 和学生 X 的分享进行解读澄清，针对学生 L 采用"明知故问"的方式，反向设问引导学生自己说出自己内心的价值信念，再予以鼓励支持，对学生产生积极的引导作用；针对学生 X，教师对其看似无厘头的观点并不急于做出判断，而是注重挖掘学生话语里面的潜台词，把它转化为正向的积极评价加以正面进行澄清，让学生聚焦到自己的优点，认识到自己价值，使其在生活学习中积极向上、知行合一、乐于奉献。一个人的价值观常受到其所处的社会背景，特别是家庭传统与后天教育的影响，由于学生正处于价值观形成和发展的时期，很多价值观念是模糊不清的。通过拍卖价值的教学，学生可以从自己的取舍中了解自己的价值观和人生态度，教师的适当引导和介入也有助于帮助学生澄清自己的价值观念，进而可以帮助学生在今后规划人生时突出重点，做出理性的选择。

案例 3-2：飞往火环星的"新领域"号飞船

本课程采取"小组研讨"的课堂教学形式，把学生首先分为 7 个小组，然后抛给小组一个教学主题——飞往火环星的"新领域"号飞船，让小组内部根据给定的要求在规定时间内完成确定"最终进入新领域号的人员"，并向其他小组说明这样选择的理由。小组研讨背景资料如下：

我国最近建造了一艘技术先进的太空飞船"新领域"号。该飞船可以承载 7 人飞上上其他星球。"新领域"号飞船使用核能作为动力，由计算机控制，不需要人的操作。天文学家最近发现了一个遥远的星球，其大气条件与地球的相似，人类也许能生存于其上。这个星球已经被命名为火环星，因为在其周围有几圈火红色的光环，与土星周围的光环一样。国家主席决定由你们小组挑选 7 人首次乘坐"新领域"号作航天飞行。目前，"新领域"号正在西沙群岛中一个偏僻的小岛上待命起飞。突然，中东地区爆发了世界核大战，所有的大国都参与其中，眼看人类文明即将毁于一旦。负责"新领域"号的首席科学家紧急通知你们小组——只剩下最后的 5 分钟。在此 5 分钟内，你们小组必须选出 7 位人员登上"新领域"号飞离地球——一枚由敌对国发射的导弹正在向"新领域"号飞来。这剩下的时间之内，只有 13 人来得及登上飞船。首席科学家希望你们小组从这 13 人中选出 7 人登舱，以免他们为争抢登舱而殴斗。如果你们小组不能选出 7 人登舱飞离地球，人类将被灭绝——那飞离地球的 7 人将是保存人类的唯一希望。

以下是关于这 13 人的全部信息：（1）首席科学家，女，57 岁，其丈夫和三个孩子都在南京。（2）朝鲜族男大学生，医学专业，24 岁。（3）男教师，28 岁。（4）当地妓女，患有传染性疾病，35 岁。（5）专业足球队员，男，26 岁，同性恋者。（6）美国新教徒儿童，男，8 岁。（7）女孩，10 岁，因为出生时严重缺氧，造成了她的认知能力不足。（8）佛教徒，男，27 岁，患有脑瘫，失业。（9）司机，男，34 岁，难与人相处，经常打架。（10）农民，男，22 岁，初中文化，以种地为生。（11）日本股票经纪人，女，27 岁。（12）白人妇女，35 岁，患有抑郁症，曾长期住院。（13）家庭主妇，26 岁，已继承百万家产，好吃懒做。

各个组完成成员筛选方案，形成如下文本：

文本一：

第一组 W 发言：进入新星球后，考虑到人类生存繁衍、发展的问题，我们组选的 7 名成员包括女科学家、男医生、男教师、男大学生、农民、美国新教徒儿童、日本女股票经纪人。

教师：你们组把美国新教徒儿童也列在其中，只有他一个人是未成年人，你们是基于什么考虑呢？

第一组 W 发言：这样可以使年龄结构很合理，老、中、青协调，其次儿童是希望和未来，我们要尽可能照顾到每一个群体，这就是我们的想法。

教师：这是一道艰难的选择题，抛弃谁，从社会工作价值出发都是违背人本精神的，但我们只能遵循多者选其优的原则，在实务中，我们以后会经常面临这样的伦理考验。

第二组 M 发言：考虑到进入新星球面临的环境压力，我们从健康（认知、身体条件）出发，最终选取的人员是男医生、男教师、农民、家庭主妇、男大学生、司机、股票经纪人，他们都属于身体健康、适应力强、具备很强生存能力的团体。

教师：我很好奇你们怎么没有选择男性同性恋的专业足球队员呢？按照你们的逻辑，他们身体素质好，应该入选。

文本二：

第二组 M 发言：（现场传来阵阵笑声）感觉同性恋男足球队员不能融入这个集体，因为他们会比较另类……同时相处起来比较痛苦……

教师：假如我就是这个同性恋足球队员，我听到这番话会很伤心，因为你们带有明显的价值预设，你们的话太刺痛我了。

第二组 M 发言：可是我们也是出于好心啊，怕他受歧视……

教师：他希望得到的是平等无差别的对待，而不是这种"好心"，这是我们内心深处传统的文化观念影响了我们的价值判断，所以在实务中，要把一个有差异的人真正看做"人"来对待是很困难的，我们需要在价值深处做到真正接纳，对中西方的文化进行了解。

第二组 M 发言：我们懂了，他们需要被无差别地对待，而不是怜悯。

文本三：

第三组 C 发言：我们组是从关爱弱势群体的角度去选择的，包括医学男大学生、科学家、妓女、10 岁女孩、白人妇女、家庭主妇、农民，虽然这个集体可能会遇到很多困境和压力，但是相信他们会用医疗技术、科学技术、智慧来帮助团队中的弱势女性恢复健康。

教师：这组同学很好地从社会工作价值的本心出发，尊重人的价值，救助帮扶弱势的群体，诚如你们所说，这个团队会面临诸多挑战，身份地位的差异性、人员结构的悬殊性等，有些时候我们会犯一些通病，比如：拯救幻想，事实上我们社工并不是救世主，很多问题是我们无法解决的，价值和现实也会存在差距，你们明白了吗？

第三组 C 发言：老师的解释让我明白了，"理想很丰满，现实很骨感"这一道理，救世主也要从理性出发。

教师：对，在这一点上是不冲突的，做人的工作不可能尽善尽美，但要尽其所能。

在案例 3-2 中，通过小组研讨的教学方式进行"价值观主题教学"，三组同学分别从社会工作价值的角度，阐释小组选择成员的理由，出发点遵循了社工的基本价值，如人的生存发展、尊重无差别、救助人道等，但是却缺乏举一反三的论证，只作出了应该选谁的判断，而并没有对为什么不应该选谁做出更深层次的思考和价值训练。教师针对第一组先肯定了他们的人道生存发展的价值选择，进一步引导学生反思为什么不该选谁，不能选谁，学生找不出说服自己的理由；然后由老师导入核心问题——价值两难困境，让学生对价值困境有一个直观的理解。面对第二组涉及的价值问题即如何在不同文化背景下，去看待"差异性"人群，要从东西方文化背景出发，理解"作为人"真正的价值尊严，避免犯最低级的"好心办坏事"的错误。在第三组的讨论中，教师帮助组员澄清了使命价值和现实冲突客观存在的事实，避免组员陷入"拯救幻想"的伦理漩涡，帮助学生学会从理性的角度去思考衡量社会工作的基础价值。

2. 助人自助，发掘潜能

助人自助是社会工作专业基本价值之一。自助强调社会工作不但要帮助有困难的人士解决具体困难，而且要帮助他们增强自己的能力以应付各种挑战，帮助他们增强战胜困难的能力。助人自助的观念在具体的实践中又演化出了尊重、个别化、案主自决、参与等专业原则。在社会工作价值教育课上，互动案例教学、情景教学必不可少，接下来的三个案例都是采用案例启发式、辩论启发式、演讲互动式教学，来达到育人的效果。

此类主题的教学采取案例启发式教学，课程过程分为三步：第一步，学生自主分享一段印象深刻的服务经历；第二步，由班级同学进行点评、分享；第三步，教师进行点评。笔者根据课堂记录整理成简单的文本材料：

案例 3-3：尊重——其实很简单

HC，男，平时性格大大咧咧，丢三落四。在参与跟踪服务一名有"小偷小摸"偏差行为的 10 岁服务对象时，由于自己的不修边幅导致跟服务对象建立起来的信任关系破裂，至今印象尤为深刻，让他懂得了尊重是相互的。

小 M：HC 哥哥，你们什么时候过来啊，你们上次不是说每周周五 6 点到我家看我的吗？

HC：不好意思啊，哥哥临时有事，要参加一个比赛，你妈妈的电话没人接听，就没有把信息传给你，下次一定记得我们的约定。

小 M：好的，我知道了。我等你们……

一周后的个案服务过程中，HC 在给小 M 辅导功课，其间 HC 正在跟女朋友聊天。

小 M：HC 哥哥你在忙什么呢，我有一题作业不会写。

HC：你先做完题目，我再一起给你细讲，好吗？

小 M：那我去请教 F 姐姐（另外一名社工志愿者），你们上次说有惊喜带给我，我可是盼了好多天。

（两名社工志愿者想在小 M 生日前送给她一份礼物，给她一份惊喜，却没想到让 HC 负责带礼物，他却把礼物忘记在了宿舍）

F 姐姐和 HC：小 M，哥哥姐姐想给你一个不一样的礼物，现在还在准备中，不要着急哦。

小 M：（有点失落和生气）我都盼了一个星期了呀，那好吧。

（自此以后，小 M 就对我们不冷不热的，送给她芭比娃娃的当天也没有对我们说一声谢谢，我们总感觉哪里不对劲，于是我们陷入了反思。在我们的服务过程中，没有充分尊重服务对象，没有注意细节，每一句话、每一个承诺在未成年人的世界都会被放大，看似玩手机、工作忙、时间赶等信号都会给服务对象传递出一种"我们已经忽视她"的信号，而对于本身性格就比较敏感的她更容易受到心理上的波动）

学生分享感受：A：我听了他的故事我很有感触，其实我也犯过同样的错误，尊重服务对象真的不是说说而已，只有相互尊重，专业关系才会更加稳固。

B：HC 你今天能够有勇气谈你的经历，我有点意外，因为你平时就不靠谱，不懂得尊重，看你平时大大咧咧，没想到是服务对象让你认识到自己的问题。

C：能够主动说出自己服务过程中的问题，反思自己团队的不足，起码你们秉承了社工的价值观念，说明你们是充分尊重服务对象的，只是后面你们怎么样去修补这样的专业信任关系呢？我们想看看你们是怎么做的。

D：细节真的很重要，其实小朋友是很在意的，不要把他们当成孩子。

教师点评：尊重需要是我们每一个人的中级需要，注重个体的尊严也是社工的核心理念，在生活中更体现我们每一个人的道德素养。从你们的自述、分享，我看到你们既有对事也有对人，在对事上，你们做出了客观地评价，表现出人最基本的道德素养。通过他人的经验查找自己的不足，对社会工作个案服务"尊重"和专业关系进行探讨，挖掘出尊重对于社会工作的意义；在对人上，你们也照顾了 HC 的感受，从专业出发、从利他出发，给了他一些建议和启示，相信对他是很有帮助的，对你们的成长也是有实用价值的。大家课后去查阅更多关于"尊重价值"的学习资料，相互交流学习，深化认识。希望以后有更多的同学能够讲出你们的故事，我们来听听。

在上面的案例中，教师以案例为引子，采用学生自主分享的方式，让学生发挥课堂主体的作用，对学生的探讨不予进行价值评判，尊重学生自己的想法和体验。把价值引导寓于在专业价值观教育的课堂上，让学生通过真实的互动场景，从中体验"专业关系中的尊重"价值，延伸到个人成长、人际关系过程中的尊重，既完成了专业教学任务也实现了对学生价值观的培育。

社会工作专业价值聚焦于个人自由选择美好生活的权利。案主自决指的是社会工作并不限定人们以特定的方式思考、行动；相反，它帮助人们自己选择、自己决定、自己行动。案主需全程投入服务的全过程，并在参与服务过程中得到体验并加以反思，从而促进自身的增能与发展。这个主题的教学采取辨析启发式教学，课程过程分为三步，第一步教师给学生预设一组有关案主自决的行为做法；第二步由班级同学进行辨析，可以予以支持，也可以反驳，并说明理由；第三步教师进行点评。笔者据此课堂记录整理成简单的文本材料：

案例3-4：自决、参与——我的人生我做主

①一位大学二年级女生怀孕了，孩子的父亲是她在校外认识的一名健身教练，她想做人流又害怕影响健康，想生下来又担心没有精力去抚养，向社工求助。社工给她提供了四个选择，并说明利弊，让她自己做决定(方案略)。

②社工小李在社区低保户老王不知情的情况下为他报名参加"计算机职业技能培训班"，老王虽然参加了培训班，但是心里头还是有怨言。

③学校社工小胡在开展六年级校园欺凌成长小组活动中，和学生一起制定活动方案设计。

④身患癌症的赵爷爷为了不给儿子儿媳添负担，私下告诉医务社工他想结束自己的生命，不想在医院里熬日子。社工把这个消息告诉了他的儿子，一起参与阻止了他的行为。

⑤家庭社工和小芳(服务对象，12岁)及其父母一起给她制订了抗逆力训练计划，小芳自己要求没有达成目标就三天不出去娱乐。

学生辨析：A：针对题设1，我赞成社工的做法。社工不能自己替案主做决定，但是社工提出的四种方案，我觉得还可以完善，可以在尊重当事人的前提下，开一个双方家庭联席会议，如果可能的话。

B：针对题设3，学校社工考虑到了学生的参与性，从学生角度做需求评估，制订计划是可取的。考虑到小组的特殊性，社工要注意发挥引导者、支持者的角色，鼓励学生参与，要全过程参与，不能走形式，以免引起学生的反感，还要注意保护学生的隐私。

C：题设2社区社工小李虽然出于好意帮助低保户老王，报名参加培训班，但是却违背了助人自助的原则，一定要是案主自主自愿，所以说这也是最重要的，否则就会产生适得其反的效果，这样也会给老王造成一种"贴标签"的负面效应。

D：题设5值得商榷，看似遵从了案主自决的原则，有社工、服务对象、家长的参与，但是过分强调案主的自决原则，如案主"没有完成目标就三天不出去娱乐"的要求，科学与否需要引起社工和家长的关注。或者说，有些时候案主的自决能力是有限的，特别是未成年人、青少年还处

在一个叛逆成长期。

E：题设 4，社工明确了案主自决的深层内涵，也就是说案主自决也是有限度的，有些时候是需要打破案主自决的价值理念，按照伦理原则顺序辅助社工做出决定。

教师总结：同学们七嘴八舌，辨析十分精彩，从案主自决的价值本义出发，跟具体的案例相结合做出辨析和自己的思考。案主自决体现了助人自助的价值，实务中的内涵却博大精深，需要我们积累足够的实务经验才能帮助我们做出选择。生活何尝不是如此，我们处在青春成长期，很多事情渴望独立、自决做决定，不喜欢被支配、被选择，希望这一课对大家的人生成长有参考价值，大家可以检视一下自己生活中的言行举止，多学一点社工知识，或许我们会化解很多不解。

大学生正处在社会化发展的关键时期，基于大学生的价值观、人生观尚在一个形塑期，我们有些时候会忽视他们的自决性，代替他们做决定，这是有明显弊端的。社会工作"案主自决"辨析课堂通过大量的实务案例的探析，创设真实的生活情境，能够给学生价值深处带来启发和反思。同时，在人生的发展过程中，就会更加相信自己的潜力，充分认识到自己的主体地位，做自己命运的主宰，厘清自决和参与的内涵，就可以有效帮助他们权衡各种选择的积极结果与消极结果并做出最佳选择。更进一步说，进入职场后也会成为一名合格的参与者、组织者和领导者。

个别化是一种分别逐一对待的理念与方法。它体现了传统的社会工作价值，把每个人都看成是唯一的、不同的实体，应该受到不同的对待，体现了对个人的尊重。个别化体现了一个人区别于他人的心理特征的总和，这些特征无论从结构和内容来说，都是独特的、与众不同的差异。个别化原则是社会工作"助人自助"观的重要体现之一，因为其肯定每个个体的价值与独特性所在，体现了人的平等性与自由性。"争做代言人"这个主题的教学采取开放演讲式教学，课程过程分为三步，第一步教师给学生准备十类不同的弱势群体；第二步由班级同学分成十组，选取小组长代表随机抽取小组准备演讲稿给抽到的群体进行代言；第三步教师进行点评。以下是笔者据此课堂记录整理成的文本材料：

案例3-5：个别化——我们不一样

每一组派一名代表抽签，各个纸签分别写着"盲人、失婚妈妈、外来务工人员、外卖哥、智障儿童、社区矫正人员、拾荒老人"等，抽中的小组负责为这张纸条上的群体做代言人，给他们写价值宣言。完成后，每组请代表上台发言，要求每个人都要参与。

学生代表演讲：A：我为盲人群体代言，"信念是你的翅膀，坚强是你的臂膀，你耐心地等待，借力心的力量，穿过夜的黑暗，迎来清晨的曙光"。

B：我为拾荒老人代言，"有了你们，我们的城市更加美丽、干净、卫生，这个地球因你们而美丽，你们是环境工程师"。

C：我为外来务工人员代言，"繁华的现代文明背后是你们默默无闻的足迹，你们从这里悄悄地走过，不带走一片云彩，但却书写了你们的价值，希望我们的城市给你们多一些包容和空间"。

D：我为智障儿童代言，因为我曾经参加了"智障儿童的服务项目"，我的代言是"把月光的莹洁裁剪，融成平等的眼神；把阳光的灿烂收集，涂抹温暖的双手；把花朵的芬芳采摘，氤氲真诚的心灵。把我们平等的眼神、温暖的双手、真诚的心灵送给他们，温暖他们的生命，温暖他们的心灵"。

E：我为失婚妈妈代言，"生活的压力、世俗的眼光只会让你们变得更加强大，你们正在用自己的努力来打破性别的隔阂，铿锵玫瑰，终会绽放"。

教师总结：看得出来你有一双慧眼，能够看到我们社会中的不同人群，也有一份责任心，为他们做出这样震撼的价值代言。从你们的代言内容中，我看到了尊重、包容、理解、价值、能力等，希望你们在今后的学习生活工作中，能够记住你们今天的代言，看到每个人的价值、尊重他们的差异性，促进社会更加和谐。

在"争做代言人"演讲启发式教学活动中，学生用自己团队的方式进行代言，有的写出了自己的口号，有的制作了漫画，有的录制了小视频，或激昂、温情，或振聋发聩或娓娓道来，把学生内心深处的信念用行动表达出来，充分调动了学生的个性。为不同的群体做代言主题教学，旨在启发学生对不同群体的个体性、价值进行思考，引领学生对不同群体都要心怀一颗"尊重"的诚心，进一步加强学生价值观的训练。

通过上面三种不同形式的价值观教学，让学生在不同的情境去感悟学习"助人自助"价值理念下的尊重、自决、参与、个别化原则，既尊重了学生个性化的需求，也丰富了课堂形式内容，提高了学生参与度，克服了"填鸭式""漫灌式"的教学弊端。教师用丰富的理论知识和专业素养，辅以灵活多变的创新教学模式，寓人生价值观隐性教学于社会工作专业价值观显性教学之中，达到了课程育人的效果。

3. 提高专业素养，扩展技能

社会工作行动的结构中，价值被置于重要的战略地位。它为社会工作的发展指明了方向，也是社会工作技术的源泉，为社会工作者提供了行为准则，也为社会工作方法提供了依据。虽然社会工作价值观的训练更注重强调在具体的实践中去内化学生的价值观、专业认同，但是一个合格的素质过硬的专职社工也需要具备扎实的理论基础和知识储备，所以课堂上的教学通过"角色扮演"对实务场景的现场模拟的方式也可以达到提高学生专业素养，拓展知识技能的效果，尤其对很多缺乏学生实践实习平台的高校来说更为实用。教学过程同样分为三个环节：先让若干学生扮演案主和两名社工，由授课教师亲自出演"专业老师"角色；在看完专业教师、社工、案主的角色扮演后，请扮演社工、案主和旁观的同学，回忆扮演整个过程，分享最深刻中的一处细节，积极发言，各抒己见；最后，由教师点评。下面就通过文本记录的方式来还原一堂"角色扮演"的专业价值课堂教学：

案例 3-6：角色扮演

· 第一步，学生角色扮演：

一名大二男生酷爱上网，多次逃课躲着和自己的同窗打游戏，考试成绩不佳，每天恍恍惚惚，没有目标。一名学校社会工作者从辅导员那里了解到他的情况。一天课间休息时，社工在学校走廊里碰到了该学生。

学校社工的日常：

（场景一）A 社工：你好啊，小陈。我听辅导员说你上网打游戏成瘾，打游戏会影响你学习，对你身体也不好，希望你能改正。我可以帮助你改正，你愿意接受我的帮助吗？

小陈：（惊慌、茫然的表情，轻声回答）我没有成瘾，我想没必要吧……径直走进了教室。

A 社工：你父母供你来上大学也不容易，我知道你是贵州那边的孩子，你要对得起他们啊。

小陈：（沉默不语）从口袋里掏出耳机，戴在耳朵上，走进教室。

（场景二）B 社工：（把小陈和班主任约到了社工室）小陈，你看你们班主任为你的事也挺操心的，还亲自过来，他平时上课也很忙。

（小陈：低着头，不说话，两只手背在后面显得不自在）

班主任：你说你逃了多少次课了，开除你就已经够开除几次了，把我们班弄得乌烟瘴气。

B 社工：你们班主任对你够好了，没有报到学校里面去，你要懂得感恩啊，大学四年不能就这样混吧，到时候毕业怎么办，想过了吗？

小陈：老师，社工姐姐，我知道错了，请你们再给我一次机会，我一定改。

B 社工：好的，我们就相信你一次，你也不要有想法，我们都是为你好。

小陈：谢谢老师，那我去上课去了（朝社工和班主任鞠躬后离开社工室）。

（场景三）C 社工（专业老师扮演）：（在篮球场看到小陈在打篮球）篮球打得不错呀，练过吧。

小陈：从小就爱玩儿，瞎打的，你也要不一起来投几个。

C 社工：好的，你们可是专业班子，教我几招哈。

（打了约半个小时后，两个人一起有说有笑，C 社工邀请小陈来社工

接待室喝杯咖啡，小陈欣然接受）

C 社工：小陈，跟我聊聊你的爱好吧，看我们有哪些一样的爱好。

小陈：（滔滔不绝地）我喜欢 NBA、英超还有王者荣耀，也喜欢看看经典电影。

C 社工：我也喜欢体育，也偶尔打打游戏娱乐一下，给你讲一下我大学的故事吧，愿意听吗？

小陈：（表现得非常感兴趣的表情）当然愿意啊……

（中途聊了很多生活中的趣事，小陈和 C 社工的距离逐渐拉近）

C 社工：下次下课了记得拐个弯有空过来耍一下哈，如果不介意的话。

小陈：一定一定，我蛮喜欢你们这个空间布置的，很温馨，有机会咱们再约一下篮球哈。

· 第二步，学生分享交流：

A 社工：我出自对小陈的好心劝诫他，他却表现出很抵触我的情绪，感觉他根本不买我的账，我有点郁闷。

小陈：A 社工跟我说从班主任那里了解到我上网的事，我就对他产生不好的印象，根本不想跟他交流，动不动拿父母来压我，我感觉很不舒服；B 社工把班主任请来，当着班主任的面跟我说我的丑事，我感到更惭愧，他们有点以多欺少的意思，让我不得不听从，这种传统式的说教让我有点难以接受；专业老师扮演的 C 社工，让我想起我高中的一个"哥们儿"，和我打篮球，还跟我有说有笑，我比较喜欢这样的沟通方式，也没有提我的不好的地方，最重要的是我们有很多共同的话题。

B 社工：其实把小陈的班主任叫来，我是想通过班主任和我共同的劝导来帮助他认识事态的严重性，来引起他的注意和改正，没想到适得其反；反而给了他压力，这种来自道德的绑架并不一定会对他有帮助。

C 同学：老师很显然技高一筹，并没有急于去单刀直入地戳案主的敏感点，而是先和他建立好信任关系，成为朋友，然后慢慢去影响他，我觉得老师创立的情境很关键，没有让案主感觉到心里有压力。

D 同学：我大一那会儿，班主任、辅导员也找我谈过话，我通过今天的角色扮演，我想起了以前的我，其实青春期的我们很敏感很脆弱，不希望在他人面前被揭短，让自己觉得没面子，自尊受到了伤害。A 社工和 B 社工虽然有帮助案主的愿望，但是却没抓住他心里真正的需求，谈话过程中，有着很明显的说教式的特点，沿着思想政治教育的路径，我觉得这是青少年比较反感的那一套。

·第三步，教师点评：

首先，A 社工称案主"上网成瘾"，将案主"标签"化，而且没有详细询问案主上网的原因就开始进行说教，进行价值判断等，这其实就犯了大忌。其次，B 社工没有经过案主的同意把班主任叫来，这某种意义上也没有尊重案主的知情权，干预过程也犯了道德式的说教，没有从案主的内在需求出发。两者共同的不足在于社工按照自己的思路和原定计划而非从案主本身出发，这样是违背社工价值理念的；我扮演的 C 社工，我首先创立一个情境，从案主的内在需要出发，用同理心去了解案主的真实需要，尊重案主是一个独立的个体，建立基本的信任关系，这才是打下基础的第一步；通过分享、共情、支持等具体实务技巧，来进一步巩固关系，接下来才会逐步介入案主上网打游戏的这一问题。

在具体实务过程中应该持何种助人态度呢？这首先就取决于我们的价值观，你必须澄清价值观问题，是灵魂也是实务技术，平等、像朋友一样对待案主、去标签化、不批判、不放弃、运用同理心、案主自决等，我们只有通过反复的价值观训练，才能会提高专业能力和综合素养，提高服务质量。

在"学校社工的日常"角色扮演的课堂上，案例本身贴近学生的日常生活，由学生、教师自主参与打破了常规的社会工作课堂教学模式。创新点在于让每个学生都有机会参与到课堂中去，发表自己的看法，通过评价其他参演者的表现也强化了自身的专业知识和价值认知水平。参演者更能在教师和同学们的慧眼之下，吸取经验教训，进一步提升自身的实务技巧和干预技术。专业教师亲自参演角色扮演，在社会工作价值观教育中，运用"身教"来配合"言传"，某种意义上让学生和专职社工来一次"亲密接触的机会"，教师的价值、知识和技巧能够增强学生的获得感和认同感，达到课堂育人的目的。

综上，基于情境、案例、角色互动的教学模式，教师是引导者、支持者和学习伙伴，按照学生的发展需求进行教学建构，给学生搭建"脚手架"，利用弹性教学，为学生带来个性化的学习体验。还给学生提供合作学习的机会，使其有平等的机会参与讨论价值、知识、实践领域的问题以促进他们之间的交流与合作。教师针对价值观教育，在教学组织中采用头脑风暴法，以及启发式、发散式、反思式的手法有效地实现思维协作和价值对质，能够促使更多学生利用不同的学习场域，形成个体的系统知识，发现自己价值观的闪光点，获得积极的自我肯定、自我认同，从而提升学生的自我评价和自我调节能力。

(三) 社会工作促进大学生思政课价值观教育的内在逻辑

1. 社会工作注重发挥课堂学生的主体性、参与性优化传统思政价值教育教学模式的路径

随着时代的发展，大学生思政理论课传统的以教师、课本和课堂为中心的教学模式，片面强调政治性、理论性的价值灌输，课堂形式单一，没有立足于从学生的需求出发，发挥学生的主体性、参与性，加上教师素养的参差不齐，信仰不坚定，忽视了价值引领的作用，导致思政课的价值育人效果大打折扣。作为新时代的大学生群体，个体性、独立性较强，且有着自身的能动性、可塑性、创造性，就需要在课堂上注重发挥学生的主体性，参与到课堂当中来，才能更好地让学生学到知识，内化价值。在这一方面，社会工作的价值观课堂教育上，充分尊重学生的个体性、参与性，从学生的角度出发设计翻转式教学、案例启发式、情景模拟式教学，如上文案例 3-4、3-5、3-6 中，教师通过设置主题、情境、案例，让学生参与，通过个体或小组的形式，对问题进行思考，发表自己的看法；再由学生互助点评，让更多的学生参与进来，陈述自己的想法；最后由教师进行引导，聚焦学生的问题进行有针对的价值引导。整个过程，满足了大学生的个性、尊严、情感、需要等方面的需求，让大学生的积极性、主体性、能动性以及创造得以发挥，也发挥了

教师的主导作用，可以有效实现思政课教育的社会价值与个体价值的统一。从这个逻辑出发，社会工作注重发挥课堂学生的主体性、参与性可以优化传统思政价值教育教学模式的路径，二者是耦合的。

2. 社会工作注重课堂的价值引领契合思政课强化价值引领功能的内在要求

思政课注重知识性和价值性的统一，注重价值引领是思政课的实质，要格外强调对大学生的价值引领作用。传统的思想政治理论课在价值引领上面临着个别老师对价值引领的观念偏差、实践中重视不够，课堂价值引领的思路、载体、方法还存在形式单一缺乏技巧、载体不多、话语权不够、说服力不强等问题；在顶层设计上尚未完全纳入课程育人整体统筹规划框架，各环节衔接、合力不够等。而社会工作是一门极其强调价值观教育的学科，价值观教育贯穿在整个理论和实务课程之中，教师在教学中也格外强调用案例、自身的实务经验、国内外的对比来深化对学生的价值观教育和认同。

在社会工作参与思政课价值观教育的行动实践案例 3-4、3-5、3-6 中，可以看到教师在社会价值、专业价值、操作价值课堂教学中，通过情景模拟、案例讨论、演讲分享让学生获得充分的参与体验，感受不同价值带来的冲击，教师通过鲜活的情境进行价值教育，引导学生内化社会工作助人自助、尊重、个别化等专业价值观。采用此种方式能够让学生印象更为深刻，学生和教师的共同参与，让学生主动呈现问题、发现问题并不断反思，能够让学生的获得感更强，课堂效率更高，教师价值引领的作用发挥得恰到好处。

社会工作课程和思政课程价值观教育都注重发挥教师对学生的价值引领作用，这是二者在教育理念上的耦合，在育人上的终极目的是一致的，从这一层出发，社会工作注重课堂的价值引领契合思政课强化价值引领功能的内在要求是一致的。

3. 社会工作注重微观"生活世界"的课堂价值教学可以弥补思政课宏观整体性教学效果的不足

传统的思政教学注重整体性、政治性、理论性、价值性，教学过程中难免会陷入过多强调宏观框架下的政治理论、价值教育，而忽视对课堂贴近学生生活实际、个性特征、时下热点的微观关照。由于课堂和生活实际相分离，导致的负面效应不仅仅是学生课堂上的注意力不集中、不配合、不参与，更深层次上是学生对思政课的教育价值产生怀疑，陷入"实用主义"的桎梏，如出现"思政课无用论""专业课比思政课重要"等质疑声。长此以往，对思政课的价值的认同度大大降低。社会学家马克斯·韦伯谈到行动的合理性时，将合理性分为两种，即价值理性和工具理性。价值理性是一定行为的无条件的价值，强调的是动机的纯正和选择正确的手段去实现自己意欲达到的目的，而不管其结果如何；工具理性是指行动由追求功利的动机所驱使，行动者借助理性达到自己需要的预期目的，行动者纯粹从效果最大化的角度考虑，而漠视人的情感和精神价值。从这一理论基础出发，不难发现学生对于思政课的价值怀疑，甚至功利色彩更多的源于"工具理性"的质疑。

要想让学生打消这种质疑，就需要通过鲜活的、贴近学生生活实际的案例教学和实践教学才能让学生认识到、感悟到思政课的实用价值，才能在观念上对思想政治的教育价值产生认同，进而把思政教育倡导的马克思主义的信仰体系、社会主义核心价值观、荣辱观、原则等内化到心灵深处，并付诸实践。在这个层面上，社会工作价值教育注重借用大量的实务案例，通过情景模拟、角色扮演的方式把真实案例还原到教学课堂，让学生能够从课堂上感受"生活世界"，更能产生共鸣。在案例 3-6"学校社工的日常"中，教师巧设案例场景，让学生参演案例中的角色，教师也亲自本色出演，学生通过 A、B、C 三位社工的扮演，来进行个人分享和点评，发现优势和不足，从而让每一位学生都能够身临其境，感受这种体验带来的冲击，从而能够更好地通过理论联系实际，感受到专业知识对实践的指导的重要作用，进一步内化专业价值理念，增强专业认同感，提升自身的价值判断能力和实务水平。

宏观整体性教学与微观生活世界教学的有效结合，需要综合教育者素质、理念、内容、方式方法、环境等诸多要素来进行整合，发挥各自的优势，形成互补，才能有效保障思政课教育价值的实现。从教学实践整个过程考量，在教学过程中有效借鉴社会工作注重微观"生活世界"的课堂价值教学特色是可以给思政课宏观整体性教学效果带来实际改观的，也是符合以人为本的思政课教育价值科学理念的。诚然，思政课教育以大学生为对象，思政课教育价值的实现最终的落脚点要回到大学生自身，通过自主学习、内化、实践，自我完善、自我提升来有效提升自己。

第四章

社会工作与大学生思政工作实践育人

实践育人是高校思想政治工作体系中重要的组成部分，在新时期大学生思想政治教育工作中，实践育人被赋予了全新的意义和地位。在加强和改进大学生思想政治教育工作中，应当倡导实践育人新理念、探索新机制、构建新格局，不断提升实践育人的质量和效果。本章分为三节，①实践育人概述，主要阐述实践育人的内涵，实践育人的相关内容以及实践育人的途径；②介绍社会工作的实践育人观，从开展志愿服务、关注弱势群体、注重实践程序的科学性三个方面去论述社会工作的实践育人观；③立足于前两节，探讨社会工作的实践育人观在参与高校思政工作实践育人过程中的功能实现问题，从行动实践层面出发，结合具体的实证案例来具体说明社会工作实践育人观怎样发挥思政工作实践育人的作用。希望通过对本章的梳理，进一步丰富高校思政工作实践育人的理论研究和行动研究，促进社会工作实践的不断融合和发展。

一、高校思想政治教育实践育人

实践育人是新时代高校思想政治教育工作的重要载体和途径，是高校人才培养的一个重要环节，是融合学校教育、社会教育和学生自我教育为一体的育人形式。在思想政治教育视域下厘清实践育人的基本内涵，是开展现实工作的重要前提。本节将从基本理论出发，发现实践育人背后的哲学原理，再从历史的发展脉络梳理思想政治教育实践育人的历史发展及研究导向，进一步厘清高校思想政治教育实践育人的科学内涵，结合思想政治教育实践育人的内容对载体和实践路径进行阐述。

（一）理论依据

实践育人自从被提出以来，一直都是学者研究的热点。从不同的维度理解和把握实践育人的科学内涵，对于我们探索行之有效的育人方法、提高育人质量有着十分重要的理论价值和现实意义。

1. 哲学依据

我国传统哲学中的知行观是实践育人的重要理论源头，《左传》中记载了"非知之实难，将在行之"的观点，这是我国古代关于知和行关系的最早记载。从孔子、朱熹、王阳明到孙中山，众多思想家都对知行关系进行过深入的探讨研究，讨论焦点是道德意识和道德实践的关系，但也包含着对认识与实践的关系问题的探讨。虽然观点存在差异，但共性之处是二者都强调育人应知行统一，知行应相互依存、相互促进，这些成果在今天的教育实践中仍然具有非常重要的价值。我们知道古代的"行"就是今天的实践，实践的观点是马克思主义哲学首要的和基本的观点，是马克思主义区别其他哲学的根本特征。马克思主义的实践是指人类有目的的认识和改造世界的物质性活动，就是人们改造客观世界的一切活动。

首先，在马克思看来，实践是人的能动的社会活动，是人所特有的对象性活动，现实具体的人是实践的主体，人在从事改造外在世界的过程中创造价值，实现自身的解放。马克思曾指出："人类的类特性恰恰就是自由的有意识地活动。"①其次，马克思认为教育是科学文化实践中很重要的一种形式，精神文化的生产不是一个纯粹的意识过程，老师的教学活动能够改变除实践主体的意识状态之外的其他存在物的状态。育人活动是人类的最高级的实践活动之一，把人类的思想活动转化为实践活动这一点充分说明育人本身具有实践性。最后，辩证唯物主义认识论认为，实践是认识的来源，是认识的基础，是认识发展的动力，也是认识发展的目的和检验真理的唯一标准。通过实践能够改造人的主观世界，锻炼和提高人的认识能力，在实践的推动下，不断打破认识的框框条条，突破旧思想，引起认识的新飞跃。认识过程就是实践—认识—再实践—再认识的循环往复过程，最终提高人们的认识，从而不断推动人类社会向前发展。毛泽东指出：从认识论的角度分析，人的认识的逻辑基础是活生生的社会实践，而不是干巴巴的思想理论。"从认识过程的秩序来说，感觉经验是第一的东西，我们强调社会实践在认识过程中的意义，就在于只有社会实践才能使人的认识开始发生。"②这说明，人们获取真知的源泉就是实践，大学生当然也要通过实践才能更好地提高自身的思想道德素养。

实践育人正是在"实践"基础上所形成的育人理念，凸显了育人的实践属性。这一理念的提出与发展，内涵十分丰富，既有深厚的哲学底蕴，又有实在的现实价值。马克思主义历来强调"教育与生产劳动相结合"，"生产劳动同智育和体育相结合，它不仅是提高社会生产的一种方法，而且是造就全面发展的人的唯一方法"。③高校实践育人工作作为教育同生产劳动和社会实践相结合的重要渠道，就是要培养具有社会责任感、创新精神和实践能力的人才，让正在成长中的青年学生在亲身参与中认识国情、奉献社会、增长才干，锤炼品格。

2. 思想政治教育学依据

思想政治教育是指社会及社会群体用一定的思想观念、政治观点、道德规范，对其成员施加有目的、有计划、有组织的影响，使他们形成符合一定

① 《马克思恩格斯选集》(第1卷)，北京：人民出版社1995年版，第96页。
② 《毛泽东选集》(第3卷)，北京：人民出版社1991年版，第899页。
③ 《马克思恩格斯选集》(第2卷)，北京：人民出版社2012年版，第230页。

社会或阶级所需要的思想道德品质的社会实践活动。在高校这个特殊的场域中，思政教育工作者通过各种各样的思想政治教育活动让大学生在思想道德意识和道德实践中进行互动、碰撞，在思想道德实践活动中检验自己的思想道德认知，提高思想道德素质，达到"内化于心，外化于行"的目的，这是高校思想政治教育的目的。在传统教育观念的影响下，思想政治教育的政治性、任务性、显性色彩太过于明显，把受教育者当成社会规范的接受链，教育方式过于刚性，导致教育实效性不够。实践能帮助大学生加深对社会主义核心价值观、道德观的认识，克服了单纯地给教育对象灌输理论，更加强调教育对象在实践中体现价值内涵和良好的思想道德行为。大学生在参与思想政治实践过程中能够不断深化认识社会主义核心价值观、"八荣八耻"荣辱观，和以爱祖国、爱人民、爱科学、爱劳动、爱社会主义为基本要求的社会主义道德。由此可见，实践是大学生思想道德素质形成的有效途径。

3. 教育学依据

从实践的观点出发，教育活动是科学文化实践的一种，具有实践性的特征。教育是基于一定社会发展的需求，按照一定的培养方向，选择适当的内容采取行之有效的方法，在集中的时间对人进行系统的教育与培训，使人们获得相关的文化科学知识和技能，并形成正确的价值观和道德品质。一个人的知识无外乎两种：直接经验和间接经验。学校通过传授系统理论知识，也就是直接经验给学生，让学生能有效地获取知识。此外，通过组织学生参加实践，让学生从实践中获得知识，也就是间接经验的获得。一方面，学生获得的多数知识都来自间接经验，并且学生可以通过实践检验学到的知识是否正确，从过程中感悟收获知识的重要性和快乐。另一方面，注重间接经验获得的实践教学在教学过程中符合人的成才规律，尊重学生的自主性和主体性，能够打破长期以来在学习的过程中都是以教师为主体的局面，得到学生的认可，进一步提高教学质量。实际上，理论教学与实践教学二者之间是辩证统一的关系，理论联系实际也是教学的基本原则，实践教学是学生巩固理论知识和加深对理论知识认识的重要环节，也是培养具有创新意识的高素质人才的必然要求。"吾生也有涯，而知也无涯"，在不断认识世界和改造世界的活动中，学生实现由被动接受教育到主动接受教育、自我教育的转变，促进教育理念和学习理念的不断深化。因此，思想政治教育实践育人作为提升高校思想政治教育效果的有效手段，也应该提高重视。

4. 心理学依据

现代认知心理学认为，个体通过与环境的相互作用后获得的信息就是知识。"实物直观"是获得知识的有效方法，具有直观性、现实性和实用性的特点，这与马克思实践的特点有相似之处。一方面，通过实物直观的方式获得的知识是与现实生活密切相连的，能够贴近大学生的生活实际，让个体在现实生活中较好地运用。另一方面，因为实用性高能够进一步激发学生的参与实践的热情，提高大学生学习的主动性、积极性以及动手能力。由此看来，实物直观的方式能够迎合大学生的实践心理个性需求，给学生提供不断学习和深化认知的动力。波兰尼把知识分为显性知识和缄默知识，如果说显性知识是传统课堂传授的知识，那么缄默知识则是基于非正式课堂获得的，以个体整体经验为基础的，只可意会不可言传，不能通过语言文字来清晰表达却又经常使用的知识。缄默知识其实就是一种"潜在的知识素养"，被学习者内化并吸收，表现为一种综合素养，它可以通过实践活动获得。高等教育倘若只注重课堂知识而不注重与实践相结合，是不能满足大学生的多元化的现实需求的，必须让大学生参与到思想政治教育实践活动当中去，这样才能提高思想道德素质，获得显性知识和缄默知识。

5. 社会学依据

社会学理论认为，人的社会化就是由自然人到社会人的转变过程，每个人必须经过社会化才能使外在于自己的社会行为规范、准则内化为自己的行为标准，这是社会交往的基础。

人是社会性的，社会化只有在人类社会中才能实现，个体的社会化过程可以从家庭、学校的教育谈起，教育是社会化的主要途径。高等教育是大学生社会化的重要途径之一，在大学这个环境之中，大学生不仅要了解社会化必需的知识和技能，还必须通过实践接触到社会，参加社会实践，接受社会的洗礼才能更好地实现自身的社会化。由此，高校在制订教学计划时，应该安排充足的实践课时，让大学生在参与实践活动中增加与社会的接触，接受社会的磨砺，检视自己的能力、素质和品行，对自己有一个更清晰的认识、找准自己的定位，从而使他们在学习和生活上有更好的规划，给他们进入社会带来帮助。同时，实践能帮助他们根据自身的情况，不断作出调整、充实、提高，这样才能进一步减小他们的心理落差带来的心理负担，以此来帮助他们树立正确的价值观、理想信念以及自身的成长成才。

（二）发展历程

实践育人有着广泛的理论依据，是我国高校育人观的重要组成部分。改革开放以来，实践育人在高校育人中的地位和价值得到了国家和社会各个层面越来越多的重视，与此同时高校实践育人也得到持续深入的理论和实践探索。

1978—2004 年，是高校实践育人的重要奠基阶段，在这一阶段，"实践育人"这一概念还未明确提出，但是实践育人已成为高校思想政治工作的共识，要求大学生与生产劳动及社会实践紧密结合，在实践中得到锻炼；① 可以说 2004—2012 年是高校实践育人的全面深化阶段。2004 年，《中共中央、国务院关于进一步加强和改进大学生思想政治教育的意见》首次提出"实践育人"，指出要把理论武装与实践育人结合起来，既重视课堂教育，又注重引导大学生深入社会、了解社会、服务社会。2012 年 1 月 10 日，为全面落实《国家中长期教育改革和发展规划纲要（2010—2020 年）》，教育部等 7 部门共同颁布《教育部等部门关于进一步加强高校实践育人工作的若干意见》，明确指出实践育人关乎学生服务国家、服务人民社会责任感的增强，关乎创新精神的培养，关乎实践能力的提升，将高校实践育人提升到了国家战略的层面。同时也进一步明确指出，教育与实践的结合是党一直主张的教育方针，实践育人是贯彻党的教育方针、落实社会主义核心价值观体系、拓展素质教育空间的必然要求。② 总之，在这一纲领性文件的指导下，高校实践育人的总体规划、师资队伍建设、基地建设、组织领导都得到了深化发展，从而把实践

---

① 罗亮：《改革开放以来高校实践育人的发展历程与基本经验探析》，载《思想理论教育》2019 年第 5 期，第 106~111 页。

② 王璐：《高校思想政治教育新路径的探析与反思——以实践育人为例》，载《教育现代化》，2019 年第 24 期，第 178~180 页。

育人观推向了新的高度。党的十八大召开以来，中国特色社会主义进入新时代，习近平总书记高度重视实践育人。高校实践育人也进入新时代质量提升阶段，成为培育和践行社会主义核心价值观有效途径，体制机制不断完善，质量不断提升。2017年，中共中央、国务院印发了《关于加强和改进新形势下高校思想政治工作的意见》，实践育人成为新形势下高校思想政治工作的重要内容，得到进一步重视，从体制机制层面要求进一步强化实践育人，包括提高实践教学比重，强化实践基地建设，健全社会各界接收大学生实习实训制度，健全学雷锋志愿服务长效机制等。2017年，《高校思想政治工作质量提升工程实施纲要》明确提出，要深入推进实践育人质量提升，整合各类实践资源，拓展实践平台，构建实践协同体系，教育引导师生在亲身参与中增强实践能力、树立家国情怀。

（三）内涵

从实践育人的发展历程中我们看到实践育人对于培养大学生的社会责任感、勇于探索的创新精神、善于解决问题的实践能力至关重要；对于推进高校教育改革、提高学生素质、最终实现国家强盛和中华民族复兴具有深远意义。针对何谓实践育人这一命题，学界从不同的角度进行了解读。

张文显认为，实践育人是以学生在课堂上获得的理论知识和间接经验为基础，通过激发学生的热情和兴趣，开展与之相关的实践活动，加强对学生的思想政治教育并促进他们全面发展的新型育人方式。[①] 宋珺认为，实践育人实际上是一种通过有计划有目的的实践活动来引导学生建立与客观世界的联系，从而提高自身的知识文化水平、思想道德水平的教育活动。[②] 陈烨认为，实践育人出发点是大学生成长成才，强调通过多种形式实践，实现大学生全面发展。[③] 申纪云提出，实践育人应该从三个层次来把握内涵：第一，

---

① 张文显：《弘扬实践育人理念，构建实践育人格局》，载《中国高等教育》2005年第Z1期，第7~9页。

② 宋珺：《论实践育人理念在高等教育中的实施》，载《思想教育研究》2012年第7期，第84~89页。

③ 陈烨：《德育视域下的高校实践育人研究》，赣州：赣南师范学院2012年硕士学位论文。

实践育人是遵循马克思主义教育原理的基本要求；第二，实践育人是大学生成长、成才和发展的内在要求；第三，实践育人是现代教育理念、教育模式、教育实践的统一。① 秦川认为，实践育人观念中应更侧重缄默知识的传递功能。② 综合各学者代表性的观点，分别提出了实践育人的主体、方式、内容和目标，对于高校实践育人概念并没有统一界定，基本认为高校实践育人是学生在第一课堂获得理论知识的基础上，通过高校组织、教师指导、学生参与的实践教学环节和教育活动。高校实践育人是遵循马克思主义教育原理的基本要求，以学生的理论知识和间接经验为基础，尊重学生成长成才规律，通过鼓励和引导学生组织和参与有利于自身成长与发展不同类型的实践教育活动，依托平台锻炼，提升综合素质，实现大学生全面发展。

1. 研究基础

通过梳理高校实践育人的研究发现，近年来，学界从哲学、教育学、心理学、社会学等多维度解读实践育人的内涵，从思想政治教育学视域下的探讨和研究并不深入。思想政治教育是一定的群体对所属组织成员进行有目的的政治性思想教育活动，具有鲜明的阶级性、组织性、实践性和目的性。在大思政的思想政治教育格局下，探讨思想政治教育下的实践育人具有实用价值，更具时代性。在当前学界对高校思想政治教育实践育人的内涵研究中，高伟国提出"高校思想政治教育实践教学"就是教育主体有组织、有计划地引导学生积极参与各式各样的实践活动，并在此过程中不断提高思想道德修养和综合素质的教学活动，能够做到结合学生特点和社会实际情况并能反映现阶段教育的需要。③ 其强调"教学活动"，但没有明确思政政治教育的特性。田传信将高校思想政治教育实践育人的内涵进一步扩大，通过分析高校思想政治教育实践育人的障碍因素，提出思想政治教育实践育人应包括校外社会

---

① 申纪云：《高校实践育人的深度思考》，载《中国高等教育》2012 年第 Z2 期，第 11～14 页。

② 秦川：《对高校大学生实践育人机制的反思与重构》，长春：吉林大学 2009 年硕士学位论文。

③ 高国伟：《浅谈实践育人与高校思想政治教育》，载《科技信息（学术研究）》2007 年第 15 期，第 19～20 页。

实践、思想政治理论课和校内实训实践这三个方面。① 不难看出，两位学者的界定都比较模糊，也没有实质性的突破。

2. 内涵界定

结合学界的理论成果和实践经验，在高校思想政治教育视域下探讨实践育人，"实践育人"是核心，"高校"是环境，"思想政治教育"是属性。以此为基础，笔者认为高校思想政治教育实践育人是组成高校实践育人的重要板块。高校思想政治教育实践育人是指高校要坚持以培育和践行社会主义核心价值观为主线，以立德树人为目标，通过理论联系实践，依托课堂内外、校内外的实践载体，有组织、有计划地开展的实践活动，在实践中学会运用马克思主义的立场、观点、方法去分析和解决问题，激发精神动力、提高道德修养以及发展综合素质，进而把大学生培养成为中国特色社会主义事业合格建设者的一种育人方法。从概念出发，我们还应从以下几个层面来把握高校思想政治教育实践育人的内涵。

首先，高校思想政治教育实践育人是遵循马克思主义教育原理的基本要求。从理论层面讲，实践论是马克思主义哲学的基本观点，实践是认识的基础，实践性是教育的本质属性。从教育的本质讲，"教育为社会主义现代化服务，为人民服务，与生产劳动和社会实践相结合，培养德智体美全面发展的社会主义建设者和接班人"。② 因此，高校思想政治教育实践育人既是坚持马克思主义原理，也是全面贯彻党的教育方针的具体体现。

其次，高校思想政治教育实践育人是大学生成长、成才和发展的内在需要。注重人性发展实践育人的重要使命，能力的拓展实践育人的本真诉求，大学生的成长成才不仅仅表现为知识水平的提高，而且应该具有过硬的政治品格和道德素养，而高校思想政治教育实践育人发挥着更为直接、深刻、明显的作用。

最后，高校思想政治教育实践育人是组成高校思想政治教育的重要组成板块，具有独立地位。高校思想政治教育实践育人突出了思想政治教育的实

① 田传信：《思想政治教育实践育人障碍因素分析》，载《高教论坛》2013 年第 3 期，第 16~19 页。
② 《国家中收期教育改革与发展规划纲要（2010—2020）》。

践属性，其育人途径、方式和人才培养中的功能与作用是其他任何教育不可替代的。总之，高校思想政治教育实践育人是一个开放的教育体系，它是高校思想政治教育的重要组成部分，在高校人才培养过程中起着不可替代的作用，是提高育人质量，实践育人的时代要求。

（四）高校思想政治教育实践育人的核心构成

随着实践育人工作内涵的不断扩展，高校思想政治教育实践育人的内容也在不断丰富。党的十八大以来，思想政治教育更加突出社会主义核心价值观教育、中国梦宣传教育和廉洁文化教育，高校思想政治实践教育也应围绕该内容而展开。

1. 社会主义核心价值观教育

党的十八大报告提出了"倡导富强、民主、文明、和谐，自由、平等、公正、法治，爱国、敬业、诚信、友善"的社会主义核心价值观。2013 年，中共中央办公厅印发的《关于培育和践行社会主义核心价值观的意见》明确指出，社会实践是社会主义核心价值观从小抓起、从学校抓起的重要抓手和有效途径，强调发挥社会实践的养成作用，完善实践教学体系，加强实践育人基地建设。2014 年，《中共教育部党组、共青团中央关于在各级各类学校推动培育和践行社会主义核心价值观长效机制建设的意见》指出：促进实践育人共同体的建立，实现实践育人规范化管理、常态化服务、品牌化培育、项目化配置、信息化支撑、社会化运作，深化对社会主义核心价值观的理解和认识。2014 年五四青年节，习近平总书记在同北京大学师生代表座谈时，强调实践对于青少年核心价值观养成的重要性，他指出："道不可坐论，德不能空谈。于实处用力，从知行合一上下功夫，核心价值观才能内化为人们的精神追求，外化为人们的自觉行动。"[①]党中央对实践育人的价值规范、原则作出明确指示，实践育人是培育和践行社会主义核心价值观的有效途径，高校思想政治教育实践育人如果不能把社会主义核心价值观的培育和践行作为其教育任务，就不能确保高校思想政治教育工作目标的有效实现。

---

① 习近平：《习近平谈治国理政》，北京：外文出版社 2014 年版，第 173 页。

2. 伟大复兴中国梦教育

理想信念是决定个人思想和行动的"总开关"，所以理想信念教育一直是我国思想政治教育的重点内容，崇高的共产主义理想和中国特色社会主义信念始终是激励和鼓舞我们不懈努力奋斗的精神动力。十八大会议上，习近平总书记把"中国梦"定义为"实现中华民族伟大复兴"，具体表现是"国家富强、民族振兴和人民幸福"，2017年10月18日，习近平总书记在十九大报告中进一步指出，实现中华民族伟大复兴是近代以来中华民族最伟大的梦想，可以说"中国梦"是我们党的最高理想和最终目标。

十八大以来，党中央围绕"我的中国梦""爱学习、爱劳动、爱祖国"教育等主题开展了一系列实践育人专题教育活动。通过实践教育，使青年大学生懂得实现中华民族伟大复兴是全国人民共同的社会理想，而这个社会理想深深扎根于社会生活实践之中，主动把国家、民族和个人作为命运的共同体，把国家利益、民族利益和每个人的具体利益都紧紧地联系在一起；并鼓励青年大学生把自己的理想青春、知识和汗水融入中国特色社会主义建设实践之中，实现自己的中国梦。

3. 廉洁文化实践教育

随着我国"四个全面"战略布局的推进，从严治党必将愈来愈深入，廉洁文化建设的重要性也将愈发凸显。廉政文化，是人们关于廉洁从政的思想、信仰、知识、行为规范和与之相适应的生活方式和社会评价，从根本上反映着一个阶级、一个政党的执政理念、执政目的和执政方式，是廉洁从政行为在文化和观念上的客观反映。廉政文化，在我国有着非常悠久的历史传统，提倡廉洁自律，秉公办事，不徇私情，不谋私利，为人民服务，清白做人的精神，是我们中华传统美德，也是中华民族优秀传统文化的重要组成部分，它可以有力地促进社会主义先进文化的发展。

在构筑惩治和预防腐败体系的过程中，应高度重视廉洁文化的建设，同样，当代大学生作为中国特色社会主义事业的接班人和现代化建设的后备力量，肩负着实现民族复兴的重大责任，更应该加强思想廉政文化的教育，形成正确的世界观、人生观和价值观。从此层面出发，必须把廉洁文化教育作为高校思想政治教育的重要内容，其重要性无论怎样评价都不过分。廉洁文化教育采用单纯的说教、灌输式的教育方式是不够的，需要采取丰富多彩的灵活的实践教学形式，从正反方面对大学生进行廉洁榜样教育、廉洁警示教育、廉洁熏陶教育等。通过廉政文化实践活动，大学生不但能够认识到惩治贪腐的必要性、重要性和制度建设的长效性，也能够进一步理解廉政文化建设的核心价值观：务实、为民、清廉。这一价值观，顺应了时代发展要求，反映了广大人民群众的意愿，代表着社会主义先进文化的本质要求和服务方向，进而培育大学生树立为人民服务的为国为民的责任意识。

（五）高校思想政治教育实践育人的主要途径

当前，高校实践育人途径呈现跨学科、跨国界、跨领域的多元化合作和发展，直接面向科教兴国、创新驱动发展、乡村振兴、区域协调发展、可持续发展等国家重大战略，在全面贯彻实践育人方针的同时应不断努力拓展实践育人的途径，丰富实践育人的形式，统筹安排课内课外、校内校外实践育人活动，从而达到实践育人的合力效果。

1. 课程实践教学

（1）思想政治理论课实践教学。思想政治理论课是当前高校对大学生系统地传授马克思主义理论和进行思想政治教育的主渠道和主阵地，而思想政治理论课综合实践教学则是思想政治理论课教学的一个重要环节。为了更好地培养中国特色社会主义事业的建设者和接班人，兼顾理论教学和实践教学的有机结合，提升大学生对思想政治理论课教学的认同感、接受度和践行力，早在2005年，中共中央宣传部、教育部《关于进一步加强和改进高等学校思想政治理论课的意见》中，对高校思想政治理论课的课程设置进行了重大调整，形成了现在的"4+1"新课程方案，即"思想道德修养与法律基础""中国近现代史纲要""马克思主义基本原理概论""毛泽东思想和中国特色社会主义理论体系概论"以及"形势与政策"，并强调每门课程都要突出实践环节。2018年，教育部在《新时代高校思想政治理论课教学工作基本要求》（教社科〔2018〕2号，下文简称"2018新方案"）中提出了从本科思想政治理论课现有学分中划出2个学分开展思想政治理论课实践教学的要求，提出思想政治理论课教学总体上要坚持"有虚有实、有棱有角、有情有义、有滋有味"的基本原则，努力实现教学方式和方法"配方"先进、"工艺"精湛、"包装"时尚的基本要求，以确保思想政治理论课能够成为大学生"真心喜爱、终身受益、永远难忘"的课程。

各大高校深入贯彻意见精神，落实"2018 新方案"实践教学要求，结合时政热点和思想政治理论课的不同侧重点，开展思想政治理论课实践教学。在实践中坚持实践教学"贴近学生的亲近感、贴近实际的真实感、贴近现实的时代感"原则，确保把思想政治理论课教学教"活"。一方面，贴近生活、时代的实践教学能反映出当代高校大学生生活的实际，使思想政治理论课不仅仅是书本上艰深的理论，更能从中解决对思想政治教育问题的困惑，在生活当中接受潜移默化的教育。如"思想道德修养与法律基础"课程中利用当地先进道德模范、标兵进行现场报告讲座，"中国近现代史纲要"采取参观革命历史纪念馆的现场教学。另一方面，可以大大调动学生的参与热情，使大学生在思想政治理论课实践教学中激活希望、唤醒梦想、点燃激情，更能够提高其社会责任感和使命感。

（2）专业课实践教学。改革开放以来，实践教学成为高校实践育人最为重要的一环，实验实习、专业实训等实践教学形式在各个高校推广。依据《高校思想政治工作质量提升工程实施纲要》，实践教学比重还将进一步增加，哲学社会科学类专业实践教学不少于总学分（学时）的 15%，理工农医类专业不少于 25%。①

专业课程实践的优势在于形式灵活性和内容多样性，高校可以根据课程的不同类型、特点开展各种形式的课程实践活动。专业课的实践教学的形式主要包括课程实验、专题报告、学科竞赛、实习、毕业设计等内容。首先，可以利用博物馆、纪念馆、烈士陵园等让大学生接受革命传统教育；利用法院、检察院、监狱、反腐倡廉教育基地等组织大学生旁观、旁听，可以培育大学生法律意识，提升他们的思想道德素养。其次，高校还可以进行实践教学基地学习，利用建立起来的实践基地和平台，发挥具有典型性和代表性实践教学基地的实践育人作用，组织学生进行培训和学习，从而达到广泛育人

---

① 罗亮：《改革开放以来高校实践育人的发展历程与基本经验探析》，载《思想理论教育》2019 年第 5 期，第 106~111 页。

的效果。最后，可以开展假期社会调查，通过教师组织学生参加调查项目，让学生"走出去"。通过社会调查，大学生可以加深对课堂上老师所教授的思想政治理论知识的理解，改变以学科知识为中心的讲授式教学方式，让学生充分体验、讨论互动和交流。这种实践活动方式不仅有利于锻炼大学生的组织能力和培养他们的团队合作精神，更有利于学生扩大其知识视野，把理论和实践相结合，理想和现实相结合，深化对党的认识，坚定跟党走的决心。

2. 社会实践

改革开放以来，社会实践一直是实践育人的重要载体，得到政府、高校、社会各界的高度重视，"社会实践是大学生思想政治教育的重要环节，促进了大学生了解社会、了解国情，增长才干、奉献社会，锻炼毅力、培养品格和提升社会责任感"。① 经过 40 余年的探索实践，主要有假期社会调查、生产劳动、教育实习、志愿者服务、"三下乡"活动、社会公益、志愿服务、科技发明等多种形式。涌现了大学生暑期"三下乡""志愿服务西部计划"等传统经典项目和"牢记时代使命，书写人生华章""百万师生追寻习近平总书记成长足迹""百万师生重走复兴之路""百万师生'一带一路'社会实践专项行动"等新时代社会实践精品项目。

首先，高校学生围绕"精准扶贫""一带一路""乡村振兴"等重大发展战略，组织小分队开展科教文卫多元化的"三下乡"活动。其次，高校学生结合自身专业，积极开展社会调研、生产劳动、公益服务等活动，让学生产生积极的情感体验，提升大学生的实践能力，同时也彰显大学生的社会责任感。最后，在勤工助学方面，高校面向家庭经济困难学生进一步完善了大学生勤工助学的平台，如部分高校开办爱心超市、快递服务点为勤工助学点，由家庭经济难学生自主运营、勤工助学；还有学校开发本校助学岗位的同时，联合政府部门、企事业单位提供勤工助学岗位；一部分学校提供启动资金，整合协调资源，鼓励大学生"创新创业+勤工助学"来探索新型渠道。

3. 志愿服务与创新创业实践

近年来，高校各类社会公益机构以大学生为主体组织开展了大量的志愿

---

① 《中共中央国务院关于进一步加强和改造大学生思想政治教育的意见》，新华社，2017 年 2 月 27 日。

服务，深入社区、进入敬老院、特殊学校、参加大型赛事提供保障服务、进驻灾区开展一线志愿服务等。与此同时，大学生创新创业实践教育也得到蓬勃发展。本着习近平总书记给中国"互联网+"大学生创新创业大赛"青年红色筑梦之旅"大学生的重要回信精神，2015年，《国务院关于深化高等学校创新创业教育改革的实施意见》颁布，明确高校创新创业教育深化改革的指导思想、基本原则，强化创新创业实践在大学生思想政治教育领域的作用。2015年至今，大学生创新创业教育蓬勃发展，连续多年举办中国"互联网+"大学生创新创业大赛，在2020年培育建设了三批"全国高校实践育人创新创业基地"、全国创新创业典型经验高校，持续激发了大学生创新创业热情，展示了创新创业教育成果。

通过丰富多彩的社会实践，丰富了大学生的生活，锻炼了意志品质。大学生在实践中不断了解国情民意、感悟国家民族的发展进步，理想信念得以升华，对于培养大学生集体主义和团队精神，帮助他们形成正确的人生观、价值观和世界观都有着十分重要的思想政治教育意义。科技发展日新月异的今天，高等教育不断面临着改革创新的时代任务，要想进一步提升思想政治教育实践育人的实效性，必须坚持理论教育与实践养成相结合，以系统的思维积极构建党委、政府、学校、社会共同参与、协同推进的"实践共同体育人机制"，整合各类实践资源，扎实推进社会广泛参与、高校着力实施的实践育人工作。

二、社会工作的实践育人观

社会工作是一门应用性的社会科学学科，是一门非常重视实务和操作，讲究科学助人方法和技巧的专业和职业，社会工作的发展历史和学科背景足以说明其在实践过程中的育人价值。本节将分别从志愿服务、关注弱势群体、实践程序的科学性三个方面来阐述社会工作的实践育人观。

（一）志愿服务

志愿者活动的产生远早于社会工作，志愿服务是社会工作的源起。随着社会工作发展成为高度组织化、行业化和专门化的助人行业，强调"助人实践"依然是其最重要的价值所在。

1. 历史沿革

志愿服务最初起源于19世纪初西方国家宗教团体的慈善服务，在西方新教伦理教义和人文主义思潮影响之下，因其具有民间性和宗教性的特征所以有着良好的社会基础，最后作为一种精神上的美德被保留下来，催生了欧美国家的志愿服务。在17世纪的西欧国家，基督教各教会承担了救助穷人、帮助弱势群体、教育儿童等工作，在社会公益事业中扮演着重要的角色，慈善事业也因此在民间有着深刻的影响力。文艺复兴之后，许多慈善服务机构逐渐脱离了教会的控制和管理，开始出现私人支持的慈善服务机构。美国的志愿者活动早在17世纪就以自助互助的形式存在，帮助那些生活有困难而自己无法解决的个人和家庭，并且鼓励居民参与社区的一些公益事业。① 到了18世纪，志愿者们开始组织起来，向政府倡导建立社会的福利服务，由政府承担社会福利服务的责任。②

19世纪下半叶，英国和美国先后成立慈善组织会社，形成了广泛而深刻的英美慈善组织会社运动和"睦邻友好运动"，美国社会的志愿服务得到了广泛的开展，它们直接推动了专业社会工作的产生。睦邻友好运动的领袖简·亚当斯她在贫困落后的社区建立了各种形式的俱乐部，让社区居民参与其中，一起讨论科学、艺术、政治、家务等，成为社区活动的志愿者。③ 她在邀请社区居民一起解决社区问题过程中形成了自己的一套独特的工作方法和策略。她创造机会让社区居民根据自己的兴趣参加不同形式的俱乐部，然后会邀请经常参加俱乐部的成员成为俱乐部活动的志愿者，最后再与这些志愿者一起讨论解决社区存的一些社会问题。社区俱乐部由此成为社区行动和居民参与的平台，并且通过一起参加志愿活动解决社区问题，进一步增强了社区参与意识和公共精神以及社会责任感。玛丽·里士曼是第一个把"科学化服务"引

---

① Barck, O. T., & Lefler, H. T. *Colonial America.* New York：Macmillan, 1958, p. 35.
② Ellis, S. J., & Noyes, K. H. *By the People：A History of Americans as Volunteers.* San Francisco：Jossey-Bass. 1990, p. 168.
③ Sherr, Michael E. *Social Work with Volunteers.* Chicago, Illinois：LYCEUM BOOKS, INC. 2008, p. 51.

入慈善组织运动中的人。在社会工作职业化到专业化的发展历程中，作出了巨大贡献，她积极倡导对慈善活动进行综合的评估、清晰的记录以及有效的协调组合，以保证提供科学化的慈善服务。① 此外，她对参加"友好访问者"（friendly visitors）的志愿者——最早的个案工作者，进行专业培训，以指导他们为社区中的贫困家庭提供有效的直接慈善服务。②

进入 20 世纪上半叶，一方面社会工作的专业地位和实践领域得到了迅速地加强；另一方面越来越多的社会工作者从事直接的个案服务，放弃与志愿者的合作。也就是说，随着社会工作的专业地位的提升，社会工作者与志愿者的关系发生了根本逆转，志愿者只能充当维护或补充社会工作专业服务的协助者的角色。但是基于一些历史传统和时代发展需要，志愿者在社会工作的专业服务中仍旧发挥着一定的作用。譬如"二战"期间，由于人力的匮乏，专业社会工作开始寻求志愿者的帮助，志愿者还只是承担筹款员、办公室助手等辅助角色；20 世纪 60 年代之后，志愿者才慢慢又走进直接的专业服务，负责咨询、小组开展等半专业的角色；近年来，由于专业人力资源的紧缺，经过专业培训的志愿者逐渐走向原本社会工作从事的岗位，让专业社会工作者有精力负责更为复杂的专业实践活动。③

总之，专业社会工作产生于志愿服务活动中，其目的是更好地提供科学化的慈善服务帮助社区中的贫困人群，它是社会工作职业化、专业化发展的必然趋势。社会工作与志愿服务两者从历史渊源来说，是一脉相承但是两者既相互区别，又紧密联系，从对社会发展的功能来看，二者能够互相补充，都能促进社会的和谐发展。但是随着时代、社会环境的变化，二者之间的地位差异也逐渐显现，对于如何准确把握两者关系，实现二者的平等合作，将是很多地方发展所要解决的问题。

---

① Morales, A. T., & Sheafor, B. W. *Social Work: A Profession of Many Faces* (10*th edn*). Boston: Allyn and Bacon. 2004, p. 23.

② Morales, A. T., & Sheafor, B. W. *Social Work: A Profession of Many Faces* (10*th edn*). Boston: Allyn and Bacon. 2004, p. 23.

③ O'Neil, J. V. Paraprofessionals: Answer to Shortage? *NASW News*, 2002, vol. 47, No. 6, p. 3.

2. 志愿性内涵

从历史的角度厘清了志愿服务与专业社会工作的发展关系之后，我们进一步从专业社会工作的角度去理解社会工作"志愿性"的内涵。在一般意义下，志愿服务主要是指任何人自愿贡献个人的时间和精神，在不图任何物质报酬的前提下，为推动人类发展、社会进步和社会福利事业而提供的服务。[1]志愿服务的一般特征包括：自愿性、无偿性、公益性、利他性、慈善性、组织性、利用业余时间性。专业社会工作下的志愿性内涵应该包含以下三个方面：

（1）社会工作的发展经历了从个人奉献的志愿参与到国家政策安排下的职业进入，所以说社会工作的志愿性不但仍然强调传统的自愿性、公益性、利他性，也更注重参与的"职业性"。注重"职业性"也就是说志愿者有志愿热情，有志愿服务的时间只是基础，还必须经过相对系统的专业培训，遵从行业规范和操守、掌握基本专业理念和方法、技巧，不断提高自身的服务水平和质量，以达到专业性志愿者的水准。

（2）志愿性并不意味着参与的广泛性、无所不能。社会工作发展迅速，在社会福利、社区建设、慈善事业、减灾救灾、疫情防控、司法矫正、青少年帮扶等诸多领域发挥着巨大作用，但不意味着无所不能，事事都可以参与。也就是说，具有一定的限度，以时间、地点、条件为转移。在国家社会福利服务转型的大背景下，需要社会工作者重新思考自己的专业定位、功能定位，包括专业地位、基本策略以及与志愿者的关系等基本问题。通过以志愿性服务为起点基础，在实务过程中不断强化专业反思性，发挥不可替代的专业性作用，凸显专业价值。

（3）志愿性更加强调主体性和平等性。我们从专业社会工作的发展历程可以看出，社会工作非常注重志愿者的主体性，首先，通过邀请招募的方式在充分遵从个体的意愿的前提下招募志愿者；其次，通过小组知识培训进一步提高他们的服务能力和技能；最后，让他们充分参与社会工作服务的调研评估、计划、介入服务、跟踪评估的整个过程，都是对个体主体性和平等性

---

[1]　北京志愿者协会：《走进志愿服务》，北京：中国国际广播出版社 2006 年版，第 6 页。

价值的强调。诚然，在社会工作专业地位进一步提高后，社会工作和志愿者的关系一度被区隔，地位差异明显，各自为政的现象严重，是机遇也是挑战。当下，我国志愿服务网络日趋丰富，参与平台日益广泛，社会工作发展也极其迅速，"社工+志愿者"的服务模式也得到广泛推广，但在这一过程中也出现了主体含糊不清、参与形式单一的等问题。对于二者来说，强调各自独立性的同时需要从历史逻辑出发，重拾二者平等的合作伙伴关系，互通互融，相互促进共同发展。

（二）关注弱势群体

一般意义上，社会工作是秉持利他主义价值观，以科学知识为基础，运用科学的专业方法，帮助有需要的困难群体，解决其生活困境问题，协助个人及其社会环境更好地相互适应的职业活动。从定义上我们知道，社会工作本质上是一种职业化的助人活动，帮助的是有需要的人特别是困难群体。从社会工作的产生和发展历程来看，关注弱势群体是其根本的价值导向。

社会工作是一项助人的实践活动，现代社会工作的发端要追溯到17世纪时期的西欧国家，特别是英国针对农村破产、失业和贫困人员建立的社会救助制作为起点。1601年英国伊丽莎白女王布了《济贫法》，建立了社会救济制度，形成一套救济工作方法，其中助人自助、评估需求、分类救助等基本思想对现代社会工作的形成产生了重要影响。随着工业革命的开展和逐步深入，城市化问题如贫穷、饥饿、失业、犯罪、暴力、堕落等充斥着资本主义社会，越来越多的贫困弱势群体需要得到系统的救助。面对资本主义发展带来的社会问题，资产阶级政府通过修改社会政策来调整各阶级、阶层之间的利益关系，通过社会救济、慈善互助等措施来进一步改善社会底层的贫困状态。到了19世纪末，英国出现了许多民间的社会服务组织，弥补政府济贫活动之不足。宗教团体和社会慈善人士开展对贫困群体的服务的组织、运动在欧美国家蓬勃发展起来，其中最重要的两项运动莫过于"睦邻运动"和"慈善组织会社"。

睦邻运动又称社区睦邻运动，该运动发起人是一位名叫巴涅特（Barnett）的东伦敦教区牧师，1884年，巴涅特在伦敦东区建立了一个社区睦邻服务服务中心"汤恩比馆",致力于服务辖区内的贫民。睦邻组织运动从创立初期就迅速传播到美国等许多国家,1889年,美国亚当斯在芝加哥创办了类似汤恩比馆性质的"霍尔馆",不久美国相继建立起400多家睦邻馆,为广大劳苦大众聚会、接受服务和帮助、解决生活问题、提高生活质量提供服务场所,为进一步解决美国的城市贫困弱势群体的问题贡献力量。早期的睦邻工作者大多是接受过高等教育的人群,这些人群中的上层人士自愿住进贫民区向社区居民传授有关道德、卫生、工作技能等方面的知识,宣传努力工作、勤俭节约、禁欲等价值观,帮助他们寻找工作,创造好的卫生、环境条件。此后,睦邻运动工作者们扩大了活动范围,聚焦改善邻里关系,改善社区环境,还组织起影响社会与立法,倡导改善劳工工作条件、赋予妇女投票权、限制移民、限制童工、促进健康和福利来为贫困弱势群体争取权益。慈善组织会社为了避免诸多福利机构的资源重复浪费,关注焦点放到如何精准地提供帮扶层面,他们在实务中减少感情用事的施舍,代之以科学个案调查为基础,开展有组织、有绩效的服务。对申请需要救助帮扶的对象需通过"有道德、受尊重"的"友好访问者"进行核查,建立档案,对每一个案例进行评量,然后提供诸如同情、鼓励、支持(勤俭节约、寻找工作)的劝说服务,侧重于道德提升的层面,而直接的物质、金钱仅仅是最后的辅助手段。

"二战"之后的几十年里,现代化进程加快,各种社会问题层出不穷,社会工作作为一种回应机制也在世界范围内得到新的发展,促进地区发展、解决贫困问题的进程中扮演着越来越重要的角色,并逐渐获得多方认可。社会工作的助人理念、工作方式也在不断走向专业化科学化,一方面,社会工作者逐渐走出单纯的救助治疗思路,不但注重帮助弱势群体解决具体困难,而且要在解决问题中促进其能力的发展、增强其应对困境的能力,实现其能力发展的增能。同时也要促进不合理环境的改变,实现改变弱势群体外部生存环境的增权。另一方面,社会工作不但关注弱势群体现有问题的解决,而且注重从预防的角度开展工作。这些转向都显示了社会工作的发展更具人性化、科学化、深入化的特点。

(三)实践程序的科学性

在前文论及社会工作的一般定义时,我们提到社会工作是"以科学知识为基础，运用科学的专业方法"帮助有困难的群体解决生活困境，促进个人与社会环境相适应的职业活动。社会工作的本质是"职业化、专业化"的助人活动，一切要从人的需要出发，因为人的需要的特殊性也就赋予了社会工作实践活动的科学性和艺术性的特点。

梳理社会工作发展史，我们了解到它经历了一个从非专业到专业的发展过程。从早期的慈善志愿活动实践，经过引入专业的服务经验来培训志愿者提高科学化的服务，到慈善组织会社期间形成一套专业化的工作方法（如详细的个案记录、尊重案主、对案主的个人处境进行计划、对原因进行分析不是仅仅责其行为、重视社会工作者与案主之间的关系）等才形成专业的社会工作。这也就是说，慈善活动经过专业形塑和不断实践，达到了社会工作的现代形态——理性化、组织化、职业化和专业化，这其实也是专业社会工作实践不断系统化、科学化的体现。社会工作实践程序的科学性主要有以下几个方面：

（1）以受助者的需求为行动起点。受助者也称服务对象、工作对象或者案主。一方面，受助者是服务的接受者，也是接受服务的客体，社会工作者要考虑到受助者的需要和接受服务的能力来开展服务。另一方面，他们是社会工作的主体，能够表达自己的意愿和诉求，将自己的意识、目的和对社会工作者行动的理解带入接受帮助的过程并直接影响服务过程的开展。由于助人过程的双向性，所以不能把受助者视为纯粹被动的、只是接受服务的客体，应该时刻从受助者的需求出发，在实践过程不断发现实际需求，以此作为行动的导向，有针对性地开展服务。

（2）以科学的价值观、理论知识为指导。社会工作利他主义价值观是社会工作行动实践的灵魂，要充分尊重受助者的权利和选择运用专业理论知识、方法，灵活运用多种知识和技巧，促进服务对象困境问题的解决和能力的提高。

（3）以科学化的服务设计为支撑。社会工作助人活动是有目的和理性的干预行动，这常常表现为对解决方案、干预活动的科学设计，当然设计过程会积极吸引受助者参与这一过程，相互配合与协调完成。以青少年成长适应小组为例，就会依据小组工作的活动理论，结合青少年成长的发展特点，实地调查学生的实际需求，然后设计由浅入深，从破冰之旅、认识你自己、团队合作、展现自我等多个环节来达到小组活动的目的。针对活动的效果还会有针对性地反馈和前后测的评估。

（4）以程序化的服务过程为基础。社会工作作为一门应用性学科，在100多年的历史过程当中逐步形成了自己的实务操作规范体系，三大核心专业方法，个案工作、小组工作、社区工作的开展过程都有严格的实务规范流程。比如个案工作一般就包含接案、面谈、预估、计划、介入、结案、评估等系统的操作流程，以此来保证干预的科学性、连续性和有效性。除了规范化的流程之外，还包括系统的文案记录和档案管理，形成了一套科学程序化的实务标准体系，这也是社会工作区别于其他应用性学科的不同之处。

（5）以"能动实践"为发展导向。社会工作实践是一个行动系统，是社会工作者和受助者互为主客体的双向互动的过程，一个不断充实新内容新问题的循环过程，也是一个不断的建构过程。随着时代的发展，社会生活更具复杂性和变动性，要求社会工作者不断地根据面对情境的变化来选择自己的干预方法和策略，这就是社会工作的能动实践。社会工作能动实践意味着要不断探索新的理论和实践方式，吸收、融入、建构符合自身发展的运行结构体系，适应社会发展的深层次需要。

三、社会工作参与大学生思政工作实践育人的功能实现

社会工作作为一门应用性的学科，在参与高校思政工作实践育人过程中发挥着独具其专业特色的育人作用，主要表现在：第一，志愿服务实践中培育志愿精神，提高大学生服务能力；第二，社会实践中关注弱势群体，增强社会责任感。笔者将以具体的社会工作实践育人案例为基础，进行深度剖析，来具体阐明社会工作参与大学生思想政治教育实践的功能，并通过具体的行动实践来探析背后的行动逻辑，进一步找到高校思政工作实践育人和社会工作的内在关联性。

（一）志愿服务实践中培育志愿精神，提高服务能力

培育大学生志愿服务意识，参与公益实践是《国家中长期教育改革和发展

规划纲要（2010—2020 年）》的重要指示。该纲要指出，要着力提高学生服务国家、服务人民的社会责任感以及勇于创新的精神和善于解决问题的实践能力，鼓励学生积极参与志愿服务和公益事业。青年志愿服务是大学生思想政治教育实践育人的重要途径，在培育大学生社会主义核心价值、塑造大学生的思想道德品质、实现大学生自我价值等方面发挥着不可替代的作用。而在现实层面，由于体制保障缺乏、形式单一学生的认识不到位等原因，导致志愿服务的功能出现弱化现象。本节将运用案例和实证材料阐明社会工作的实践育人观可以为有效培养学生志愿服务意识，积极投身公益实践贡献专业力量，发挥相应的功能。

1. 利他主义：社会工作培育志愿精神，提高服务能力的价值基础

（1）利他主义的内涵。社会工作作为一项助人的实践活动，从早期的慈善、志愿活动发展到专业化、职业化的助人过程中，利他主义一直是其重要的思想基础。从社会工作者角度来看，社会工作最本质的特征就是利他主义的社会互动，可以看出"利他"是社会工作价值观中不可缺少的一部分，在具体实务中表现为"坚持服务对象利益至上"的原则。究竟什么是利他主义呢？我们需要从以下几个方面去把握社会工作利他的内涵：

首先，利他主义是伦理学的一种学说，是关于道德本性、关于人性、关于人的行为应该如何的善恶原则的理论。古往今来，伦理学家们便围绕这些问题而探求、论战不息最终形成三大流派即利他主义、利己主义、己他两利主义，这三大流派的理论复杂万千，以至于关于它们的定义，直到今日仍然是众说纷纭。按照通俗的理解，所谓利他主义，就是一个个体在特定的时间和空间条件下，以牺牲自己的适应性来增加、促进和提高另一个个体适应性的表现。利他主义原则一般泛指把社会利益放在第一位，为了社会利益而牺牲个人利益的生活态度和行为的原则。

其次，社会工作的利他思想的渊源要追溯到西方的利他思想，西方利他思想可以分为神学利他主义和科学利他主义。神学利他主义主要是基督教伦理观。科学利他主义的主要代表是大哲学家康德。其思想主要包括：第一，利他的目的是自律，完善自身人格。康德也这样写道："道德法则……开始于我的无形的自我，我的人格……借我的人格，把作为一个灵物看的我的价值

无限提高了。"①第二，无私利他，为别人谋福利。阿尔森·古留加指出，康德的"义务的公式就是为别人谋福利"。② 第三，严苛的利他原则，利他应该出于责任之心。康德否定引发无私利人的同情心、报恩心、爱人之心等动因，统称其为"爱好"，这是"感性"的而不是"规律"，从某种情感和嗜好……并不能引申出规律。③ 他认为责任、无私利人绝不可能引发于爱好，应当秉着对道德法则的敬重而实现"理性"的利他。

最后，Roy Lubove(1965)把社会工作者称为"职业的利他主义者"。④ 这种利他是将"利他"的政策通过职业而使得大多数人受惠，这种利他是无差别的利他，是无私的利他。Jerome C. Wakefield 认为利他主义是社会工作使命的基石，社会工作的"利他"使命在于维护底线的正义，同时维护了以人为本的信念以及人们对生活和工作的热情。⑤ 可以看出，前者强调的社会工作中的利他是无私利他，后者的"利他"是一种整体格局上的利他，通过"利他"维护底线的正义。美国社会工作协会《伦理守则》中虽然只提到社会工作的六大核心价值：服务、社会公正、个人尊严和价值，人际关系的重要性、正直和能力，但其实伦理守则和核心概念都深深地渗透着"利他"的理念追求。

综上，对社会工作"利他"的探讨结合《伦理守则》的论述，利他思想包含以下几点：第一，无私利他，强调奉献精神。"社会工作者应超越个人利益来提供对他人的服务。社会工作者被鼓励在不期望相当的经济回报下，自愿地奉献他们部分的专业技能(免费服务)。"⑥第二，轻视个人利益，重视动机上的利他。在对案主的伦理标准中提道："社会工作者的首要责任是促进案主福祉。一般而言，案主的利益是最优先的。"在社会工作者对社会工作专业的伦理责任中"发生冲突，应知会参与者并采取以参与者利益为优先的态度解决问

---

① ［德］康德：《实践理性批判》，苗力田译，北京：商务印书馆1960年版，第25页。

② 古留加：《康德传》，北京：中国社会科学出版社1981年版。

③ ［德］康德：《道德形而上学原理》，苗力田译，上海：上海人民出版社2012年版，第33~34页。

④ Roy Lubove. *The Professional Altruist*. Cambridge, Mass：Harvard University Press, 1965.

⑤ ［美］杰罗姆·韦克菲尔德、吴同：《利他及人性：社会工作基础理论的建构》，载《江海学刊》2012年第4期，第118~124页。

⑥ 高鉴国：《社会工作价值与伦理》，济南：山东人民出版社2012年版，第276页。

题。"①不难看出这些理念都是以重视以他人的"利益"作为出发点。第三，无差别地利他。在社会工作者对广大社会的伦理责任中"社会工作者参与社会和政治行动，确保所有人民都能公平地得到所需要的资源、就业机会、服务和机会"。② 这些要求显然关照的是整体性的福利，是一种无差别的"利他"，并不存在亲疏远近关系。

社会工作中的利他可以定义为以利他主义为指导、以科学的知识为基础、运用科学的方法进行的助人服务活动。这种助人活动是社会工作者强烈的助人观念驱动的社会互动，更是一种伦理价值相关的社会互动。③ 诚然，如王思斌所说，利他主义有着丰富多样的表现形式，如奉献式利他与互惠式利他，倘若放在中国式差序格局的人际关系中，利他行为又会呈现出千变万化的形态。需要说明的是，一方面利他主义是无私地关心他人福利的伦理原则，行动者以奉献为特征而不求索取。但是，这并不表明助人的社会工作者没有自己的利益，特别是职业社会工作者都将通过其向受助者提供服务而获得一定质量的报酬，包括经济收入以维持自己的生存。从这个层面而言，社会工作者则是由于利他向求助者提供服务，才利己。另一方面，一个合格的社会工作者的助人行为，并不是考虑到自己的获利才去助人，而是由其职业信念的驱动去帮助他人，他的助人活动的首要出发点是利他的，而自己获得经济和声誉则是社会(并不一定是受助者本人)给他的报酬。总之，从社会工作者的角度来看，社会工作最深刻的本质特征，是利他主义的社会互动。

(2)利他主义观念下的志愿服务实践。社会工作利他主义的观念对我国高校思想政治工作实践育人具有一定的启示和借鉴意义，志愿服务作为社会实践育人的重要环节，可以从利他主义视角下去重新对志愿服务社会实践的内容、目标和要求进行重塑。

第一，注重志愿动机的引导。在传统的志愿服务开展过程中，我们很容

①　高鉴国：《社会工作价值与伦理》，济南：山东人民出版社 2012 年版，第 279 页。
②　高鉴国：《社会工作价值与伦理》，济南：山东人民出版社 2012 年版，第 283 页。
③　Reamer, Frederic G. Malpractice Claims against Social Workers: First Facts. *Social Work*, 1995, 40(5): 595-601.

易忽视大学生个性化的需求，面对多元价值观的冲击，大学生参加志愿服务大致有这样三个动机：利他主义动机、利己主义动机和投资动机。

心理动机是一个人参加行动实践的直接内驱力，会影响到参加志愿活动的实际效果。所以在志愿活动开展前、过程中、结束后都要注意思想导向，及时引导学生端正正确的心理动机，使学生真正地从内心深处认可志愿活动，提高育人的实效性。

第二，突出青年志愿精神和志愿服务伦理的培育。志愿精神、志愿服务伦理是社会主义核心价值的具体体现，志愿活动是培育大学生社会主义核心价值的重要载体。青年志愿服务活动的开展，有助于加强和改进大学生思想政治教育，培养大学生的社会主义核心价值观。志愿精神强调"奉献、友爱、互助、进步"，志愿服务伦理注重"真诚、尊重、利他、公益"。这跟利他主义指导下的社会工作实践强调的价值理念、操作准则是不谋而合的，可以通过社会工作的价值教育、伦理教育嵌入青年志愿精神、志愿伦理的培育之中，发挥社会工作的专业性，进一步把志愿精神、志愿服务伦理内化为大学生的思想品质。

第三，强化志愿服务能力的提高。志愿服务强调无偿、志愿提供社会服务，在实际活动中由于保障机制不全、时间活动限制以及缺乏相应的指导培训，会产生学生服务效果不好、积极性降低、获得感不足的情况。在利他主义价值指导下，能力的提升是社会工作的核心价值，我们能做的应该是尽可能掌握服务知识与技巧，提高我们的服务水平和服务能力来实现服务宗旨。服务能力的提高、有效技巧的掌握才会让大学生在活动中游刃有余、事半功倍，增强服务的效果，提供心理支持动力。因此，对大学生志愿服务能力的技巧知识培训是非常必要的，许多高校往往忽视了这一环节，过于强调"学生的主体性"却没有发挥指导老师的"主体"作用，在实施过程缺乏有效的指导、评估、反馈，大大降低了志愿服务的效果，也就打消了学生参与的热情。志愿服务是社会工作的前身，可以说专业社会工作的发展离不开志愿服务的有效推动，在实践中社会工作在志愿者服务管理这一方面有着独特的优势，招募、培训、管理、上岗、服务、激励等是必不可少的环节，这样能够实现社工和志愿服务的有效结合、相互补充。从这一点讲，在志愿服务实践中，借鉴社会工作志愿服务管理的经验，提高大学生志愿服务能力的知识培训是可行的，也是具有科学性的。

2. 志愿服务实践中，社会工作培育志愿精神，提高服务能力的行动实践

在"利他主义"价值理念下，探讨社会工作在培育学生志愿精神，提高服务能力从理论上而言是有科学性的，从实践层面讲也是具有现实意义的。接下来，笔者将从自身的行动实践和搜集的实证案例出发，这些资料能够充分印证社会工作在培育学生志愿精神，提高服务能力的实际效果。

（1）志愿精神的培育。

案例4-1：你不是来打酱油的

HM 同学的访谈自述：大二参加留守儿童志愿帮扶项目的时候，我记得当时我报了名，我以为报了名就会被录取，后来才知道还要经过面试，心里就在想："志愿服务只要有爱心不就可以了吗？有没有多大技术含量，帮助人谁不会啊，搞得这么正式像找工作一样。"在面试过程中，指导老师上来第一个问题就问我你为什么要参加这次志愿项目，我不假思索地回答："我喜欢跟小孩子打交道，反正除了上课之外空余时间还是挺多的，就想过来打打酱油，也可以认识很多人，还可以加学分。"我记得当说到打酱油的几个字的时候，老师脸上有点不大好的脸色，我知道可能会被刷掉了，当时 Z 老师带着开玩笑的口吻对我说："你不是来打酱油的，你是来打我们的脸的，'社会工作概论'课都白上了，你参加项目的动机很真实，也很实在，但我告诉你的事可能会让你失望，我们这个项目持续时间一年，帮扶的是灾害地区的留守儿童离我们学校将近40分钟的车程，你先下去想好再进来告诉我你的意向。"

我当时难受极了，就等到面试结束后，小心翼翼地找到 Z 老师，问道："老师，我能被录取吗，我当时就随口说说，我很希望参加这次项目，而且宿舍其他几个都有参加。""社工志愿服务真的不是打打酱油而已，需要你奉献出自己的时间和精力去帮扶那些孩子，是不讲求任何个人回报的，无偿利他的志愿服务。作为大学生千万不能太功利，这也应该是你们参加服务的初心，所以说你不能认识到这一层的话我怕你即使

参加了到时也会让你获得感会很低。"Z老师的一番话让我深受感触，没有批评我也没有责怪我，而是从我的角度出发，澄清事实，让我认识到自己的动机和立场，经过深思熟虑之后我最终还是选择加入该项目，并且在项目中担任小组组长，很好地完成了为期一年的志愿服务，并获得了"优秀志愿者"的荣誉称号。

上述案例是HM同学对其刚刚加入志愿项目时的一次面试回忆记录。案例当中，学生HM参加志愿服务的动机既有利他动机也有利己的投资动机，这其实是大学生心中很正常的一个状态，如何在二者之间进行一个平衡，就需要一定的引导和支持。Z老师并没有对其的动机正面说教式批评，而是客观告知其志愿服务是怎么样的，应该是怎么样的，让她和心中的预期产生一个对话，让学生自己学会正视这个差异做出选择，而不是代替她做出决定。大学生的志愿精神是参加志愿服务的支持动力，如果能够关照整个志愿服务的过程及时对学生进行价值引导，让其端正利他、奉献、责任的心理动机，能够更好地在实践中产生价值共鸣，持之以恒，形成良好的志愿精神和道德品质。

（2）志愿伦理的内化。

案例4-2：陪伴就是最好的服务

XY，女。该生心思细腻、做事富有责任心，大三期间参加了福利院老人志愿项目，在参加志愿服务半年后遇到瓶颈不知道如何进一步开展服务，主动向我提出问题。

XY："跟踪服务这个L奶奶半年了，可我感觉对于她的问题我并没有很好解决，奶奶的儿子还是不肯来福利院探望她，这几次组织的剪纸、书法活动也不来参加了，我离开的时候也不像以前那样还会叫我乘车注意安全。"

W："奶奶的问题你没有帮助她解决，你觉得奶奶对你产生了不信任感，疏远和你的关系让你觉得很无助无力吗？"

XY："是的。我发觉自己没有起到任何作用。"

W："事实不是这样的，至少你每周都会去陪伴她跟她谈心，带她参加活动，其实相较于以前奶奶变得积极主动多了，这离不开你的功劳啊。"

XY："可是她的儿子还是不愿意来看望她，我当时还对她信誓旦旦地说，奶奶我会尽力帮助你完成这一个心愿的，她儿子一直敷衍我，我的电话也不接。"

W："奶奶知道你用心去做了，你的真诚其实已经让她知道了。很多家庭伦理的事情志愿者也不是万能的，家家有本难念的经对吧，我们也不是救世主，其实你每次风雨无阻地来按时给她做个案辅导已经让她习惯了你的陪伴。"

XY："对的对的，我上次因为考试没有按时去，奶奶还问了院长我为什么没有去呢，其实日子久了我感觉就把她当成自己的奶奶看待了。"

W："还记得咱们学过的'移情'和'反移情'吗，我希望你能保持专业性服务，要明确和服务对象的情感投入和专业伦理，避免给自己带来更大的伦理困境。你今天能主动找我聊天，就说明你认识到了这一问题。"

XY："谢谢老师的开导，我现在心里好多了。其实陪伴就是最好的服务，就像您以前说的这样，秉持专业伦理这个时候真的很重要，不然我还以为我自己有心理问题了。"

这个案例，反映的是 W 老师处理的一个学生志愿服务中关于伦理的一个案例。该案例中，学生呈现出在志愿帮扶中遇到的伦理难题，服务对象有意识地淡化与志愿者的关系，W 老师通过肯定志愿者作出的努力和付出，帮助她澄清服务过程中的"移情""反移情"伦理问题，让她更加清楚自己的困惑所在。针对她这样个别性问题，延伸出志愿服务遇到的普遍性伦理问题，让她进一步内化志愿伦理，遇到问题能够有专业敏感性，找到适合的方式进行有效解决。大学生志愿服务实践过程中，总会遇到服务对象不配合、不接纳或者过分依赖志愿者的情况，以问题为切入点帮助学生澄清伦理困惑，提供相应的应对方法，能够让学生增强专业的敏感性，内化专业伦理，为今后的专业成长发展提供有价值的借鉴和参考。

（3）服务能力的提高。

案例 4-3：带着心去做服务

GH，女，这是一段来自她的志愿服务经历的自述。我记得大二的时候，T 老师在一次开站仪式后的志愿者总结分享上说过这样一句话让我获益匪浅，"你们光带着人来是不行的，要带着心去做服务，不然你们还是只是充当了一个人头，只是做了一次服务却没有任何能力的提高"。记得当时，好像这句话就是对我一个人说的一样，因为我作为志愿服务站建站开站仪式的主持人，由于工作的准备不足和经验的缺乏导致出现了一些纰漏（最大的纰漏在于念错出席嘉宾的名字和职务），导致场面一度尴尬。仪式后的分享会上，我一味地给自己找台阶，说这是第一次主持，没有经验，也对这些行政职务缺乏了解，中途又有几个和名单上不一致的人出席……T 老师并没有过多责备，而是说了上述一番话，细思之下，我为什么不找自己的原因呢，自己是不是就做到百分百努力了，真的办法规避这种错误吗？

在第二次夏令营的仪式上，T 老师还是把主持的任务交给了我，对我嘱咐道："就像放电影一样，把流程在脑子里放一遍，把每个环节想清楚，不明白的就要弄明白，准备第二套方案。"自当回想起这个任务的时候，我就时刻回想起老师的话"带着心做事"，这次我几乎模拟了十遍，把任何出现纰漏的点都一一核实（出席人员、职务反复确认，发言次序打电话跟社工核实，揭牌仪式的时间、座次表等），最后活动取得圆满成功，我也更加坚信只要用心去做我是能够做好的。在此后的很多次活动上，我还把这个经验带到了小组服务上，带领我的组员多次高效地完成活动任务，得到老师的夸奖。

上述案例谈到的是志愿服务过程中，GH 担任主持任务从失败体验到成功体验的一个心路历程。讲述了 T 老师的悉心指导，特别是"带着心做服务"的信念让该学生获益匪浅，在失败中不断努力尝试最后获得成功。服务能力的提高源自内心服务信念的支持，大学生只要带着心去服务，肯在上面花心思，主动学习，是有助于服务能力提升的。多少次的观摩都抵不上一次亲身体验，只有亲身体验才能积累经验，获得成长。在大学生志愿服务实践中，要相信每个人的潜力，给予他们的发展空间，注重培养他们的服务意识，只有内化于心才能外化于行，在实践过程中才能表现为服务能力的提升，发挥应有的锻炼作用。

3. 志愿服务中社会工作培育志愿精神，提高服务能力的内在逻辑

(1)社会工作"利他主义"的理念与培育大学生志愿精神，提高服务能力的理念耦合。

中央文明办在《关于深入开展志愿服务活动的意见》中指出，要把志愿精神作为进一步加强和改进大学生思想政治教育和未成年人思想道德建设的重要内容。《国家中长期教育改革和发展规划纲要(2010—2020年)》强调，要着力提高学生服务国家、服务人民的社会责任感以及勇于创新的精神和善于解决问题的实践能力，鼓励学生积极参与志愿服务和公益事业。习近平总书记也在给"本禹志愿服务队"回信时说："希望你们弘扬奉献、友爱、互助、进步的志愿精神，坚持与祖国同行、为人民奉献，以青春梦想、用实际行动为实现中国梦作出新的更大贡献。"①我们可以看到培养大学生志愿服务精神，提高服务能力是大学生志愿服务实践思想政治教育的重要目标。社会工作利他主义理念强调利他动机的引导、伦理的内化和服务能力的提高恰好与新时代高校志愿服务社会实践注重培养学生志愿利他的志愿精神、增强服务实践能力的要求是不谋而合的。同时也有效弥补了高校志愿服务社会实践重行动的结果却忽视了对学生志愿伦理和志愿精神培育不足的缺陷，对于进一步培育大学生的服务意识、深化社会主义核心价值观的认识具有重要现实意义。

(2)社会工作专业的方法和技巧可以有效提高大学生志愿服务的获得感。

志愿服务是培育大学生社会主义核心价值的重要载体，同时也是有效塑造大学生思想品质、提高大学生自我价值获得感的重要形式。传统的高校志愿服务实践中，往往注重志愿服务实践的结果却忽视了过程的重要性，以工具性的任务式的指令要求大学生，导致大学生虽然完成了服务，写出了最后

① 《习近平给华中农业大学"本禹志愿服务队"回信，勉励青年志愿者以青春梦想用实际行动为实现中国梦作出新的更大贡献》，载《人民日报》，2013年12月6日。

的总结报告，内心深处的获得感并不是很高。而社会工作志愿服务实践中注重专业理性和专业技巧，注重全过程的跟踪指导，从学生参加志愿服务的最开始进行价值引导，过程中注意通过恰当的机会对学生的心理困惑和志愿伦理难题进行辅导，结束后注重大学生的自我总结和分享，让学生有充分的参与机会和与专业老师进行沟通，通过反思成长进一步提升志愿服务的获得感。让学生明白为什么参加志愿服务，怎样提供志愿服务，如何促进个人成长，满足了大学生的心理需求，符合新时代大学生其主体性、成长性要求。从这一层面而言，社会工作专业老师注重过程性培育、亲身实践参与志愿服务过程并在过程中给予学生的科学的专业方法指导和心理困境的帮扶弥补了传统思想政治教育志愿服务实践任务性、指令性的不足，有效提升了大学生志愿服务实践的效果。

（二）社会实践中关注弱势群体，增强社会责任感

1. 关注弱势群体：社会工作实践的专业特质

社会工作实践密切关注弱势群体源自人道主义的哲学价值理念，强调人的自由、尊严和价值、公正等。从社会的角度出发，人的困境之所以出现是与个体所处的社会环境紧密关联的，通过科学的知识、方法和技术有效的介入能够使得人与社会环境相协调，从而解决个体遭遇到的困境。关注弱势群体始终是社会工作价值理念下的专业实践特质。

弱势群体的概念众说纷纭，各有所长，最具影响力的主要是"绝对"和"相对"弱势之分，而相对主义倾向更符合其发展逻辑，认为社会弱势群体并非仅仅指那些处于积贫积弱状态的人或群体，而是在某些方面、某一时期或某一场域内处于相对弱势地位的人或群体。按照于翠英的观点，弱势群体是与强势群体相对应的概念，一般是指在经济、文化、体能、智能、社会处境等方面处于相对不利的地位，资源获取能力匮乏，经济贫困和生活质量低下以及承受能力脆弱的那部分群体或阶层。① 如按照国际社会学界、社会工作和社会政策达成的基本共识，所谓弱势群体是指由于某些障碍及缺乏经济、

---

① 于翠英：《弱势群体社会资本要论》，载《前沿》2007 年第 1 期，第 3~174 页。

政治和社会机会，在社会中处于不利地位的人群；① 从社会工作的发展历程来看，其对弱势群体的关注始终贯穿于社会工作专业发展的全过程，也始终是以帮扶弱势群体作为其专业发展的基础。

我们了解到，社会工作对弱势群体帮扶救助实践是以一种宗教、慈善行为而存在的，后来开始逐渐走向世俗化、组织化与专业化。在这个过程中，由最初的以绝对弱势群体帮扶为起点，服务逐渐拓展到相对弱势群体，服务不断地理论化、科学化，并且形成了一种民间宗教慈善救助和国家政府制度性帮扶的协调机制。具体而言，随着工业化的进程不断推进，西方资本主义国家不断发展，现代社会福利制度的不断建立、完善，社会工作由原先的以民间救助为主导的组织模式而逐渐转向在国家与政府的社会福利制度框架下的福利传递为主导的组织模式，也就是说，社会工作专业实践由最初的基于价值理性的行动实践转向了福利制度框架下的遵循工具理性原则的行动实践。社会工作的服务对象也便从原先只关注和帮扶绝对意义上的弱势群体开始逐渐在社会福利框架下关注和帮扶那些需要帮助的人，即使其并不面临生存危机和困境，但其在社会生活中会遇到各种困境和障碍，需要得到帮助的人群。因此，社会工作的功能在现代社会福利制度框架下得以延展，服务对象也逐渐扩大到相对意义上的弱势群体。

2. 社会实践中社会工作参与弱势群体帮扶，增强社会责任感的行动实践

引导大学生在社会实践中关注弱势群体，增强社会责任感，社会工作参与高校思想政治教育实践育人的重要方面之一。在接下来的几个案例中，将分别介绍具有社会工作专业背景的工作者运用专业理论、方法和技巧帮助大学生在社会实践中进一步关注弱势群体，增强社会责任感的行动实践，促进大学生在实践中关注社会问题、心系国家。

（1）对贫困山区留守儿童的教育实习。

案例 4-4：大山里的微光

"微光计划"是我校每年跟 DW 村对接的项目，旨在用大学生小分队

---

① 王思斌：《社会转型中的弱势群体》，载《中国党政干部论坛》2002 年第 3 期，第 18~21 页。

资源支持贫困区留守儿童的教育发展，促进大学生成长成才的教育实习社会专项实践项目。2016 年，由社会工作专业大学生组成的微光团队于 7 月开始正式进驻 DW 村小学开展了为期 40 天的教育实习活动。按照专业教师的指导，团队从留守儿童的需求出发，在满足村委会提出的对孩子的教育教学常规需求之外，在实践过程中通过调查访谈进一步发掘孩子心理、安全成长需求，有针对地开展专业服务，取得了较好的效果。首先，在常规的课堂教学完成以后，小分队成员每星期开展安全主题教育，包括饮食卫生、用火用电、运动出行、财产安全等小组活动，强化儿童的安全意识教育。其次，积极开展一对一的儿童心理辅导。团队成员会及时发现班级自信心不强、胆怯、学习行为习惯偏差的儿童进行一对一的个案访谈，同时通过家访(或电话、视频)的方式了解孩子的成长经历，尽最大努力帮助孩子与自己的家长保证一周一次的沟通对话，与孩子监护人一起帮助孩子，并对每一个孩子进行建档立卡，分类别进行有效干预。最后，开展挑战不可能主题教育。团队成员每人负责带领 7~8 名孩子组成战队，并完成具有挑战性的任务，然后进行比拼，结束后成员分享总结。通过团队成员引导孩子自己命名、发现自身的优势，确立战队完成的筑梦目标到分工协作完成任务目标，在分享总结上对孩子们的努力给予正向肯定，对做得不好的方面进行现场演示和指导，让孩子们每个人都有机会参与到自己设计的活动当中，感受团队凝聚力，培养孩子的自助精神，教会孩子懂得如何应对生活中遇到的困难。

当地村委会领导看到了团队成员的付出感叹道："你们这支小分队是我这么多年见过最用心负责的小分队，让孩子们非常地喜欢你们，舍不得你们；和以前的不一样，你们关照到了孩子的需求，并没有一味强调按部就班的课堂教学。"队长 LY 回答说："我们是学社会工作专业出身的，这可能是我们和别的同学不一样的地方，我们看到的是孩子实在的需要，注重发掘孩子们自身的潜力。"

上述案例讲述的是社会工作大学生团队利用学校定向的"微光"教育实习社会实践计划去支持帮扶贫困山区留守儿童的实践经历。该案例中，社会工作专业的学生立足于留守儿童的需求，结合儿童该阶段成长发展的需要，在保证常规教学时间的前提下，开展安全主题教育、心理个案辅导和团队成长小组等活动。该做法采用社会工作项目运营的管理经验，从调研出发，发掘孩子的需求制定相对应的教学方案，有效地回应了孩子的需求，与其建立良好的信任关系，开展有针对性的个案、小组活动，充分利用社会工作的专业方法和技巧嵌入日常的教学活动中，获得了积极肯定。

通过此案例，我们看到社会工作专业的大学生在对留守儿童的教育实习实践中，既看到了孩子成长发展的普遍性需求，也看到了孩子的个性化需求；既关注孩子成长预防性需要，更关注孩子成长性需要。在教育实习实践中，充分发挥了专业所学，理论和实践相结合，既完成了学校专项行动实践的要求，锻炼了自身的实践能力，又强化了大学生关注弱势群体和社会责任意识感，内化了自身的道德品质。

（2）对贫困地区空巢老人生活现状的社会调查。

案例 4-5：

LX，女，大三期间参加了社工中心组织的贫困地区"空巢老人"生活现状的社会调查实践活动，这是一段对她的访谈的记录：

我记得当时大三暑假一边在学校备考考研一边参加了这个调查项目，当时 H 老师和 Z 老师带领我们一行 8 个学生分成四个工作组在酷暑天挨家到户逐个进行调查对我印象尤为深刻。老师们给我们进行了系统的培训，让我们一个扮演调查者一个扮演老人，模拟场然后让我们大家观摩发现问题提出问题并有效解决，让我们很快领会到调查并不是填一张问卷如此而已，调查者的价值、技术也非常重要。"调查中不要把'空巢老人'这些敏感性词眼说出来，这样容易引起老人的情绪反应"，"不要开门见山以一种政府的姿态开始"，"最好用本地方言进行你念他答的方式，聊天谈话式的方式更能打消他们的芥蒂"，这些都是在实战中结合老师们的建议我们自己总结的经验。在这个过程中我因为有一个疑惑跟老师发生了这样的对话：

LX：H 老师，我遇到一个老爷爷他对我说："你们调查这个有什么用，我们过得好不好政府又不会管得到，你们这些学生又不是政府，都是些歪把式。"我们能怎么办呢？又不能解决他们的实际问题，好多老人就是这样的态度。

老师：老人们在村里待久了把你们作为一个发泄口也很正常，不用过多地争论，你们可以转换口吻说正是当地政府让你们来调查他们的生活现状的，不要觉得老人生气了，这其实在农村是一种常态，不要贴上标签。

LX：那我们做这类研究有什么用呢？感觉我们什么也做不了。

老师：你忘记了我们社会工作方法中有间接的社会工作方法吗？那就是社会工作研究，可以通过相应的调查研究来对政策产生一定的影响，为决策提供相应的实证依据，发挥政策倡导的作用。

LX：明白了，那我们的调查就更要真实可信，形成文字性的书面报告，毕竟数字更具说服力。

老师：是的，所以说人文社科类研究看似很边缘化，但只要我们坚持是有我们的用武之地的，在社会工作研究中，更多地带有一种"价值关联"，这也是我们社会工作的价值使命所决定的。

最后，在老师的悉心指导下，我们的调研成果获得了市级二等奖，因为我们的数据都是自己真实调查获得的，所反映的空巢老人的现状也是我们聚焦弱势群体的一个点，这正是我们这个专业的温度所在吧，通过了这个过程让我更加坚定了专业情怀和大学生的社会责任意识。

上述案例讲述的是 LX 大学生参加社会调查实践的一段经历，老师在调查实践中言传身教地通过调研前的培训和经验指导 LX 学生团队进行育人，引导学生尊重弱势群体，亲身感受调查实践的体验，对学生实践中的反思予以回应，对学生的成长启发和科学研究的态度产生积极影响。

当下很多大学生社会调查实践流于形式任务，网上随便派发几份问卷，搜索几篇文章写出调查报告就算完成了调查的任务，缺乏真正的调查实践的亲身体验；而且由于缺乏指导老师的指导和管控，选择调查的点相对宏观宽泛，很少聚焦微观层面的又具有现实意义的问题，导致调查的实际性意义不大，学生的参与感不强。

社会工作的专业特性能够很好地帮助学生聚焦到我们所关注的弱势群体身上，从人本主义角度出发，发现在其成长环境中遇到的问题和挑战，确立调查主题和计划并组织实施。此外，社会工作的"价值关联性"的研究特点也决定了他反映的是时下某些群体最需要关注、解决的现实问题。调查报告的过程和数据论证具有科学性、严谨性和实证性，提出的对策具有针对性、实用性，也是对弱势群体需要的及时回应。而且，社会工作社会实践专业教师本身也是兼具社会责任感和专业价值理性的社会工作育人者，更能够在培养学生社会科学研究的责任意识和关注社会弱势群体的问题上发挥自身的价值引导作用。

（3）对农村留守妇女电商培训的"三下乡"扶贫创业实践。

案例 4-6："展能妈妈"

"展能妈妈"是 2018 年 XG 某大学社会工作专业大学生"三下乡"小分队在 XC 村扶贫创业实践中开发的一个社会实践项目。小分队进入 XG 村调查发现相当数量的已婚妈妈平日在家除了日常接送小孩外，多数时间空闲在家聊天、打麻将、刷抖音、玩游戏，而且多数妈妈有网购经验，对于智能手机的操作也非常熟悉，就萌生了开发"展能妈妈"的创业计划，通过对妈妈们开展系统的电商和手机操作技巧培训让她们通过注册账户，在网上实现产品销售、代销，获取一定报酬的项目。小分队成员通过链接资源邀请培训师进行为期 2 天的知识培训，鼓励妈妈们挖掘自身的优势找到网上经营的项目，帮助有意向的妈妈建立"帮帮妈妈微信群"实现资源的整合，有效利用，小分队成员和培训师、村支书以及 15 位妈妈建立起互助平台。在接下来的一周内，妈妈们大显身手，通过微信、淘宝、抖音、快手等渠道纷纷建立起自己的创业商店，充分发挥有效的空闲时间进行经营，生活顿时变得充实而富有成就感。之后的一个月里，小分队又针对妈妈们的电商经营方式单一关注度低、产品单一，开展专题培训，通过妈妈们自主组织、自主分享，小分队成员们为妈妈们进行科学总结，形成经验智囊小妙招分享到群平台，方便大家借鉴。随着"帮帮妈妈微信群"的影响力增大，群成员增至150人，小分队成员为妈妈们申请了"微信公众号"，通过文章的推送、经验的转发、视频的分享扩展了妈妈们的知识视野。在村妇联主任的建议下妈妈们还自主建立了会议群，不定期开展分享交流会议。可以说，小分队的"展能妈妈"计划不管是在线上还是在线下其实是给村里妈妈们搭建了一个平台，发挥了线下和线上的共同体作用，进一步发掘了妈妈们的潜能，实现了扶贫自助。

在上述案例中，社会工作大学生小分队在"三下乡"社会实践中，通过评估调研，聚焦已婚妈妈群体，通过优势视角发现她们的潜能，并通过链接资源给她们打造了属于自己的互动平台，建立起了支持网络，从而充分发掘了妈妈们的自助能力，缓解自己的困境。

传统的大学生"三下乡"社会实践聚焦于大学生在农村"科教文卫"层面的作用，通常只是制度流程式地开展固化的服务，给基层提供人力资源支持，丰富村民的精神娱乐生活，而少了对基层弱势群体足够的关注和帮扶，更缺少服务模式的创新。在国家乡村振兴和精准扶贫的宏观政策背景下，社会工作在大学生"三下乡"社会实践中可以发挥专业特长，发掘弱势群体的需求，进行科学评估，利用优势视角模式对其的资源进行整合评估，构建弱势群体的支持网络，建立互助平台，实现扶贫与扶智相结合，找到一条符合当地实际的脱贫路径。

通过上述三个案例可以看到，社会工作的专业方法在参与大学生社会调查、教育实习、"三下乡"活动时，都注重对弱势群体的关注和帮扶，都发挥了学生的主体性与反思性特质，注重理论和实际相结合。在实践中，不管是对服务群体还是对大学生本身而言，都产生了积极的效果。在互动的过程中，彰显出大学生应有的责任意识和使命担当。

3. 社会实践中社会工作参与弱势群体帮扶，增强社会责任感的内在逻辑

（1）关注弱势群体，促进人与社会和谐：社会工作与大学生社会实践共同的价值追求。

改革开放以来，大学生社会实践一直是高校思想政治教育实践育人的重

要载体，是大学生思想政治教育的重要环节，受到政府、高校、社会各界的高度重视，"大学生社会实践有助于大学生了解社会、了解国情，增长才干、奉献社会，锻炼毅力、培养品格和增加社会责任感"。① 近年来大学生社会实践的载体愈来愈丰富多样，社会调查、公益实践、"三下乡"等，在构建和谐社会、精准扶贫、乡村振兴的大背景下，大学生社会实践面向基层、服务基层群众、弱势群体的导向也愈发明显。大学生参加帮扶弱势群体的社会实践不仅有助于学生了解国情民意、关注社会问题，更有助于增强学生的社会责任感，树立扎根务实的服务意识，帮助他们形成正确的人生观、价值观和世界观。

在人本主义指导下，关注弱势群体是社会工作实践的特质，是社会工作专业不断发展的源泉，在社会工作专业发展过程中从未改变。随着弱势群体的外延扩大，意味着社会工作者的责任重担更重，需要不断丰富专业实践理论知识，提高服务水平，努力通过科学的方式促进人与环境的协调性，从而进一步帮助弱势群体脱离困境，最终实现人与社会的和谐发展。从这一点出发，社会工作专业实践和大学生社会实践有着共同的价值追求即关注弱势群体，增强社会责任意识，为促进人与社会环境、人与社会的协调发展而不懈努力。

（2）社会工作"助人自助"的框架给予大学生社会实践理念和方法的创新。

大学生社会实践形式多样，涉及面广，事实上在大学生针对弱势群体的实践行动中却缺乏实践理念和方法的创新，导致服务效果差强人意。论及其背后原因主要有：固有的服务模式导致服务路径依赖，缺乏灵活创新；对所服务的弱势群体缺乏了解，没有深层次地挖掘其需求；实践目标的泛化，主体不明确；实践程序简单化，缺乏项目管理经验；团队缺乏有效的凝聚力和精神动力等。

社会工作"助人自助"的行动框架能给予大学生社会实践理念和方法的创新，在理念层面，体现了人本、平等、自由、发展和参与等内涵，在具体行动实践过程注重对服务对象潜能的激发，尊重、相信服务对象有自己解决问

① 《中共中央国务院关于进一步加强和改造大学生思想政治教育的意见》，载《中国教育报》，2004 年 10 月 26 日。

题的能力，表现为尊重、自决、个别化、参与等原则。在案例 4-4、4-5、4-6 中，社会工作参与贫困山区留守儿童的教育实习、开展贫困县农村留守老人生活现状的社会调查和展能妈妈"三下乡"扶贫创业实践中，都注重大学生对志愿实践项目的科学管理，注重挖掘服务对象的潜在动力，充分发挥其自主性去解决问题，都有效诠释了社会工作"助人自助"的价值内涵，所取得的效果也相对可观。从这一层面上讲，社会工作"助人自助"的框架能够进一步丰富大学生社会实践理念和实践方法的创新，从而为提高大学生帮扶弱势群体的实效性提供借鉴思路。

(3)社会工作注重实践程序的科学性，有利于提高学生职业素养。

实证主义思想是社会工作发展的基础之一，是由早期社会学的创始人孔德在其著作《论实证精神》中确立其最初的基本哲学原则。实证主义立足于科学认识的认识论，一直以来都影响着社会工作的发展，强调科学、客观、中立的科学态度和精神。实证主义视野下的社会工作实践模式，强调以社会工作以科学的知识为基础，运用科学的方法进行的助人服务实践，认为通过实证主义的科学的知识和方法，社会工作能够达到助人的目的。里士满在《社会诊断》，书中明确提出要以科学的方式助人，使助人活动"成为科学"，自此成为社会工作所追求的专业目标，而实证主义正是在这一过程中成为主流的认识论基础。

在实践层面，社会工作的实证主义实践观更加体现出实践程序的科学性。一方面，社会工作者的助人行动逻辑不再一味是带有主观色彩的宗教教义，而是建立在实证主义基础之上的调查研究与客观分析。譬如从案主系统的问题出发，坚持问题—需求评估—介入—评估的助人逻辑。另一方面，社会工作的助人方法，如个案工作、小组工作、社区工作具有科学的严谨性，都是经过长期的实践沉淀和形塑，经过科学论证的科学的有效的工作方法。而且每一个具体的工作方法在实施过程中，每一个环节丝丝相扣形成一个逻辑严密的服务标准化体系流程，保证服务目标的实现。

在上述三个案例中，社会工作专业大学生在不同类型的社会实践中，都依照了社会工作实践的实证、科学性原则。在服务留守儿童、空巢老人、留守妇女群体的过程中有一个严密的调研—需求评估—计划—介入—评估的逻辑程序，采用科学的专业方法并且尊重服务群体的自主性，发掘其内在潜力，提高其自助的能力，保障了服务活动的有效进行。此种解决问题的闭环式思路方法有利于提高大学生的职业素养，对于他们以后进入职场工作是大有裨益的。相较于传统常规的大学生社会实践的方法，社会工作实践的科学性和严密性更有利于能塑造大学生严谨、细致、科学、责任的道德品质。

第五章

社会工作与大学生思政工作组织育人

本章分为三节：①对大学生思政工作组织育人进行概述，了解学生组织育人的背景、含义、功能和优化路径；②从自组织化的角度挖掘社会工作组织育人观的内涵；③从学生组织自组织能力建设为切入点讨论社会工作在参与学生组织育人的功能实现问题，进一步通过行动实践来阐明内在的发生逻辑。

一、大学生思政工作的组织育人

(一) 大学生思政工作组织育人的内涵

1. 组织育人的理论依据

马克思主义关于人的本质理论、组织行为学相关思想和协同理论等构成了高校组织育人理论上的可行性和支撑性。

在哲学层面，马克思关于人的本质的理论当中论及"人的本质并不是单个人所固有的抽象物，在其现实性上，它是一切社会关系的总和"，① 并且指出人的全面发展的目标包括德、智、体、美等诸方面全面协调地发展。在其著作中，强调全体社会成员应成为"各方面都有能力的人，即能通晓整个生产系统的人"，② 也就是说每个人在生产过程中应该是多方面的、充分自由的协调发展。在马克思主义中国化的过程中，关于人的全面发展理论得到进一步丰富和发展，我党认为促进人的全面发展是建设中国特色社会主义社会的本质要求，把促进人的自由全面发展看作是不断提高连续性的历史过程，并且提出了对应的"教育方针"。因此，坚持以马克思主义人的本质理论为指导，才能科学地分析大学生的思想、行为发展的一般规律，为高校组织育人工作提供可靠的理论依据。高校组织育人工作不仅是全面教育的重要组成部分，而且也是实现人的全面发展的必要条件，这对于推进新时代高校组织育人工作的发展具有重要的理论启示意义。

在心理学层面，组织行为学理论关于行政组织理论对学校的影响做了大量研究，阿波特认为："第一，学校组织确实受到专业化和任务要素分解的影响。学校分成了各种年级、学科……第二，学校组织发展成为一种界定清晰和严格的权力等级化的组织……第三，学校组织严重的依赖运用一般规则控制组织成员的行为，提出标准来确保完成任务的一致性。第四，除了经常关注学校的整体性和民主性外，学校组织已经广泛地采取了韦伯的非个体性的原则，这种原则是建立于理性的考虑而不是魅力品质或传统的强制性。"③从结构功能主义视角出发，高校其实就是一个功能系统，高校系统育人工作的有效运转离不开组织的力量。高校的根本任务是培养人，归根结底是一项教育活动，在组织管理层面是与经济组织、行政组织等有着明显的区别。具体而言，高校组织育人应该立足于"大思政"工作格局，遵循学生发展规律与组织发展规律，以计划、协调、控制等手段整合各类资源，协调各类组织间的

---

① 《马克思恩格斯文集》(第1卷)，北京：人民出版社2019年版，第173页。

② 《马克思恩格斯全集》(第4卷)，北京：人民出版社2007年版，第73页。

③ From Max Abbott. Hierarchical Impediments in Educational Organizations. In F. D. Carve and T. J. Sergiovanni(eds.). *Organizations and Human Behavior*. New York：McGraw-Hill, 1969, pp. 44-35.

关系，通过增强组织育人效果，形成组织育人的合力。从这个层面而言，对高校思政工作组织育人的启示在于既要在制度化、体系化政策体系上下功夫，坚持党的领导，完善党委一元制，保障其决策的最高权威和全局工作的指挥意志，又要对组织育人管理权责做出界定，着眼于思想政治教育组织育人法治思维的培养，实现对高校组织育人政策的支撑和巩固。

在管理学层面，德国科学家赫尔曼·哈肯首次系统阐述"协同学"思想，认为一个复杂的行动系统是由多个存在着相互联系、相互合作的子系统构成，能否发挥协同效应是由内部各组成部分共同作用决定的：如果一个系统内部的子系统能够相互协调、相互合作的或同步就能产生 1+1>2 的效果。反之，就会耗费系统运行，使得整体陷入混乱无序。恩格斯也说过："许多人协作，许多力量融合为一个总的力量，用马克思的话来说，就造成'新力量'，这种力量和它单个力量的总和有本质的差别。"①从协同理论的思想出发，协同理论的原理和方法可以为复杂的高校组织育人提供分析依据，高校组织育人工作系统具有整体性特征，是由诸多系统、要素共同组成并且都具有自身的功能，但其最佳效果的形成并不是各要素功能简单相加就可以达成的。新时代高校组织育人要实现集约化的协同教育效果，只有在服从思想政治教育整体目标和功能的前提下，充分调动各组成要素的积极性，并使其密切配合，协同运作，才能共同形成育人的合力并取得整体最优的效果。

2. 组织育人的概念及表现形式

《现代汉语词典》认为，组织是指"按照一定的宗旨和系统建立起来的集体"，在高校中包含党政组织、群团组织和大学生自治组织等相关组织，这些组织能够全方位、间接性地渗透到大学生的育人过程中，达到"润物细无声"的育人效果，是"三全育人"的重要体现。"组织育人"作为育人的传统命题，是一项长期的、可持续发展的系统工程，其内容体系从 1996 年全国教育工作会议上的"三育人"到 2015 年《关于加强和改进新形势下高校思想政治工作的意见》提出"五育人"发展为 2017 年"七个育人"一体化总体育人框架，并在《高校思想政治工作质量提升工程实施纲要》明确地将组织育人质量提升体系

---

① 《马克思恩格斯文集》(第9卷)，北京：人民出版社 2009 年版，第 133~134 页。

确立为高校"十大育人"体系之一。组织育人的内容体系的不断拓展发展，这些都充分显示了组织育人在高校思想政治工作中的重要地位。在"大思政"的背景之下，要进一步强化高校各类组织的"育人职责"，深刻分析思想政治教育中组织应当发挥的功能，明晰"组织育人"的原则和方位，有助于不同类型的组织分门别类，发挥各自优势，紧密围绕立德树人的根本任务，发挥同向同行作用。

　　组织育人的概念众说纷纭，各有侧重，项久雨认为"高校组织育人是指以立德树人为根本任务，通过各级各类高校组织开展思想政治工作，达到育人的目标"。① 曹锡康认为"组织育人是指以高校党的组织为统领，以高校党的建设带动高校中其他组织的建设，发挥各级各类组织的育人功能并形成合力，强化政治思想和主流价值的引领工作，培养德智体美劳全面发展的社会主义建设者和接班人"。② 米华全提出"组织育人是高校党组织发挥政治优势和组织优势，通过系列有目的、有计划地组织行为落实立德树人根本任务，实现育人目标的行为"。③ 严帅、任雅才提出："高校组织育人是指将育人过程依托于组织进行，通过在学生党支部、团支部、班级、社团等形式的集体中，按照一定的目标和要求举办活动，将特定的价值观念、思想理论、道德规范潜移默化地融入其中，直接或间接地影响大学生的世界观、人生观和价值观，促使他们在群体中提升思想道德水平，坚定理想信念，最终符合社会主义大学育人目标的要求。"④谢守成，文凡，认为："高校组织育人，是指党团学群等组织依托组织建设、组织工作和组织活动，发挥对师生的政治引导、思想引领、团结凝聚、联系服务功能，提升师生的思想政治素质，促进师生全面

　　① 项久雨、王依依：《高校组织育人：价值、目标与路径》，载《思想教育研究》2019年第5期，第115~119页。

　　② 曹锡康：《高校组织育人：现状考察与机制构建》，载《思想理论教育》2018年第11期，第91~95页。

　　③ 米华全：《高校组织育人的基本功能和实现路径》，载《社科纵横》2019年第3期，第134~137页。

　　④ 严帅、任雅才：《新时代高校学生组织育人的功能内涵与实施路径》，载《学校党建与思想教育》2019年第5期，第32~35页。

发展。"①不难发现，学者们分别从育人目的、实现途径、着力依托等层面对组织育人提出自己的解释，却都贯穿着将"组织建设"与"教育引领"相结合的组织育人基本原则，旨在丰富组织育人的科学内涵。

就目前而言，组织育人的相关研究主要有组织育人的价值、目标、功能、实现路径、机制探讨、共同体建设等方面的研究，呈现出理论层面的研究多而实证领域的研究相对较少，党团组织、正式组织研究多，而学生自治组织、非正式组织的相关研究偏少的特点。在此基础上，笔者本节主要从大学生思政工作学生组织着手，厘清其内涵，探讨其在大学生育人中的功能，尝试提出大学生组织育人的优化路径。

"在我国，各类社会组织都承担着一定的思想政治教育职能。"②我国高校中存在各级各类党组织、群团组织、学生组织等，它们在思想政治教育工作中都起着重要的作用。学生组织是指在学校相关职能部门和院系的指导下，学生根据自身兴趣、爱好、特长等组成的具有一定组织功能的正式或非正式，实体或虚拟的学生组织，也是具有"自我管理、自我教育、自我服务"的群众性组织。学生组织作为连接高校与学生之间沟通的桥梁，在实现高校思政工作组织育人发挥着关键作用，是不可或缺的一环。

大学生思政工作学生组织育人是高校思政工作组织育人的组成部分，是指将大学生思政工作育人过程依托学生组织如学生党支部、团支部、学生会、班级、社团等形式组织，通过特定的活动载体直接或间接地影响大学生的世界观、人生观和价值观，促使他们在群体中提升思想道德水平、坚定理想信念，以达到社会主义大学育人目标的要求。科学把握学生组织育人内涵需要注意以下几点：

首先，强化党支部在学生组织育人体系中的主导地位。必须贯彻党的路线纲领和落实党的中心任务，发挥党支部的引航和核心堡垒作用，强化政治思想和主流价值的引领，保障学生组织育人的政治导向性。其次，形成党、

① 谢守成、文凡：《新时代高校组织育人的逻辑定位、现实境遇与实施策略》，载《思想理论教育》2019 年第 5 期，第 95～100 页。

② 陈万柏、张耀灿：《思想政治教育学原理》，北京：高等教育出版社 2015 年版，第112 页。

团、班、学、社"五位一体"的格局，相互协调、形成合力。既要有利于发挥学生组织的育人作用，也要有利于促进学生组织自身的持续健康发展。最后，尊重大学生成长成才的规律，关照其主体性诉求，发挥其政治、组织、管理、服务功能和优势，培养其自我管理、自我教育和自我服务的能力。与此同时，也要在学生组织运行的过程中，不断塑造和丰富组织文化内涵，形成独特的组织文化，在潜移默化中以文化育人。总之，在发挥学生组织育人作用的过程中需要坚持政治性、规律性、协同性、发展性、文化性等基本原则，促进学生组织育人的制度化与人本化发展。

(二) 大学生思政工作组织育人的功能

学生组织作为高校思想政治教育的重要载体，对我国高校培养德智体全面发展的综合型人才、实现我国高等教育目的发挥着重大的作用。一般认为，高校学生组织功能是依照学校的育人目标为指导，以系列活动为载体进行的教育活动。现代高校学生组织的育人功能日益丰富，主要表现为思想引领功能、教育功能、文化功能和能力培育功能。

1. 思想引领功能

思想引领是学生组织育人的核心功能，也是高校党组织政治功能的集中体现和必然要求。高校学生组织是高校意识形态教育的载体，是思想政治教育的重要途径和场域，承担着理想信念教育、传播社会正能量的责任和使命。学生组织育人的思想引领功能主要表现在传播主导意识形态，凸显和强化组织的凝聚和引领功能。譬如通过理想信念教育、核心价值塑造和使命担当教育使全体学生在理想信念、价值理念、道德观念上紧密团结在一起。在实践中借助组织开展的相关活动引导大学生树立正确的价值观和高尚的理想信念，树立良好的思想道德观念，使大学生在自我参与、自主思考中达到自我教育的目的，帮助他们实现知行转化。通过学生组织的中介实现个人政治理想与组织政治理想高度统一，这既是个体成长的过程，也是组织育人的过程。

2. 教育载体功能

学生组织是高校思想政治教育管理架构的有机组成部分，是政策落实、工作开展和上传下达的基本环节，发挥着教育载体的功能。一方面，学生组织既是主体也是客体。学生根据组织愿景，利用组织资源，完成组织任务，达成组织目标，无论是作为实体性的组织，还是网络虚拟性的组织都是教育实施开展的载体。另一方面，学生组织开展的思想政治教育更加侧重群体性、目的性、规范性，通过采用宣传指导、文化浸润、规范引导等方式，辅以褒奖、惩罚、改进等具体措施，能够将国家、社会、学校运行规范细化落实到每一个学生个体、增强集体认同并且能充分发挥学生榜样的示范作用，使其竞争互助、相互借鉴，以获得比、学、赶、超、帮的教育效果。

3. 文化功能

组织育人的文化功能是指依托组织丰富的文化元素，通过组织文化、精神内涵达到育人的目的。优秀的组织文化基因一旦形成，便会凝聚成一种具有稳定性、连续性和传承性的制度，兼具价值导向和行为规范功能，促进组织更加有效地完成思想政治教育的目标。[①] 高校学生组织的存在和运行，是校园文化的重要部分，不断创造着、丰富着校园文化，也塑造和引领青年大学生的精神世界。组织的价值观念、制度准则、思维逻辑、工作作风和团队归属感等对成员有着显性的引导和隐性的规训，能激发学生内在动力，深化自我对组织文化的认同，促使其不断汲取文化的精神力量，发挥主体积极性、创造性，实现自我教育。与此同时，这个过程也在不断拓展和丰富组织文化内涵，二者是一个相互形塑的过程。

4. 能力培养功能

学生组织育人除了静态的组织文化、精神内核外，还突出表现在学生组织实践活动这一动态的育人形式上。学生组织按照思想政治教育精神组织实践活动能够引导大学生走出校门，深入基层，了解国情，并团结协作开展社会实践、社会调查、志愿服务、创新创业等活动，通过亲身参与组织活动，能够提高自身的综合能力素养。第一是领导力培养。领导力是领导者素质的核心，学生党员、干部、积极分子等在组织学习生活中，其组织协调、决策执行等领导力得到不断增强。第二是社会能力培养。社会能力即个体适应社

---

① 冯刚：《增强高校思想政治工作文化的力量》，载《思想理论教育》2017 年第 7 期，第 4~9 页。

会环境的能力，一般可分为适应性行为和社会技能两种成分。在适应性行为方面，学生组织成员通过组织的培养锻炼，可以提高独立工作、口才写作和自主学习等能力。在社会技能培养方面，参与活动策划、协调、管理等实践中，学生成员的人际交往、沟通交流、团队合作能力都能够得到极大提升，有利于他们毕业后更好地融入社会。

（三）大学生思政工作组织育人的优化途径

强化高校组织育人，是坚持社会主义办学方向、落实立德树人根本任务的内在本质和必然要求，在"大思政"格局下，学生各组织在思想政治教育过程中持续发挥着不可替代的作用。随着时代的发展，高校学生的思想观念个性特征明显、思想观念复杂、行为功利等这给学生组织育人功能的发挥带来极大挑战。笔者尝试从满足学生发展的群体需要出发，高度关注学生学习生活兴趣点，不断拓展组织育人实践平台，丰富活动形式，增强学生组织的感召力，提高学生的参与感、获得感，进一步优化大学生思政工作学生组织育人的路径。

1. 转变思想理念

学生组织是学生的自治性、群众性组织，应坚持"以学生为本"的价值理念，践行"为学生服务"的宗旨。由于对学生组织定位认识上的不足，许多高校学生组织没有主动承担思想政治教育任务的意识，加上学校对学生组织的活动过多的干涉，损害了学生组织及其成员活动的积极性和创造性，影响了学生组织成员的工作热情，不利于对学生组织内部成员进行思想教育。这进一步导致学生组织在学生中的威信力降低，无法获得广大学生的认同，影响学生组织在思想政治教育中的隐性教育效果。

学生组织在思政工作中的价值不容忽视，既要加强引领和指导，又要更新观念，给予学生组织一定的空间，发挥其自主性、活跃性、柔性的特征。一方面要注重发挥学生党组织的核心作用，建立健全高校基层党组织体系，不断加强各类学生组织的政治性，只有这样才能保障组织育人与高校办学的方向、目标一致，更好地培养社会主义合格的建设者。另一方面，要不断推进学生党支部、团支部和班级协同育人工作机制创新，继续发挥学生党支部、团支部、班级的合力育人作用。

2. 拓展学生组织育人载体

高校学生组织育人需要阵地、载体和平台支撑，要顺应时代发展学生的需求，实现思想政治工作空间的拓展，不断开拓思想政治工作阵地、平台和载体。随着信息技术和人工智能的快速发展，网络空间组织、虚拟社区、微平台(微信、微博)组织等网络空间育人组织给思想政治工作带来重大机遇和挑战。"互联网+"思想政治教育已经是大势所趋，网络社群有别于众多学生组织科层制的运行模式，更受到当代大学生的喜爱，需要实现学生组织传统优势和现代优势的互补，要进一步打破学生组织育人的物理边界，开拓网络组织育人的新模式。一方面加强活动载体建设，丰富和创新组织活动方式及载体，积极开展知识竞赛、理论学习、参观学习、学术研讨、学业辅导、就业帮助等灵活多样的活动。另一方面促进网络载体建设，把信息网络优势同党的政治优势和学生组织优势结合起来，创建主题网站、学习 App 等教育平台，增强学生组织的吸引力、渗透力，形成组织协同育人的协同效应。

3. 改进学生组织育人方法

教育的方法决定着教育的效果，做好学生组织育人工作要按照"因事而化、因时而进、因势而新"的要求，遵循思想政治教育规律和大学生成长规律，把沿用好办法、改进老办法、探索新办法三者结合起来，提高思想政治教育的针对性和实效性。通过传统的榜样示范引导、基本知识灌输教育辅之以互联网下的微信、微博、QQ、知乎、豆瓣、抖音等社交媒体多元化的方式积极抢占网络育人阵地。同时利用好微课、慕课、微党课等新手段增强思想政治教育的吸引力，积极运用大数据、云计算等信息技术手段，掌握当代青年学生的思想政治教育规律，增强组织育人的针对性和实效性。① 需要指出的是，创新大学生组织育人活动形式、内容和方法，虽然符合当下时代要求和大学生的特点，但一定不是建立在全盘否定已有活动形式和内容上的创新，而应是各自高校结合学校发展目标、学生心理特点和思想现状形成的学生组

① 米华全：《高校组织育人的基本功能和实现路径》，载《社科纵横》2019 年第 3 期，第 134~137 页。

织在形式和内容、方法上的创新。

4. 提升学生组织育人的感召力

近年来，学生对学生组织的认同弱化趋势明显，如何重塑学生组织的育人感召力，一方面需要主动融入学校的校园文化环境，另一方面需要通过学生组织社团提高学生的综合素质，增强学生组织的服务能力，以达到提升学生组织育人感召力的目的。

学生组织的发展、功能的发挥及其特征与学校环境紧密关联。首先，通过发掘学校精神、学校文化、学校管理、学校氛围等校园文化重要元素，可以对学生组织制度建设、文化建设、管理方法、活动内容产生广泛而深刻的影响，进一步提高学生组织的组织、文化感召力和吸引力。其次，高校学生社团是高校文化建设的重要力量。学生社团作为高校中数量最多、具有较强影响力的学生组织，是高校第二课堂的重要组成部分，也是高校校园文化建设的重要参与者和组织者。通过高质量的社团活动既有利于丰富校园文化，促进精神文明建设、学生健康成长，又有利于凝聚学生价值共识、培育家国情怀，从而奠定学生社团育人育才的传统和基础。最后，学生组织、社团活动以兴趣为着眼点，包含思想理论、学术科研、文化体育、志愿服务、社会实践、国际交往等类型，大学生通过参与学生组织、社团的活动，有利于锻炼培养自身的组织能力、思维创新能力、表达能力和实践能力，满足自身主体性需要，增强大学生适应社会的能力。

综上，学生组织育人途径的优化需要从学校组织、文化、制度方面提升文化意涵，从育人方式发掘科学性与人本化的主体性诉求，从育人理念方面强化政治性、教育性指导方向。

二、社会工作的组织育人观

社会自组织化的思想和理论被广泛运用到现代社会的社会治理研究课题之中，作为思想理论，其给社会工作组织建设提供了丰富的思想理论基础，为社会工作的实践提供思想指引，同时在社区自组织化能力建设实践中，社会自组织化理论也得到了进一步深化和拓展。本节试图从社会自组织化入手，通过厘清社会自组织化的思想内涵和与社会工作历史、实践发展的逻辑关系，从思想理论层面和实践层面挖掘社会工作的组织育人观的基本内涵。

(一)社会工作组织育人观的思想理论基础

1. 自组织的内涵

自组织的思想源自系统学与协同学，自组织理论是 20 世纪 60 年代末期开始建立并发展起来的一种系统科学理论，它的研究对象主要是复杂自组织系统(生命系统、社会系统)的形成和发展机制问题。自组织理论起源于耗散结构理论，并与随后起来的超循环理论、协同学与突变论一起构成了自组织理论的理论体系。自组织理论的核心概念是"自组织"，耗散结构理论阐明了自组织的外部与内部条件，超循环理论描述了自组织进化的形式，有学者称之为当代自然科学的又一次革命，其对自然科学和社会科学的研究具有重要意义。

"自组织"是现代非线性科学和非平衡态热力学的重大发现，基于对生物、进化、社会发展等过程的入观察和研究，不同学科从不同的角度对"自组织"的概念给予了界定：耗散结构理论创始人普里高律(Prigogine)认为，自组织是系统自发出现或形成有序结构的过程。德国理论物理学家、"协同学"创始人哈肯(H. Haken)认为，从组织的进化形式出发，组织分为两类：他组织和自组织。一个体系在获得空间时间和功能的结构过程中，没有外界的特定干涉，那么该体系就是自组织。① 不难发现，自组织的内涵在于不存在外部指令，系统可以按照相互默契的规则，各尽其责而又协调地自动地形成有序结构。② 弗兰克·斯威茨(Flank Schweitzer)认为："任何系统都不可能是完全封闭的，判断自组织与他组织系统的关键就是要看系统外部输入的物质、信

---

① ［比］G. 尼科利斯、［比］普里戈金：《非平衡系统的自组织》，徐申译，北京：科学出版社 1986 年版，第 175 页。

② 张婷、陈芳、刘海等：《基于自组织理论视野中的网络思想政治教育》，载《内蒙古农业大学学报》2008 年第 1 期，第 32~33 页。

息和能量是否超过一定的阈值。"①事实上，自组织与他组织并不完全对立，二者都是依靠某种指令形成的有序结构，自组织是他组织的存在条件，自组织起作用的地方，总会发现有他组织力在起作用，完全排除外在的他组织作用，自组织是不可能运转的。

2. 自组织系统的特征

耗散理论认为，热平衡只是一种与环境联系的混沌无序状态，自组织系统必须存在耗散结构②之中，一个社会系统要向有序方向进化，必须处于远离平衡态的状态，也就是说系统只有通过与外界交流信息在远离平衡态的状态下才能达到新的有序结构。所以自组织现象开放性、非线性、远离平衡态和涨落性等是自组织系统的基本特征。

具体而言，第一，系统必须是开放系统，需要不断与外界进行物质、能量的交换，只有当外部环境向系统输入的物质、能量和信息达到一定阈值时，系统的自组织才能产生。③ 第二，系统必须远离平衡态，其内部物质能量分布存在显著的差异性和不平衡性，才能不断进行物质能量的宏观转换。第三，系统内部必须存在着非线性反馈的动力学机制，各要素间的非线性相互作用能产生相干效应和协调动作，使系统重新变得有序。第四，系统存在着随机涨落，当涨落被非线性机制放大后，稳态可能转化为失稳，而造成失稳的临界涨落在分叉点上，又可按非线性关系所引导的某个方向转化为新的涨落，所以随机涨落是系统自组织的内在驱动力。

3. 社会科学视野下的自组织

社会科学注重社会结构、功能、有序性、再生产等议题的探究，就系统、结构、功能的角度而言，社会科学视野下的自组织思想在时代发展过程中也独树一帜。在当代自然科学和社会科学发展的综合趋势中，许多自然科学的

---

① Flank Schweitzer. *Self-organization of Complex Structure*. New York: Gordon and Breach Science Publishers，1998.

② 耗散结构是一种活的结构，是依靠消耗外界能量来维持的结构，一旦外界停止向系统供给能量，系统的耗散结构就被破坏。同时，耗散结构是一种稳定的宏观结构，它是稳定的，指这种结构受到扰动后，只要外界条件不变，结构仍将恢复。

③ 徐红薇：《略论企业自组织特性对企业管理的新要求》，载《科技创业月刊》2009 年第 4 期，第 103~104 页。

理论与方法正向社会科学领域渗透。目前，耗散结构理论被运用于社会系统研究中，自组织的概念在西方国家已被广泛应用于社会学科领域的研究。

从社会科学的历史脉络追溯自组织的思想渊源，其可追溯到社会学家迪尔凯姆的《社会分工论》与《自杀论》。在其社会分工的基本思想中，其认为，社会分工达到了社会中的每个个体被固定在某一工作岗位上，因此，社会交往的密度降低，个体显得越来越孤独。而在对自杀预防之策的论述中，其认为，在现代社会，只有将孤独的个体组织化，特别是组织化于特定的职业群体中，才能够真正地预防自杀现象的无序发生。[①] 结构功能主义大师帕森斯在其宏大理论中提出社会系统论与 AGIL 功能模式，也蕴含着丰富的有关自组织的论述。他认为系统都由于其功能的需要，自组织化四大功能子系统，即适应(A)、目标达到(G)、整合(I)和模式维持(L)，并分别对应了经济、政治、法律和文化等社会系统。通过系统之间的良性运行来维持社会正常的运转，并需要与外界环境发生对话，倘若一个系统出现失灵故障就会引起系统的功能不能正常运转，从而产生危机。同时，在当代结构主义大师吉登斯(A. Giddens)与布迪厄(P. Bourdieu)的思想中也都能探寻到自组织思想的内涵，如吉登斯的"结构二重性"观点论及结构的再生产思想以及布迪厄论述的场域与惯习的互构关系中，都谈及结构中个体的自主性对社会结构的再生产起到的积极作用。有学者提出社会自组织是社会中的个体和团体为实现一定目标，通过自发生成的内部组织力而形成的有序化、结构化的社会结构。社会自组织的内属性主要表现为自主性。[②]

综上所述，从自然科学对自组织的思想研究到社会科学领域的自组织的内涵不难发现，二者的研究焦点其实回归到社会系统运行的问题上，由于社会系统的复杂性、多层次性也就赋予了社会自组织有着更为丰富的内涵：首先，就宏观社会系统运行而言，社会自组织可指代不同类型的社会系统，如政治系统、经济系统、教育系统与文化、制度系统等；其次，就中观层次而

---

① 转引自张微：《高校学生工作的社会工作参与》，北京：中央编译出版社 2019 年版，第 163 页。

② 朱鸿庆：《社会治安管理视野下的社会自组织研究》，华东政法大学 2011 年学士论文，第 7 页。

言，其可用来考察社区的自组织、学生的自组织状况，如社区内部的经济、政治、文化自组织，学生自治组织学生会、社团等；就微观层面而言，社会自组织的概念还涵盖社会组织内部的自组织性，即组织成员的互动、归属与主体参与组织的状态。从社会自组织的内涵剖析社会系统运行的核心动力在于社会系统运行的自主性与结构性，自主性是结构性的动力，结构性是自主性的后果，社会系统按照自组织运动的规律，实现社会系统的有序、向前发展。

（二）社会工作组织育人观的实践内涵

1. 作为社会工作方法的社区组织

（1）社区组织的历史背景。社区组织是社区社会工作的基本方法之一，在西方社会工作发展历史上，社区工作最初是在城市里开展的，当时名为社区组织工作，简称社区组织。社区组织的出现是为了解决城市社会工业化过程中所引发的一系列社会问题，后来发展成为社会工作专业的一种基本方法。社区组织作为一种社区工作方法有着漫长的历史积淀，最早源自18世纪末的德国汉堡制与埃尔伯福制度，在19世纪末的英美慈善组织会社和社区睦邻运动中得到进一步发展。第一个慈善组织会社于1869年在英国伦敦成立，目的是协调社区内救济贫民的服务。随后不久，第一个社区睦邻服务中心于1884年在伦敦成立，开展组织和教育居民争取环境改善及为贫民的服务工作。1939年，由美国学者罗伯特·兰尼（Robert Lane）所领导的一个研究小组在美国社会工作会议上提出报告，使社区组织的理论、哲学、工作方法为公众所了解。1946年，在美国布法罗市召开的国际社会工作学会年会倡议成立了社区发展协会。1962年，社区工作（也称社区组织工作）与个案工作、小组工作在美国被接纳为社会工作专业的第三种基本方法。在美国"向贫困开战"的热潮中，美国政府大力实施社区计划，希望借此可以改善对贫穷群体的社会服务，亦希望可以让这些居民有参与决定政策的机会。在英国，20世纪60年代的政府报告确认了社区工作的重要性，都提出鼓励居民参与地区事务的重要性，而社区工作被视为一种可以补充福利国家制度不足的地方工作。在学术界，1962年，美国的社会工作教育课程委员会正式认可社区工作为社会工作的基本方法之一。同年，国际社会工作教育协会的课程也再次确认社区组织在社区工作训练及实习上的重要性，标志着社区组织正式成为社区社会工作的基本方法。

进入20世纪50年代以后，由联合国倡导"社区发展"运动，开始在发展中国家农村推行，后来逐步扩展到发达国家城市社区。1954年"联合国社会署社区发展组"在亚洲、非洲、中东、南美等地区推行社区发展运动。1955年，联合国社会局出版《经由社区发展达至社会发展》作为社会发展的一致准则。1957年，联合国开始研究社区发展计划在发达国家的应用，试图通过社区发展来解决工业化、城市化带来的一系列问题。此后，社区发展在发达国家、发展中国家的不同社区都得到迅速发展，并形成了一个世界性运动。从这个角度而言，我们看到社区工作在历史上与"社区组织"和"社区发展"有着深刻的渊源。

(2)社区组织的内涵。自从学界将社区组织视为社区社会工作的一个基本过程以来，关于对社区组织的定义和功能的研究就不断出现，对社区组织的定义，众说纷纭、各有千秋。总体而言，学术界存在三种观点：第一种观点认为社会组织是一种工作方法。霍伯斯认为，社区组织是美国都市地区发起的社会改造运动，它是为了解决工业化带来的技术与社会变迁所产生问题的一种方法；布拉杰(G. Brager)和史佩齐(H. Specht)认为："社区组织是指一种干预的方法，它经由专业的变迁媒体来协助由个人、团体与组织构成的社区行动体系，投入有计划的集体行动解决社会问题。"①第二种观点认为社区组织是一个工作过程。如波尔曼(Robert Perlman)等认为社区组织是利用组织的方法满足社会需要和解决社会问题，它需要工作者与聘雇他们的团体设法对资源、服务功能与决策权予以再分配。罗斯(Murray C. Ross)认为社区组织是指一种过程经由这一过程去确定其需求或目标，并且设定这些需要或目标的优先级，鼓励其从事改造的信心与努力的意愿，寻求各种资源，并采取果断的行动，通过这些做法来培育社区的合作态度和行为。第三种观点是"方法"与"过程"融合说。比如，史基德摩尔和勒克蕾都认为将"方法"与"过程"互用是符合实际的，既是社区组织为社会工作的一个基本方法，也是促进社

---

① Brager G., Specht H. *Community Organization*. New York：Columbia University Press，1973，pp. 27-28.

会变迁的途径。邓纳姆（A. Dunham）也指出，社区组织是一个有意识的社会互动过程，也是一种社会工作方法。

综上，学者们对社区组织的工作目标与功能认识具有高度的一致性。就社区组织的目标而言，罗斯曼（Rothman）将其归纳概括为"任务目标"和"过程目标"两大类：任务目标即社区工作要解决一些特定的社会问题，包括完成一件具体任务，以促进一些社会福利目标侧重问题的解决。过程目标是促进社区人士的一般能力，包括建立社区不同群体的合作关系，发掘、培养社区领袖，加强对公民事务的了解，鼓励参与社区事务以至增强解决问题的能力、信心和技巧等。就社区组织的功能而言，社区组织的功能主要有三种：提供服务，增强社区认同感、提高社区凝聚力，以促进社区参与。①

2. 社区自组织能力建设与社区组织

（1）社区自组织能力建设的必要性。从生物进化学和社会科学发展的角度我们不难发现，社会自组织的内涵不仅仅是一个指代状态的静态概念，还是一个指代变迁的动态概念，社会自组织可被认为是社会系统的一种能力。这种能力是社会系内部动态变迁的重要动力，能够适应环境变化达到结构的稳定，其在本质上是系统自我结构化的一种能力。目前国内对社会系统自组织力的研究主要集中在社会系统中观层面的社区，这与社会研究主流的范式、当前国家治理体系由"管制"到"善治"的结构性转变相契合。在中观层面社区自组织化研究中，有研究者认为社区自组织是指不需要外部具体行政指令的强制，社区成员通过面对面协商，取得共识，消除分歧，解决冲突，增进信任，合作治理社区公共事务的过程，并且这使社区逐步进入"自我维系"状态。② 杨贵华认为自组织能力是指"社区共同体不需要外部力量的强制性干预，自身就可以自我整合、自我协调、自我维系进而实现社区公共生活有序化的能力"。③ 随着现代社会转型的加快，个体化、原子化对社会共同体的冲击显而易见，社区成员的自组织能力日益下降，社区成员与其生活共同体越

---

① 夏建中：《社区工作》，北京：中国人民大学出版社 2005 年版，第 209~210 页。

② 陈伟东、李雪萍：《社区自组织的要素与价值》，载《江汉论坛》2004 年第 3 期，第 114~117 页。

③ 杨贵华：《城市社区自组织能力及其指标体系》，载《社会主义研究》2009 年第 1 期，第 72~77 页。

来越疏离，社区自组织能力建设也被认为是解决社会成个体化与原子化趋势的必由之路。

基于此，联合国也倡导一系列社区发展的行动，促进社区自组织能力建设，各个国家、地区、居民也积极支持倡导。

(2)社区组织对于自组织能力建设的专业实践优势。前文中我们论及自组织的思想与理论源自系统学、协同学，是经由自然科学领域拓展到社会科学领域。虽然说自组织思想并非专属社会工作，但社会自组织的思想在社区组织的实践中得到充分的体现。从实践和认识的关系出发，自组织化思想给社区组织行动实践提供思想理论指导，以推动社区组织实践更好地发展，同时社区组织的专业实践也为自组织思路理论提供源头活水，丰富理论体系和内容，使自身的工作范围和功能也进一步拓展。社区组织对于自组织能力建设的专业实践优势体现在以下几个层面：

第一，社区组织的价值理念优势。社区组织作为社会工作的三大基本专业方法之一，秉持社会工作的人本、增能与参与的思想，这与社会自组织化所蕴含的目标思想内涵是相一致的。自组织化本身包含着任务目标与过程目标实现双重内涵，二者相比较，社会组织更倾向于过程目标的实现。社会组织的终极目的不是解决具体的问题，而在于解决问题的过程提升每个社区成员参与意识、互助意识，挖掘内在的潜力，培育社区共同体，进而实现社区成员有效地参与，达到对社区更有效的治理。在这一点上，社区组织的参与、自助、互助、赋权与增能都能为社区自组织化的任务目标和过程目标的实现提供建设性思路。

第二，社区组织的专业性、科学性优势。社会工作职业化到专业化的发展过程，其实就是顺应时代社会发展需要不断走向专业化、组织化、职业化的过程。从早期慈善志愿服务发展到科学系统培训上岗的专业社工，从零散到组织化的服务实践都可以看到社会工作坚持实证科学性、专业性这一特点，专业性与科学性能够保证行动实践的效率与效果。自组织化是社区成员自组织能力提升的必然结果，而社会工作者在社区中的长期的行动实践总结和具体的工作方法和技巧能够成为社区成员组织化能力建设的技术与工具优势。运用什么样的服务模式、采用哪种介入手法、遵守哪些具体原则、扮演什么样的具体角色等对于体现专业实务技术优势有重要的意义。

第三，社区组织的场域优势。纵观社会工作的发展史，从早期的非专业的救济慈善活动到近现代逐步走向专业的世俗活动，社区一直都是其实践的基本场域。社区作为社会系统的中观系统，是国家政府与人民的中间地带，对于社会结构的稳定至关重要，国家将许多职能下沉到社区，促进社区建设充分体现了社区自组织化的工作路径指向。在这个层面，社区社会工作以社区为基本实践场域，从底层社区层面探寻维持社会秩序的有效路径，也充分契合了自组织化的目标指向，更体现了社会工作的生根性与亲民性、自主性与改良性的本质特点。

综上，当前的社会发展的必要性层面和社会工作历史发展中的社会工作社区组织的专业实践优势角度都与社区自组织能力建设有着天然的耦合，从某种意义而言，促进社区自组织化与社区自治能力的建设从来都是社会工作专业实践中社区组织的重要实践课题。

三、社会工作参与高校思政工作学生组织育人的功能实现

目前高校学生组织出现思想引领不足、认可度降低、整合力下降等问题，学生自身的主体性和自主性在行动层面没有得到充分挖掘和关注，这些问题是值得我们进一步探讨的。本节分为三部分，第一部分力图从学生组织自组织能力建设层面，论证社会工作参与高校学生组织育人功能原理上的可能性；第二部分从社工行动者在学生组织行动实践层面着手，探讨社会工作在参与高校学生组织育人的功能具体是如何实现的这一问题；第三部分基于行动实践从社会工作中的组织建设思想探讨其内在逻辑。

（一）社会工作参与学生组织育人的内在基础

在前文社会工作的组织育人观一节中，我们梳理了自组织化理论是社会工作组织育人观的思想理论基础，而社会工作行动框架下社区自组织建设能力给组织育人提供实践价值参考。下面将从自组织的思想入手，立足于高校学生组织的现实来说明高校学生组织自组织能力建设的合理性；从社会工作

社区自组织能力建设的丰富实践内涵来论证社会工作参与学生组织自组织能力建设的可能性，从而更进一步明确社会工作参与学生组织育人功能的原理。

1. 合理性

自组织理论产生于自然科学，之后学者将它引入社会科学并用来探讨人类社会现象、社会系统，为人类社会发展和改革提供了新观点和新思路，在社会科学领域，从涂尔干、帕森斯、吉登斯、布迪厄等人的自组织思想中，我们更多的是看到从社会结构出发的，所以有人称之为社会结构自组织理论。社会自组织系统涵盖大到宏观的制度、系统，中观的社区、组织，小到微观的社会组织内部的自组织性等多重层次。高校是有多个学校组织构成的中观系统，本身具有自组织性，学生组织作为学校系统的一个重要子系统，其本身也具有成为自组织开放性、非线性、远离平衡性和涨落的基本条件。当然学生组织既具有自组织的一面，也具有他组织的一面，使系统走向宏观有序地发展，不同的是，"他组织"中其成员是被动接受的，而"自组织"中成员是主动接受的。哈肯认为，自组织系统演化的动力是系统内部各个子系统之间的竞争和协同，而不是外部指令，系统内部各个子系统通过竞争而协同，从而使竞争中的一种或几种趋势优势化，最终形成一种总的趋势，从而支配系统从无序走向有序，即自组织起来。① 子系统的竞争使系统处在非平衡状态，非平衡正是系统自组织的首要条件；在非平衡条件下子系统之间的协同使子系统中的某些运动趋势联合起来从而占据优势地位，促进系统整体的演化。学生组织的志愿性、自主性、公平性、灵活开放性都是自组织思想下的自组织特性，每一位学生作为一个子系统，都会对学生组织的有序性发展带来影响，因此，利用自组织理论分析高校学生组织具有较强的现实价值，也对高校学生组织的管理和发展有极为重要的意义。

2. 可能性

社会工作社区组织在历史发展过程中，其社区自组织能力建设的行动实践极大地丰富了自组织的理论内涵，而这种成功的经验也可以有效迁移到学生组织的自组织能力建设中去，促进学生组织能力建设，达到育人的目的。

---

① 姜云飞、聂荣鑫：《自组织理论视野中的学校管理》，载《江西教育学院学报（社会科学）》2004年第2期，第41~45页。

从社区层面讲，高校在形式上属于专能性社区，各种学生组织是其组织要件的重要组成部分，若将高校视为一种"社区"的形式加以建构，多元的学生组织可视为这一社区中的各"组织"或"自组织"形式。

（1）社会工作社区自组织建设的理念能够对高校学生组织建设中出现的问题提供解释框架。譬如，现今高校学生组织出现了自组织能力降低、凝聚力不够，学生认可度、参与度低，内心归属感、获得感不足等现象，从社区组织的自组织化框架去探寻原因，社区内部组织能力的不足与社区外部他组织的力量侵袭可被认为是问题的成因。首先，社区内部自组织能力不足主要是因为高校的自上而下的学生工作偏重行政化、政治化的管理和引导，依靠的是自组织以外的强大的约束、管控力对各校园社区内的组织进行整合。赵凯荣认为"物质内在的非线性作用是耗散结构的微观特征和其自组织的内在动力"，非线性能使各个系统之间建立必要的交互作用，从而有效地实现管理目标。① 事实上，这种传统的高校对学生组织的整合方式虽然实现了有序的发展，但却容易忽视组织内部成员的非线性关系，忽视组织内部成员的自主和主体性，长远来看，不利于学生个体及组织更好地发展。其次，社区外部他组织力量的侵袭，主要表现为网络新媒体时代的新型他组织对传统学生组织和个体的冲击，比如管理方式、价值导向、思维意识等，导致其对内部成员的吸引力降低，整合力不足。

（2）社区自组织能力建设的专业实践优势能够对高校学生组织育人提供实践指导。社会工作社区自组织能力建设实践中，一方面注重人本、增能和主体参与性，促成成员自组织能力的培养，挖掘潜力，引导自助。社区自组织能力建设的导向更倾向于过程目标的导向，而不仅仅是任务目标导向。这对于高校学生组织育人的指导意义在于：第一，可重塑传统学生组织的活性与整合力，引导其走向自组织化；第二，可促进组织成员在组织及组织过程中的成长与发展，使其有足够的获得感与归属感，进而促进学生组织的长远发展。另一方面，社区自组织能力建设行动实践具有专业性、科学性。专业

---

① 赵凯荣：《复杂性哲学》，北京：中国社会科学出版社 2001 年版，第 34 页。

性、科学性是社会工作专业发展的立身之本，作为一门应用性的学科，极其注重原则、模式、方法、技巧的运用，高校学生组织在思政工作中发挥着不容忽视的作用，在围绕思政教育"立德树人"这一终极育人目标层面，更需要讲究育人的科学性和有效性。在这一点上，社区自组织能力建设的专业实践能够给予学生组织实践育人方法上的补充。

(二)社会工作参与育人过程目标实现的行动实践

社会工作专业行动者们在行动中十分注重社区内部组织的自组织能力建设，利用社区自组织能力建设的框架思路能够在高校学生组织中进行尝试，通过促进学生自组织能力的建设，从而促进学生自我成长和全面发展，达到组织育人的目的。基于此种专业视角，笔者及多位社会工作者访谈对象在学生工作实践中利用社会工作的专业知识与方法，在其院系的班级、学生会或社团中进行了若干行动实践。

1. 班集体建设

班级是大学生的基本组织形式，是大学生自我教育、自我管理、自我服务的主要组织载体，通过加强班集体建设，开展丰富多彩的班集体活动，能够发挥班集体团结学生、组织学生、教育学生的职能。同时以班级为基础，以学生为主体，发挥学生班集体在大学生思想政治教育中的组织力量，能够卓有成效地开展高校思想政治教育工作，引导学生健康成长。现今的班集体面临着大学生对班级的归属感降低，班集体凝聚力、向心力不足等诸多问题，如何破解这一难题也是当下许多高校学生工作者的关注点，笔者及多位社工同仁出于教师与社工的双重责任感与使命感，运用社会工作的理念和方法开展了大量班集体建设的行动实践，在促进班集体自组织能力建设和提高学生素质层面进行了一系列有益尝试。

案例 5-1：小组活动建立班级成员之间信任关系，促进集体氛围建设

"一路上有你"小组活动策划书部分节选

1. 活动名称

一路上有你——大学生人际交往成长小组(小组编号 1)

2. 活动主题

通过组员之间的互动，增强其对于人际交往的理解和良性人际交往能力，同时增强其大学期间人际交往的适应力。

3. 活动理念

在大学生群体中观察发现，大学生在刚进入大学后或多或的会有对于人际交往的困惑。主要表现：

第一，当人际交往中出现问题的时候大多选择顺其自然；第二，在团队中对于怎样主动交往，主动承担上存在误区，认为任务是由别人布置的，而不需要太多的交流；第三，对于活动中与异性交往显得有些不自然，不知道如何与异性交流。

基于以上的考虑，运用的理论如下：

第一，社会学习理论。该理论认为人们可以根据看到的行为加以模仿从而学习到新的行为，小组成员中会有人际交往活跃的成员，通过他们在游戏中的表现来加强有效交往行为的强化，同时给予表现不主动的组员以积极的暗示或者鼓励来增强其行为的出现。

第二，社会认知理论。该理论相信人是自主的，而问题的关键在于其思想里的非理性情绪，主要代表为艾利斯的"A-B-C 理论"模式，因此我们主要通过游戏反思来帮助组员修正其错误的人际交往认识。例如，异性应该保持距离、合作不是自己的事等。

4. 活动目标：分为任务目标和过程目标

(1) 任务目标。

①帮助组员提高其表达能力，能正确把想要表达的东西勇敢表达出来；②正小组成员的错误人际交往观；③提高组员人际交往的能力，帮助其更好地适应大学人际交往。

(2) 过程目标。

①促进班级成员之间的互动和了解；②增强班集体的和谐、温暖的氛围；③增强班级同学对班集体的归属感与认同感。

5. 活动详情

(1) 活动时间：略。

（2）活动地点：略。

（3）活动人数：32 人。

（4）活动是否收费：否。

（5）具体活动日期及活动主题。

6. 招募活动对象的方法

……

7. 活动对象以及特征

ZFXY 学院大一社工学生。

8. 所需人力资源

……

9. 协助单位及协办者

……

10. 活动所需物资经费预算

……

11. 活动评估方法

……

12. 预计困难及对策

……

上述案例是笔者针对大一新生班集体开展的系列小组活动，"一路上有你"系列小组活动，分六节次对班级成员的人际交往能力进行培训，以提升他们的人际交往能力，更好地适应大学生活。小组活动的开展以 6~10 人为一个小组，成员之间保证异质性，通过破冰游戏、认识你我他、人际沟通交往、团队协作、展望美好等循序渐进的活动环节，来建立团队成员之间的信任关系，发掘每一个成员的潜能，让每一个成员都有自我展现的机会，提升人际交往沟通能力，促进和谐向上的班集体氛围建设。

策划书中小组活动的过程目标为"促进班级成员之间的互动和了解""增强班集体的和谐、温暖的氛围"和"增强班级同学对班集体的归属感与认同感"，任务目标定为提升班级成员的人际交往能力。按照罗斯曼对社区工作目标的论述，社区工作的目标划分为任务目标与过程目标，在社区组织自组织建设的行动中专业社工行动者更加侧重过程目标的达成。社工行动者在"一路上有你"活动设计中，前几场活动（1、2、3节次）主要是从个体的视角出发，在活动中让小组成员彼此熟悉了解，学会一些人际交往和沟通的基本理念与技巧；后半段（4、5、6节次）则开始转向在具体的团体活动中锻炼人际交往能力和团队合作。这样的活动设计让成员由个体世界回归到班级，通过人际交往能力的提升更好地融入现实生活交往圈子。建立成员之间的信任关系、增进了解只是过程目标的第一步，成员之间彼此更加信任，才能增强班集体的和谐、温暖氛围，让班级同学对班集体产生归属感和认同感。

事实上，社工行动者在小组活动中是极其注重过程管理的，在初期发挥组织者、领导者的角色，在小组中期发挥引导者、协调者、沟通者的角色，在小组末期转向支持者、巩固者的角色。关注每一个成员的表现，注意发挥每个组员的特长，尊重独立性，协调小组之间的矛盾、摩擦，注意培育小组领袖，增强小组的核心凝聚力，充分诠释了班集体自组织能力建设的内涵。

案例 5-2："工作组"实践

WG，某高校社会工作专业老师兼学生班主任："我们社工专业有一个很好的做法就是建立'工作组'。从新生入学开始，通过新生适应小组系列活动的开展，学生之间建立起了良好的信任关系，在今后的教学活动、实践活动、竞赛活动中，利用'工作组'的形式能够满足学生的成长需要，促进学生素质的提高。比如在青年大学生思政教育活动学习上，通过小组的形式分成若干小组，选取小组长，完成学习任务，彼此之间相互监督；在团组织生活中，每一个组负责一个活动项目，大大提高了效率；在学科竞赛中，班级成员自由组队，整合资源，成立工作组，彼此之间相互信任合作的关系能够提供内部发展动力；在班级课外活动中，通过以宿舍为单位建立工作组，自主设计有利于班级建设的课外活动。工作组的实践，在尊重学生的主体性基础之上，大大提高了学生的积极性、参与性，学生在锻炼中也提高了自身的能力，对于学生的自信心培养、学生干部的挖掘都大有裨益。"

在上述案例中，具有社会工作专业背景的学生工作者在小组工作活动中，运用工作组的方式来进行班级建设，反过来大学活动的多样性也给予其采用"工作组"方式实践的空间。青年大学习、团组织生活、学科竞赛、课外活动等让学生通过工作组的形式，强调学生的自我管理、自我服务、自我成长，促进班集体组织的内源性建设。采用工作组的实践方式虽然从任务目标上看是完成具体的活动、学习任务，但却在促进班集体自组织化建设，提高学生的综合素质过程层面意义深远。人人参与、人人合作、人人竞争让班集体成员有足够的获得感和参与感，能够充分展现自己，提高自己、形成一种积极向上班级文化氛围，增强班级凝聚力和向心力。

2. 学生会建设

学生会组织是党领导下的大学生群众组织，是学校党团组织开展工作的有效抓手，更是加强和改进大学生思想政治教育的重要路径与载体。当前，高校学生会组织行政化、空壳化现象突出，对大学生的吸引力和感召力下降，育人功能也呈现出弱化趋势，许多大学生表示学生会没有想象中的那么具有锻炼价值，部门之间区分明显，行政化的风气、僵化的机构压抑个性发展。可以说，学生会组织不管是从个体层面对促进成员的成长发展角度还是从高校组织运行层面增强自主性、主体性的角度都面临着内部动力不足和外部力量侵袭的困境。基于此，笔者及多位同仁在社区组织的行动框架内在促进学生会自组织能力建设、增强育人实效性等方面开展了系列活动。下面是 CQ 高校 M 老师对学生干部进行能力培训与素质拓展案例。

案例 5-3：学生会干事培训方案

为了建设一个团结、自主、高效、负责的学生会团体，提高学生干部的思想觉悟和服务意识，增强学生干部的业务能力，强化学生会的凝聚力，形成一个相互合作、相互尊重、相互帮助、相互信任的学生组织，我院将进行一系列的学生会干事培训。具体培训项目如下：

1. 日常签到

5 月 26 日起每周（一）（二）（三）（四）日 20：00—21：30 为签到时间，地点为 J 楼 205 室，有课等其他情况来不了或者会迟到要在每日 19：00 点前向办公室说明情况，办公室制作考勤表并好考记录。日常签到的主要目的是提升组织成员的交流率，促进学生会成员之间的熟悉程度。

2. 相互交流

每日签到之后，干事要相互交流。首先轮流做自我介绍，每晚限定10人。尽快熟悉学生会全体干事及其相应部门（要求熟悉各干事姓名、部门、特点等），主席团成员会不定时抽查交流效果。

3. 小组活动

在签到之后定期开展小组活动，运用社会工作专业方法通过小组活动的形式，让所有新干事一起参与，促进干事之间相互认识，相互熟悉，打破隔阂。在小组活动中邀请学工老师参与，与干事们一同开展小组活动，促进学生会成员与老师之间平等的交流与沟通。小组活动分为五期，小组活动具体方案目录：

第一期：大风吹、桃花朵朵开、万里长城

第二期：千千结、传递呼啦图、同舟共济

第三期：信任之旅、爱的长度、坐地起身

第四期：你演我猜、亲密接触

第五期：松鼠与大树、踩气球、穿越火线

4. 新闻写作培训

组织学生会干事参加新闻写作培训，邀请学校宣传部、新闻中心校报编辑、学校新闻运营主管为干事进行新闻写作、新闻素材采集、新闻照片拍摄等相关知识培训。时间为5月28日19:00，J楼306室。

5. 学生干部培训

邀请学校党委领导干部5月29日16:00在J楼205学生干部培训室为学生会干事进行培训，提高干事的思想觉悟，提高服务意识，增强学生干部业务能力。

6. 学生会内部活动

不定期地组织学生会成员内部活动，各类运动竞赛赛、户外拓展运动、聚餐等有助于增强凝聚力的各类室内或户外活动。

7. 小组活动总结

系列小组活动结束之后做 PPT 总结，将活动照片、特写镜头放在一起，并挑选组员分享感受一同展示，让大家自己回顾一路走来的感受和收获。

8. 备注

所有培训考勤及活动表现都将作为考核的重要参考。每次活动结束之后，主持人总结活动的意义效果，让干事做活动反馈。每场活动结束之后，每名干事写一篇感想，优秀的感想将会在总结分享的环节展示出来。

上述案例介绍的是 M 老师指定的学生会干部培训方案的部分内容，培训方案涉及沟通技巧、活动策划、组织领导、团队文化、写作表达等各个方面。据 M 老师自述，针对学生会组织在日常工作中行政化、组织涣散、工作积极性不高、缺乏协作问题，自己结合社会工作的行动框架，加强学生会自组织能力建设。在活动中，一方面提高成员的基本业务能力和素质，另一方面更多的是培养成员的责任意识、沟通意识、服务意识、反思意识，由内而外地促进个人增能。上述活动取得了良好的效果，得到学生会成员的一致好评。学生会干部纷纷表示，通过这样的活动，能够收获很多干货知识技能，更为重要的是增进了成员之间的相互信任，增强了学生会的凝聚力与自主性，让我们更加明确学生会的定位，更好地为学校同学服务。

M 老师的行动实践在工作方法上主要是运用了小组工作中的互动模式开展学生会组织建设的专业实践，在第五期活动中体现尤为突出。行动实践背后体现的是社区组织自组织化能力建设的价值理念，即人本、增能、参与主体性，通过活动促进学生会组织的"自助精神"，让他们发现问题，不断反思总结，从而提高自己发现问题、分析问题、解决问题的能力。作为社会工作行动框架的理念优势与大学生思想政治教育学生组织"自我管理、自我教育、自我服务"的基本定位是相契合的，具有社会工作专业背景的学生工作者能够意识到学生会组织能力建设的重要性，并利用专业方法付诸行动实践，提高学生会组织育人的科学性、有效性。这表明，社会工作中社区组织的价值、方法在高校学生会组织建设中起到正向积极作用，这是社会工作继参与班集体组织育人之外的又一重要组织育人场域。

3. 社团建设

高校学生社团是由高校学生依据兴趣爱好自组织形成，为实现成员共同意愿，按照其章程自主开展活动的群众性学生组织，具有生成的自发性、广泛的参与性、运行的开放性、发展的自主性、存在的非线性等特点，社团活动对大学生有广泛的吸引力和感染力，具有显著的组织育人功能。教育部、共青团中央发布的《关于加强和改进大学生社团工作的意见》中指出："充分发挥学生自我教育、自我管理、自我服务的积极性；坚持建设和管理并重，积极扶持、规范运作，促进健康发展；推动学生社团在活跃校园文化、加强和改进大学生思想政治教育，服务学校改革发展稳定等方面发挥更大的作用。"然而如前文中所述，目前高校学生社团存在着空壳化现象，自组织能力建设不足，社团活动对大学生的吸引力和感染力呈现下降趋势，在组织育人功能方面逐步弱化。因此，加强学生社团的管理与引导应成为现下学生组织育人工作的应有之义，而社会工作参与学生社团自组织能力建设又以志愿者社团尤为典型，以下是社会工作参与大学生志愿者协会自组织能力建设，进一步提高学生社团组织育人功能实效性的典型案例。

案例 5-4：学生社团组织育人功能实效性的提高

PW，男，15 级社工专业的学生，同时也是 ZF 学院青年志愿者协会的会长。

我是从大二上学期接任新会长这一职务的，在当干事的时候我就感觉到青年志愿者协会存在协会凝聚力不够，活动吸引力下降，会员积极性低等问题。为此，我请教了我的专业课老师 T 老师，老师提出："你可以打破常规，学会用我们专业的知识来帮助你进行协会建设，比如我们专业自助、人本的理念，我们服务的专业性、科学性的一套实务流程都是可以借鉴的。"经过老师的启发，我茅塞顿开，在任会长期间我大胆做出了以下改变：

首先，加强对志愿者成员的培训。志愿服务和社会工作专业服务有很多共性之处，比如服务对象都包括弱势群体，不同的是社工服务讲求"助人自助"的理念和一定的专业技巧。比如说，在做留守儿童支教活动中，我们会邀请社工专业的学长学姐来给志愿者培训如何去跟孩子沟通，处理他们的情绪，发掘孩子们的需要，并强调在支教的过程中要注意培养孩子的自助能力，提高他们自己解决问题的能力。这已经形成一个传统，开展活动前必须给成员进行系统培训，成员们非常受用，大大提高了活动的效率。

其次，强调服务过程专业化。服务过程的专业化也是社会工作实务的科学性体现。我进行了项目制的变革，很多时候，其他院系志愿者社团去开展活动，缺乏项目运营的经验，一开始就开展服务、没有需求评估，也没有过程管理，后期的评估更没有什么专业的记录。我们会对活动主要负责人进行专门的培训，成立项目活动组，按照需求评估—预估—计划—介入—终期评估的科学流程开展服务，并做好文字记录、宣传和档案管理工作，形成规范化的操作流程。在这个过程中，我们的活动更加简洁、高效而且务实，受到服务对象的一致好评。我们院系的志愿者协会比其他院系的志愿者协会更有活力，每次活动基本上没有人缺席，因为很多同学觉得活动不是流于形式，而是真正能够帮助到需要帮助的人。

最后，注重活动后的反思总结。活动结束后及时反思总结，也是社会工作实践的一个优良传统，通过成员的分享、反思，能够进一步帮助成员成长，提高团队凝聚力。一方面，通过对活动中做得好的和不好的地方进行剖析能够进一步提高业务能力、加深对服务价值、理念、技巧的理解运用。另一方面，反思总结的形式更有利于促进社团内部的建设、凝聚力的形成、认同感的加强，从理性层面去认识志愿活动，认识这个团队，认识自己。

上述内容是作为青年志愿者协会会长的 PW 同学在开展大学生志愿者社团建设的一段自述，有着社会工作专业背景的他利用社会工作的理念、专业性融入志愿者协会的建设，进行了一次有效尝试。一方面，社会工作的价值理念的注入可增强志愿者组织内部成员的参与感、认同感及持久活力的保持；另一方面，社会工作专业技巧和服务流程的科学性既提高了志愿服务的专业性和服务效率，又促进了志愿者在反思中个人综合素养的提升。

由此可知，社会工作参与青年志愿者协会组织建设的行动实践促进了该社团走向专业化。就任务目标而言，能促进任务目标的达成，提升服务的工具价值；就过程目标而言，提升服务的工具价值本身就能够促进社团内部的自组织化。也就是说，社会工作的介入与干预对于大学生志愿组织而言不仅促成任务目标的实现，在此过程中，更提高了组织内部的活力与凝聚力，增强了组织的认同感和吸引力，即自组织化程度得到明显提升。志愿者协会自组织能力建设水平的提高、感召能力的增强也就意味着组织对成员的育人作用愈发明显。

案例5-5：社工机构联动高校社团

YY，女，音乐学院舞蹈社成员。

记忆中，我参加过最有意义的一次社团活动是联合红光小学、阳光社工中心、舞蹈社、钢琴社、书法协会、话剧社、音乐协会开展的"六一儿童节晚会"，我作为舞蹈社的代表负责给三年级的小朋友排演"舞蹈串烧"这个节目。这个活动的特殊性在于，由多个不同单位、社团联合。阳光社工中心是承办单位，把我们学校的很多社团联动在一起，为这个位置比较偏僻的小学的小朋友举办了他们校史上最为丰富的六一活动。在大学我们社团之间的联动很少，基本上是各自为政。我了解到我们各个社团都是阳光社工中心的志愿者。从彩排到演出这一个月的时间，我们各个社团的成员有说有笑，彼此合作得很好，相互之间也有了更深的了解。我也看到，小朋友们和社会专业的学生志愿者特别亲近，才知道她们课余时间都会来学校帮扶困境孩子，做社工志愿服务，他们的一言一行也感染着我们。

最后校长的致辞让我深受感动，其实要感谢的是他们给了我们这样一个机会和平台，能够认识这么多可爱的社工、社团校友和孩子们，也希望以后有更多这样联合的机会能够做一些对社会有价值的社团活动。在总结分享会上，其他社团代表也都说出了和我同样的心声，希望像学校、社工机构能提供更多的机会，联合社团做一些有意义的活动，让更多的成员参与进来。社团不应该只局限在校内，也要走出去服务我们身边需要的人，这样才能让社团有所作为，提高社团的活力和吸引力，我们每一个人才会得到锻炼和提升。

上述案例是舞蹈社 YY 同学描述自己和其他社团成员参与某社工中心学校社工的服务项目的经历。在这个实践中，社工中心发挥资源链接的作用，调动学校社团参与到志愿服务，服务当地的学校儿童，社团成员对活动的效果给予了积极的评价。从这个实例中，不难发现社会工作参与高校学生社团自组织化建设不仅体现在理念、方法与技巧层面的介入，更体现在结构层面的协同联动。在此行动实践中，就过程任务目标而言，社工机构联动高校社团完成了具体的"六一活动晚会"的任务，受到校方、家长、孩子的积极认可；就过程目标而言，社工组织与高校社团积极参与学校儿童的社会服务帮扶项目，并通过志愿服务的形式有效促进了校园社团的建设与培育，提高了校园社团的吸引力、参与度与感染力。作为社团组织成员的大学生个体也在服务中提高了基本的业务素质、开阔了眼界、丰富了知识，增进了责任意识、服务意识和创新合作意识，促进了大学生的成长和发展。

社会工作组织作为一种校园系统外的协同要素，为校园社团输入了信息与能量，输入了其自组织化的重要动力，激活了校园社团内部的活力。从这一点来讲，社会工作在结构层面的协同联动，赋予了社团自组织划时代的任务和要求。具体而言，高校社团组织在面对新时代的网络、信息化的挑战，更需要从组织内部、组织外部环境找到机遇，加强组织内源性建设，增强组织活力和凝聚力。

(三) 社会工作促进组织育人过程目标实现的内在逻辑

高校学生在组织建设与引导工作中，应该突出学生组织的自组织能力的建设，将工作重点聚焦于组织的内源性建设，在介入方法上注重培育社区内组织自身的主体性与组织成员的参与性，通过组织内部的能力建设带动组织感召力活力与凝聚力的增强，进而有效提高学生的综合素养。

1. 社会工作注重学生组织自组织化能力建设，有效提高学生组织自我管理、自我教育、自我服务的能力

学生组织是大学众多组织中最活跃的组织形式，在高校思政工作组织育人体系中发挥着不可替代的作用，理应成为建设与培育的主体。学生组织也具有群众性、开放性、非线性等典型的自组织性特征，在当下学生组织出现空壳化、育人功能弱化的形势倒逼之下，探求学生组织自组织化能力建设和实践路径也是高校思想政治工作的发展使然。目前，高校学生组织建设与引导工作中，遵循的是传统思想政治教育主客体二元关系思想，朝着"他组织"化的方向发展，呈现出约制性和工具性特点，忽视了组织自身的主体性与组织成员的参与性。学生组织是育人的重要载体和实现形式，倘若组织陷入僵化、被动、行政性的思维格局，其在思想引导、教育、文化育人等方面的功能也就大打折扣。

基于社会工作社区组织的思想，社区组织实践的过程目标就是要实现社区组织自组织能力的增强，在行动实践中也有理念、方法技巧、场域等特色优势，高校学生组织的建设与引导工作在理念、方法、实践环节可予以重新建构。在加强学生组织自组织化能力建设的实践尝试过程中可以提高学生组织自我教育、自我管理与自我服务的能力，也即自组织能力。学生组织的自我管理、自我服务离不开组织精英、领袖的挖掘和培育，实际上，对组织领导的挖掘与培育的实质就是对学生组织自组织能力增强的有效实践路径。在上述社会工作参与高校学生组织班集体、学生会、社团建设的实践中，具有社会工作专业背景的行动者们均十分注重学生组织领导的挖掘与培育。班集体小组活动小组领袖的发掘、学生活动工作组选定组长，学生会干事注重干部能力的培训，社团积极分子的培育，都有效提高了学生组织自我管理、教育、服务的能力，从而对组织目标、组织理念、组织文化、章程、制度的形成、培育和发展打下了坚实基础。基于此，社会工作注重学生组织自组织能力建设无论是从自组织理论思想渊源的应然层面，还是从大学生自我管理、教育、服务的能力提升的实然层面，都能发挥它相应的功能。

2. 社会工作参与学生组织自组织化能力建设，增进学生组织的凝聚力和感召力

在社区组织的行动框架中，培育组织成员对组织、社区的认同感与归属感是社区组织工作的过程目标之一。就高校思想政治工作学生组织育人工作而言，培育学生对其所在或所参与组织的认同感与归属感，进一步提高学生组织对成员的凝聚力、感召力是提升大学生思想政治教育学生组织育人实效性的重要路径。现今的高校学生组织认可度低、凝聚力低，活力不足，专业性不强，服务意识不够等都是当下学生组织面临的困境，如何破解这一困境，重新提高学生组织的感召力和凝聚力也是高校学生工作者不断探索的命题。大量的实证研究表明，增强大学生对其所在或所参与组织的认同感与归属感是有效提高学生组织凝聚力和感召力的有效路径，也是促进学生参与极其重要的实现方式之一。

在前文我们论及促进居民参与是社区组织重要的行动框架思想，将其运用到高校学生组织建设中，就是要促进学生参与，这种参与并非个别成员的参与，而是全体成员的参与、积极能动的参与，强调主体性地发挥，才能达到育人的目的。在上述社会工作参与学生组织自组织能力建设的案例中，有一个共性之处就在于充分调动成员的主体性、参与性。在班集体建设中，有关凝聚力建设的小组活动是促进组织成员在小组工作的框架中积极融入班集体或学生会组织；在社团开展志愿服务和联合活动过程中，通过活动前培训，过程中管理和活动后的分享总结，处处、时时发挥成员的主体性，充分参与活动过程的每一个环节，在每一个环节得到锻炼和成长，从而提升成员对其组织的认同与归属。

事实上，社会工作社区组织自组织化的实践，其组织化的内涵就是要实现组织成员对组织乃直至整个社区的认同与归属，形成一种强大的组织感召力和文化凝聚力，让更多的成员是出自理性的考虑积极融入组织。学生组织文化对于成员的影响是广泛而深刻的，就学生组织建设而言，通过各种形式的活动从而促进学生更为积极主动地参与组织活动的过程，一方面就是学生对大学社区中各种所属组织或参与组织的认同感与归属感的培育过程，另一方面，也是在潜移默化中形成强大的组织感召力和凝聚力的过程，于无声处

形塑组织成员的思想、行为、道德，彰显育人的文化价值。在此方面，社会工作中社区组织的思想无论是从价值理念上还是工作方法上，均以促进主体参与为其工作的基本导向，在高校学生组织自组织能力建设过程中，有效增进学生组织的凝聚力、感召力方面发挥着重要功能。

3. 社会工作参与学生组织自组织化能力建设，促进组织成员的自我成长与全面发展

"助人自助"是社会工作的基本价值理念，强调个体潜能的发掘、能力的提升和环境的增能，助人自助的价值理念在更为宏观的社区组织自组织能力建设中同样得到贯彻与落实。从组织层面讲，通过自组织能力的建设促进集体取向的组织增能，提升组织的活力和内聚力、感召力。从成员个体层面讲，学生通过各种组织活动参与学生自组织建设的过程中，能够促进组织成员的自我成长和发展。高校思想政治教育学生组织育人的最终目的是促进学生全面的发展，在本节中，社会工作参与在高校学生组织自组织能力建设的具体实践案例中，具有社会工作专业背景的行动实践者们无一例外都将组织成员在组织中的成长与发展作为其工作的核心，这与大学生思想政治教育组织育人的终极目标具有高度的契合性。可以说，社会工作参与学生组织自组织能力建设的过程，既实现了学生组织的自组织化，也有效促进了学生的自我成长和全面发展。

社会工作专业框架下的行动实践不仅仅是停留在抽象层面上的价值理念追求，更是具体操作层面上的工具实践。在学生自组织建设中，社会工作专业背景的行动实践者从价值与工具两个层面落实促进学生自我成长与全面发展的任务。首先，就价值层面而言，注重学生利他主义和社会责任感的培育。学生组织建设的最终归宿是促进学生的成长发展，而学生成长发展的基础是利他主义精神和社会责任感的培养。因此，行动者们在学生自组织建设过程中，总是有意识地引导组织成员树立利他主义价值观，培养社会责任感，无论是小组活动的个人分享，还是大型志愿者活动的过程反思、社区服务活动的事后总结，工作者们积极引导组织成员去发掘利他主义和社会责任感在活动中的重要价值，进而引导其在实践中体验和思考利他主义和社会责任感对个人成长与发展的意义。其次，就工具层面而言，注重学生在组织活动中提

高自身的综合能力。比如，在班集体建设中，通过小组活动人际交往能力提升训练的环节和工作组的任务完成提高学生的沟通交往能力；在学生会建设中，对学生会干事进行沟通能力、组织协调能力的培训；在青年志愿者协会的建设中，开展志愿者沟通技巧、开展志愿活动科学流程的培训等。上述实践的具体形式均提升了组织成员在人际沟通、组织管理、活动策划等多方面的能力，使其在活动参与中获得成长与发展。总之，学生在具体的组织活动中通过不断地体验、思考、总结、反思、升华，深化了思想认识，强化了责任意识，大大促进了学生的自我成长与全面发展，也使得学生组织育人的目标更有效地落实。学生组织成员若在组织中获得了自我成长与发展，就会形成对学生组织的认同和归属感，使得该组织更具凝聚力与感召力，最终形成组织成员对组织建设的反馈推力。

综上所述，在社会工作参与学生组织自组织能力建设的具体行动实践中，无论是提高学生组织自我管理、自我教育、自我服务的能力、促进学生组织的凝聚力与感召力还是对学生在组织中自我成长与全面发展的关注，社会工作专业背景的行动者们贯穿始终的核心价值就是注重学生组织的内源性建设。通过学生组织的内源性建设的过程，彰显学生组织育人的功能价值，所谓内源性建设的实质，即注重学生组织自身发展的主体性。主体性的自主性、参与性、成长性等多层次内涵，贯穿在自组织建设的理念、价值体系之中，贯穿在工具层面的具体干预策略之上，贯穿在过程目标和任务目标实现的每一个环节。一言以蔽之，社会工作社区自组织建设的行动框架之所以能够在高校思政工作学生组织育人领域发挥功能价值就在于其源于组织成员的主体性，依赖组织成员的主体性，并服务于组织成员的主体性。

第六章

社会工作与大学生思政工作管理服务育人

管理服务育人是一种"大服务"理念，虽然包含管理育人和服务育人两个层面，但由于管理育人的根本目的在于更好地服务育人，所以某种意义上管理育人也从属于服务育人范畴，故而将两者放在一起探讨。本章分为三部分：第一部分概括管理服务育人特征，第二部分论述社会工作的管理服务育人观，第三部分介绍社会工作参与高校思政工作管理服务育人的功能实现问题，试图从理论和实践层面发掘社会工作参与高校思政工作管理服务育人的价值。

一、管理服务育人

高校思政工作管理服务育人，以下简称"管理服务育人"，是在贯彻落实党和国家对育人总体要求，也是应对当前我国经济社会发展对高校育人工作的新变化、新要求等大背景下提出来的。本节将从管理服务育人的提出、管理服务育人的特征及管理服务育人的时代要求三个方面加以概述。

(一) 管理服务育人的提出

本部分笔者结合高校思政工作的开展，进一步了解管理、服务育人提出的历史背景，在此基础上，提出管理服务育人的概念，并对其内涵加以阐释解读。

1. 管理服务育人的背景

（1）党和国家育人要求。党和国家对高校育人的要求通过教育方针和教育目标得到体现，如 1978 年《中华人民共和国宪法》中提出"教育必须为无产阶级政治服务，同生产劳动相结合，使受教育者在德育、智育、体育几方面都得到发展，成为有社会主义觉悟的有文化的劳动者"。随后，邓小平提出教育要"三个面向""培养四有新人"的要求。十一届三中全会以后，党和国家先后在《关于建国以来党的若干历史问题的决议》《关于教育体制改革的决定》《中华人民共和国义务教育法》《中国教育改革和发展纲要》《中华人民共和国教育法》中对教育方针做过多次论述。进入 21 世纪，党的十六大报告指出："教育为社会主义现代化建设服务，为人民服务，与生产劳动和社会实践相结合，培养德智体美全面发展的社会主义建设者和接班人。"党的十七大报告在科学发展观的指导下，进一步指出：要"坚持育人为本、德育为先，实施素质教育，提高教育现代化水平，培养德智体美全面发展的社会主义建设者和接班人，办好人民满意的教育"，对于高等教育的改革和发展具有重要的指导意义。

党的十八大以来，党中央高度重视高校育人工作，统筹规划了"四个全面"和"五位一体"的战略布局。党的十八大报告指出，要"坚持教育为社会主义现代化建设服务、为人民服务，把立德树人作为教育的根本任务，全面实施素质教育，培养德智体美全面发展的社会主义建设者和接班人，努力办好人民满意的教育"。习近平总书记在 2016 年全国高校思想政治工作会议中也强调，高校思想政治工作关系着高校培养什么样的人、如何培养人以及为谁培养人这个根本问题。要坚持把立德树人作为中心环节，把思想政治工作贯穿教育教学全过程，实现全程育人、全方位育人，努力开创我国高等教育事业发展新局面。

（2）高校育人工作的发展。改革开放以来，随着我国经济社会的不断发展、科技的不断飞跃，社会对人才的需求呈现出多元化的要求，对高校人才的培养提出了更高的要求。高等学校始终坚持马克思主义为育人指导方向，坚持"四个服务"的方针，以"立德树人"为中心不断开创着高等教育育人工作发展的新局面。

20世纪80年代，国家提出了"三育人"方针，即"教书育人、管理育人、服务育人"，它是我国高等教育在长期探索过程中总结和凝练出来的思想政治教育工作的智慧结晶。"三育人"既是育人理念、要求，也是育人路径。"管理育人"，就是将学校日常管理与育人工作有机结合起来，在日常管理中体现育人功能，尤其是德育功能，把思想政治教育工作体现在管理中，通过思想政治工作制度化、建立专门的思想政治工作队伍，不断加强党在学校的领导以推动各项管理工作，在管理中强化育人功能。"服务育人"，在实践中主要是通过后勤、图书等服务类部门的工作，以他们的爱岗敬业、尊师爱生、服务师生的体系和行为，以勤俭节约、爱护公物、讲究卫生、文明礼貌热爱劳动和艰苦奋斗的作风教育感染学生，为其健康成长创造良好的育人环境，服务和教育学生。

从内涵来看，首先，"三育人"都有"育人"功能，三者共同组成了高等学校教育工作的主渠道和有机体，旨在全面贯彻党的教育方针，培养拥护党的领导、拥护党的路线的全面发展的社会主义事业建设者和接班人。其次，"三全育人"是服务于高校思想政治工作全员育人、全过程育人和全方位育人的"三全育人"大思政格局，是一个系统工程，三者密不可分，不能割裂。高校育人工作只有做到"三育人"和"三育人"才能真正健全思想政治教育工作体系，更好地促进学生成长成才。从时代发展看，"三育人"的提出处在改革开放的时代大环境大背景之下，结合了高等教育的发展规律、高校工作实际、学生发展规律和时代特点，深刻体现出高校思政工作关系到培养什么、如何培养人以及为谁培养人的根本问题，是中国高等教育发展迅速繁盛时期而取得的育人工作成果。

总之，管理服务育人作为"三育人"的重要内容，有着其独特的发展背景，是贯彻落实党和国家育人要求的需要，是高等教育发展和改革的需要，是顺应知识经济、互联网和信息技术发展的需要，是市场经济和改革开放对人才发展的需要，也是大学生成长成才的发展需要。

2. 管理服务育人的界定

1994 年《中国教育改革和发展纲要》的实施意见明确指出：要加强德育队伍建设，不断提高队伍素质，同时，要从政策和制度上保证教书育人、管理育人、服务育人的落实。管理育人是高校"三育人"的组成部分之一，对大学生的思想政治教育发挥着重要功能。2004 年中共中央国务院《关于进一步加强和改进大学生思想政治教育的意见》明确提出学校管理工作要体现育人导向，并把"坚持教育与管理相结合"，作为加强和改进大学生思想政治教育的基本原则之一，要求把思想政治教育融于学校管理之中，从严治教，加强管理，形成教书育人、管理育人、服务育人的良好氛围和工作格局。① 管理育人和服务育人是立德树人工作中的重要组成部分，管理是一个高校生存与发展的永恒主题，是高校各项工作的重要组成部分。一直以来，管理育人指的就是高校管理者在执行规章制度，开展管理活动的过程中，对大学生进行思想政治教育，管理工作体现育人导向，把严格日常管理与引导大学生遵纪守法、养成良好行为习惯结合起来，培养大学生良好的思想道德素质和行为的活动。而服务育人指通过后勤、图书馆等服务类部门的工作中的服务环节，为其健康成长创造良好的育人环境，使大学生在优质服务中受到感染和教育，特别是通过增强对学生的服务意识来达到育德育人的目标。

随着高等教育育人工作的不断发展，越来越多的高等教育界逐渐认识到：其一，传统意义上，把管理育人作用的发挥仅仅局限在管理过程中，把管理对象仅仅限定为大学生，某种程度上缩小了管理育人概念的内涵，降低了管理的育人功能。学校管理的职能是对育人实施管理，管理育人就是指学校的管理部门及其人员把育人作为管理工作的出发点和落脚点，通过一系列有目的、有计划、有组织的管理行为，对被管理者、管理者自身以及其他人员的思想道德品质和行为习惯施加影响，使之趋向于学校育人目标的过程。不难发现，由于管理的育人机制表现出间接性、渗透性、全方位性等特征，使得

---

① 《中共中央国务院印发〈关于进一步加强和改进大学生思想政治教育的意见〉》，载《人民日报》，2004 年 10 月 15 日。

其育人功能的实现，要求学校的一切管理工作都要围绕学生而进行，一切管理人员都要围绕育人而开展工作。其二，服务育人应该强调"大服务"的理念，而不应该局限于后勤、图书馆等服务部门，即高校各个工作部门都应和学生息息相关，所有工作环节都具有服务学生的意义，所有教职员工都具有服务育人的义务。其三，在"大服务育人"的视域下，"教书育人""管理育人"也属于"服务育人"的范畴。管理即服务是管理的最高境界，这种理念正逐步在企业、政府部门得到认可。那么，在教育界也应该如此，要"以学生为中心"，为学生做事。比如行政管理干部制定并严格执行好每一项规章制度，有效引导、协调和规范好学生的思想行为，形成良好的学习、生活秩序；教师上好每一节课，做好学生的学习管理工作；图书管理人员为学生提供丰富的学习资料和良好的阅览环境；后勤人员为学生的吃、住、用、行等提供优越条件。

从本质上讲，教书与管理也是服务，扩大了"服务"的内涵与外延，既能提升育人质量，又能提高育人水平。在本章中对管理服务育人作出界定：管理服务育人指的是在"以人为本"或"以学生为本"的理念下，将学校日常管理与育人工作相结合，通过思想政治工作制度化，建立专门思政工作队伍，加强党在学校的领导推动各项管理工作，为学生创造良好的育人环境(制度、生活、学习、文化环境等)以达到服务和教育学生，促进学生全面发展的管理服务育人活动的总称。因此，高校各类工作人员应该顺应时代的特点和形势发展的需要，正确认识服务育人的作用以及实施服务育人的途径，增强服务育人的主动性、针对性和实效性。

当然，对管理服务育人的内涵界定，限于本文的需要，还有待进一步继续探讨，以尽可能形成统一的看法。

(二) 管理服务育人的特征

综观高校各方面的工作可知，高校的管理、服务、育人是紧密相连、不可分割的。通过具有服务意识、育人意识的高素质的育人队伍，辅之学生文化、科学化、制度化的管理制度，依托多元化、智能化的育人载体，我国高等学校思政工作管理服务育人工作表现出如下几个方面的特征。

1. 管理科学化、制度化

随着计算机网络时代的到来，高校在学习借鉴西方发达国家高校管理经验的同时不断创新发展新的管理服务育人机制，科学化、制度化的管理来为育人工作保驾护航。首先，建立并完善了相关管理制度、培训制度、考核制度、监督制度和沟通反馈制度，促进服务工作的规范化、标准化、科学化，使工作有章可循、有据可依，有序运行。其次，建立高效的事务管理信息系统，引入流程优化中的工作流技术。通过信息化、平台化的数字信息管理系统，把学生在校期间各阶段的事务与各管理部门进行划分与匹配，达到了简化工作程序、优化工作过程，大大提高了工作效率和服务学生的质量。总之，通过人文化、科学化、民主化的制度设计和规范要求，将大大提高学生主人翁的地位和责任意识，达到预期的育人效果。

2. 工作专业化

管理服务育人本质上是育人的工作，加强学生事务工作专业化的要求，不仅是保证学生事务管理工作科学发展的基础，也是加强和改进学生事务管理工作的迫切需要。高校学生事务管理已经融教育、管理、服务为一体，是一门综合的学科、一门实践的学问，包括思想政治教育、党团建设、职业发展指导、生活安全、心理教育、贫困生资助勤工助学、奖励与处分、网络管理、健康服务、校园文化活动等一系列与大学生密切相关的非学术性事务内容。随着工作的精细化、服务的专业化、科学化要求的提高，必须有专业化运行机制，这促使管理服务育人工作者不断提升专业能力和业务素养，各高校逐步建立起一支专业化的理论研究和高素质工作队伍。事实上，学生事务管理人员具有明确的从业标准、准入机制、培训机制、晋升机制、考核机制，以此来规范和提升从业队伍的专业知识和专业技能，使他们的工作能够更好地提高育人的质量。

3. 服务人性化

高校在规范化的管理流程中，逐渐打破以管理为出发点的职能设置，开始真正转向学生事务的服务性需要，在整个工作过程中体现"以学生为本"的人性化工作理念，从根本上提升管理服务质量。充分尊重学生的个性、个体需要，在整体设计上，建立高校学生事务管理与现实生活道德资源相结合的协同机制，探索学生喜闻乐见的管理方法，争取学生对学校各项工作的理解和支持，为学生排忧解难，增强学生与学校的亲和力和对学校的归属感。在具体运行上，建立高校学生事务管理的自我教育、自我管理的内控机制，激发学生奋发有为、积极向上的动力。在服务系统开放性、协调性上，创设良好的高校学生事务管理的内外部环境和模式，建立专门的平台，开设专门的空间，使大学生事务工作可以在某一个地方集中办理。积极拓展服务到教室、宿舍、图书馆、社团组织、每一个大学生个体，让信息、物质在学生需求中流动，促进学生的成长成才。但在这个过程中，涉及各部门资源共享、人员调配等问题，需要在管理机制、人事机制等方面给予配合，将各项资源充分整合成一个整体。

4. 载体多元化

管理服务育人载体是连接教育者与被教育者的桥梁，承载着育人的目的、内容和方式。大学生需求的多样性促进服务载体的多元发展，大学生在大学生活中有多少类别和层面的需求，他(她)所在的大学和社会即可在多大程度上满足他(她)。与此同时，学校各项事务的分化和专业化发展也更加重视服务和引导的职能转变。当前，各大高校服务学生的载体呈现出载体机构分化、专业化和集聚化的趋势，集聚化本身可以节约大量的人力、物力，给学生(被服务对象)很好的体验。分化和专业化是各项事务载体系统不断走向深度发展、不断提高服务质量的保障。经过多年的探索集聚和创新发展，学校在满足大学生生活、学习、素质提升等方面形成了分层分类的多元服务载体，包括管理载体、文化载体、活动载体和大众传播载体。① 在新媒体广泛应用的时代，高校需要不断创新管理服务育人载体，有效地满足当代大学生多元化的日常生活服务需求，提高工作效率。通过积极有效的管理载体、丰富多元的文化载体、活动载体和大众传媒载体，充分利用现代化网络技术，建立网上服务体系和 App 手机软件以学生喜闻乐见的方式根据不同的教育内容选择不同的载体，从而达到思想政治教育、约束、规范大学生行为习惯的目的。比如许多高校的钉钉软件、学习通 App 课堂、智慧教室、成绩查询系统、借

---

① 陈万柏：《思想政治教育载体论》，武汉：湖北人民出版社 2003 年版，第 27 页。

书 App、青春传媒、青年大学习等载体在给学生带来生活便利的同时，也丰富了学生的日常生活，以一种无形的、润物细无声的方式影响着每一位大学生的思想和行为。

(三)管理服务育人的时代要求

当前我国经济发展进入新常态，我国高校教育也面临新的机遇和压力，迫切需要高等教育系统以综合改革为契机，找准定位，结合实际，办出特色，开创管理服务育人新格局。高校管理服务育人的宗旨是"立德树人"，因此，在新形势下，国家、社会对高等教育寄予更高的期望，也对高校管理服务育人提出新的时代要求。

1. 坚持"三全育人""四个服务"不动摇

服务育人是一项系统工程，需要整合德育资源，形成育人合力。高校要始终坚持"三全育人"，围绕"立德树人"工作核心，形成严密、立体、整合的思想政治教育模式。坚持马克思主义育人指导方向，深入贯彻落实习近平系列讲话精神，全员调动，整合资源，齐抓共管，全面展开，全面配合，真正建立起立体式的服务育人运作机制。建立党委统一领导，发挥各部门参与、齐抓共管新格局：党委统一领导；学工部、团委组织协调；强化辅导员、班主任骨干作用；发挥全体教师的主导作用；发挥行政管理人员、后勤人员的参与育人作用。

同时，在新时期高校"培养德智体美全面发展的社会主义建设者和接班人"应该始终围绕"为人民服务，为中国共产党治国理政服务，为现固和发展中国特色社会主义制度服务，为改革开放和社会主义现代化建设服务"的目标。"四个服务"是当前我国高校思想政治工作新理念，为加强和改进新形势下高校思想政治工作提供了理论指引和目标遵循。"为人民服务"要求高校思想政治工作坚持人民至上的价值取向，"为中国共产党治国理政服务"要求高校思想政治工作必须自觉维护党对高校的领导权威，"为现固和发展中国特色社会主义制度服务"要求高校思想政治工作致力于保证高校办学的社会主义方向，"为改革开放和社会主义现代化建设服务"要求高校思想政治工作必须聚焦人才培养的核心任务。

2. 重视管理服务信息化、专业化建设

信息化是高等教育发展和网络技术发展的必然趋势，也是新媒体背景下管理服务育人精细化的技术前提。当前，由于高校管理结构上部门之间相互独立，信息共享，尤其是动态信息的交互相对困难，严重滞后于教育发展对学生事务管理的要求。因此，充分利用信息技术手段，完善数字管理系统、数字服务系统、数字教育系统一级系统，构建档案系统、自我管理系统、学习资源系统、事务服务系统、学业预警系统等二级系统，有条件进一步探索针对学生个体的三级系统，可以大大规范学生事务管理工作，对信息进行标准化处理和共享，加速学生事务管理中的信息传递，提高管理服务能力和效率。通过信息化深入推进，形成信息化背景下的育人新模式，有利于促进更加科学、畅行的数字化校园建设，推进信息化服务育人再上新的台阶。

进入新时代的高校思想政治工作越发复杂多变，信息多媒体时代更是加剧了育人工作的挑战，尽管在近几十年里高校在探索管理服务育人工作中取得了一定成绩，毕竟相关研究和实践年限过短，与西方发达国家存在一定差距，加强管理服务育人队伍建设、建设专业管理团队是必然选择。首先，高校要转变传统学生工作模式，适应新时期教育发展趋势，必须加强学生事务管理专业化队伍建设。其一，不断加强学生事务制度建设和运行机制的构建，统筹协调人、财、物，系统规划教、学、实践等环节。其二，不断提升学生事务管理专业水平，体现专业化的理念、专业化的队伍、专业化的机制、专业化的水平。只有不断改革和完善现有制度、机制，才能真正实现服务育人常态化。其次，积极鼓励开展管理服务育人的理论研究。结合我国高校现有的经验，不断吸收、借鉴西方发达国家高校学生事务管理经验和路径，走出我国高校管理服务育人的新路径，构建具有中国特色的专业化的管理服务育人模式。

3. 树立"人本"的科学管理服务理念

"以人为本"是建立在马克思主义人的全面发展理论基础之上的科学的管理理念，同时20世纪中叶的人本主义教育观，强调"以学生为中心"，提倡非指导的教育原则和人性化的管理，注重良好师生关系的培育，为管理服务育人工作提供了有益的借鉴。高校对"以人为本"的管理服务理念一直呼声很高，但在实际工作中却缺乏真正理解，落到实处的更少，当前在我国高等教育面临严峻挑战的新形势下，树立"人本"的科学管理理念势在必行。

首先，管理人员应摈弃传统的"管理者"角色，做学生成长的"促进者"。树立人文关怀的精神，改变由于科层管理带来的"僵化形象"，从"教师本位"转向"学生本位"，明确"促进者"的角色定位。学生事务管理平台的构建，学生事务从业人员的选择，必须具有明确的从业标准、准入机制、培训机制、晋升机制、考核机制，以此来规范和提升从业队伍的专业知识和专业技能，使他们的工作能够很好地促进大学生的学习和发展，帮助大学生发展智力、掌握技能，从而形成健康的心理、正确的价值观和优良的品质。其次，重视管理服务育人的过程，管理人员应在本职工作中构建良好的师生关系，努力与学生形成情感共鸣，激发学生体验积极向上的情感，使师生双方达成理解与认同，在轻松愉快的氛围中发挥育人作用。最后，人性化管理和制度管理的有效衔接。其一，充分认识和发挥学生的主体作用，激发学生的个人潜能，引导学生树立自我教育、自我管理、自我服务的意识。其二，管理人员首先要回归到"管理"本位，履行管理职责，在实施管理行为的过程中，将制度管理和人性化管理结合起来，以严格的制度规范学生的行为，以柔性的管理提升制度的效力，为学生的长远发展提供有益指导。

4. 深化探索大学生参与高校管理服务的新机制

国外高校学生参与学校管理服务机制比较完善，学生参与高校管理服务的热情、积极性较高，由于我国高校学生事务管理工作起步较晚，高等教育改革实践经验尚浅，加之我国与西方文化传统的差异，我国高校大学生参与学校管理服务的热情并不高，也很少有机会参与学校发展的决策。虽然我国国内许多高校在校大学生参与大学管理进行了诸多有效尝试，但并没有形成规模效应，影响力不足。在新形势下，我国高等教育在这方面的创新改革显得极为迫切，这也是发挥学生主体作用的直接表现。

首先，高校要认识到学生参与学校管理的重要性，积极推动建立学生参与高校管理的机制。① 有学者把大学生参与高校管理分为三个层次：初级层

---

① 卢文忠、储祖旺：《论中国特色学生事务管理模式的构建》，载《理论月刊》2000 年第6 期，第 179~182 页。

次以行使知情权、监督权和建议权为核心，中级层次以行使行动权、咨询权和评议权为核心，高级层次以行使决策权、表决权、投票权为核心。其参与模式有：知情模式、行动模式和决策模式。① 主要措施具体有：完善学校的校务公开制度；完善学生代表大会制度、校领导接待日制度、学生评教制度等；构建学生行使决策权、表决权、投票权的机制等。其次，下放权力，引导学生自治性组织自主管理、自我服务。一方面，高校学生会、社团组织等由学生作为主体的正式组织可由学生自主管理，管理人员只需对学生干部队伍加以技术指导，把握思想政治教育方向，放权让学生发挥自身主观能动性，参与日常生活管理服务工作。另一方面，一些隶属于学校职能部门的专业化的机构如就业服务中心、宿管中心、学生活动中心、资助中心等，也可以大胆面向优秀学生招募、提供管理服务工作岗位，优化管理服务队伍结构，发挥学生骨干的优势，更直接、更快捷地为学生提供服务。最后，高校应组织落实好学生监督组织的建设，发挥诸如宿舍监督委员会、食堂管委会、学生生活权益委员会等组织的作用，有效对后勤、学校宿舍、图书馆等服务机构实行监督管理、建言献策，行使监督权、建议权和评议权等。

二、社会工作的管理服务育人观

社会工作行动框架下对服务对象采取的干预行动在理念层面体现了社会工作回归"人本主义"的价值追求，本节将从社会工作的人本性、服务性和预防性三个层面来阐述社会工作的管理服务育人观。

(一)人本性

在早期社会工作的专业实践中，基斯·鲁卡斯(A. K. Lucas)提出了著名的 HPU 体系。他认为，社会的主要目的是实现人的物质和情感需要，如果人的需要被满足，按照 HPU 体系所使用的词汇，那么人就会获得善良、成熟、

---

① 张向东：《大学生参与高校管理的理论与实践研究》，南昌：江西师范大学出版社2006年版，第63页。

正义或生产的状态，通过它们，人和其社会的大部分问题都将被解决。① 在现代成熟的社会工作价值中，比斯泰克、泰彻和操作定义的三大价值体系中，均把人本主义的思想作为社会工作最主要的实践价值，如比斯泰克（F. P. Biestek）指出，人的尊严和价值是至高无上的；泰彻（M. Teicher）指出，每一个人都有作为个人的尊严和价值，每一个人都应该受到尊敬和得到周到的对待。操作定义的一般大意为：个人是社会首先要关心的对象，尽管对每个人来说，他们都具有共同的人类需要，但是每一个人从本质上来说是唯一的，与其他人是不同的。②

而在我国，党的十六大把以人为本作为国家发展的基本战略，党的十七大报告中，明确指出了科学发展观的第一要义是发展，核心是"以人为本"，给高校教育发展、改革、育人指明了方向，这也成为社会工作在我国本土实践的基本价值。在实践中，社会工作专业实践的一个重要原则就是要尊重个体的价值和尊严，每个人的独特性和个别性都应当被尊重，要满足每个服务对象的个别化需要。而在具体实践中，社会工作者必须坚持人与人之间平等和差异原则，意识到每个服务对象存在的问题及其成因是不同的，解决问题的方式也应该因人而异，不能因为公式化、经验主义、教条主义的束缚而忽视个体的独特性。可以说，人本性是社会工作基本的实践特性，其延伸出来的参与、接纳、个别化、保密、真诚等社会工作实践原则，形塑着各个领域的社会工作实践，是社会工作管理服务育人观的核心内容。

（二）服务性

服务性是社会工作专业实践的又一基本属性，即社会工作的根本特性与价值诉求。③ 在以人为本的价值理念下，社会工作通过给服务对象提供专业性的服务，帮助解决其经济上、精神上、社会交往上的困难，实现"助人自

---

① 转引自王思斌：《社会工作概论（第三版）》，北京：高等教育出版社 2014 年版，第 45 页。

② 王思斌：《社会工作概论（第三版）》，北京：高等教育出版社 2014 年版，第 46～47 页。

③ 李静：《合作治理视域下社会企业介入社会服务的路径研究：逻辑、优势及选择》，载《人文杂志》2016 年第 6 期，第 120～125 页。

助"。梳理社会工作的实践发展历程不难发现，社会工作实践自诞生开始，对贫民、流浪失所人员的救助不仅仅是物质性的临时救助，而更多的是服务性救助，比如设置庇护场，将孤儿、贫困大众收容到感化所中，为其提供教育、医疗、娱乐等各种服务，开设就业培训场所，为身体健全的贫民提供就业培训等。在后来睦邻运动和慈善组织协会的推动下，社会工作专业服务实践逐步走向专业化、科学化，关注服务对象的环境系统，一方面注重服务对象道德和能力的提升，另一方面为弱势群体奔走呼号，促进社会政策层面的变革，改善社区和社会环境。事实上，在发展历程中，社会工作的实践者们始终将为服务对象链接各种服务资源和直接服务于服务对象两层服务性价值理念作为其实践的重要行动逻辑。在服务过程中，社会工作者也并不以专家自居，而是始终保持与服务对象的平等关系，牢记服务使命，为服务对象提供积极的帮助。

社会工作是助人的职业，帮助有需要的人是社会工作的天职。我们看到，所有社会工作实践都把帮助有需要、有困难的社会成员当作首要任务，通过服务性的专业实践一方面可以实现解救危难、缓解困难的助人的基本功能，另一方面也可以实现充分挖掘个体的潜能，促进其能力的提升，这也是服务性实践属性的更高要求。从社会工作实践的发展历史看，通过专业服务活动促进服务对象的增能是社会工作助人活动区别于其他专业助人活动的本质特征。

从社会工作实践助人的功能出发，社会工作促进人的发展主要是指促进受助者能力的发展，通过能力发展促进其功能恢复或增强其功能，并达致生活目标。同样，在教育领域的实践中，社会工作者面对学生服务对象时，并非将学生视为被动的受教育者，而是将其视为具有很强主体性的潜能发挥者，由此，社会工作者的任务就是为学生提供协助其潜能发展与成长发展的服务，这些服务包括外在资源的供给与内在潜能的激发等。而此种服务的最终目标当然也能达致学生教育的功能，因为服务不仅只是社会工作的实践属性，其最终目标与高校教育、育人的功能是一致的。

(三)预防性

社会工作尊重人，认为人是有潜能的，并把充分挖掘个人潜能、达致个人幸福和社会进步当作自己的工作目标。然而，潜能的激发和能力发展不仅有助于服务对象解决已经出现的问题，同样也有积极的预防性功能，对预防问题的出现也有重要意义，它不但针对个人和社会群体，对于社区建设也意义明显。在社会工作的发展实践中可以发现，相对于早期社会工作的补救性与事后性，预防性社会工作显得更具预见性与前瞻性。

预防社会工作的历史渊源可追溯到德国社会工作理论家的替尔斯（H. Thiersch），"二战"后，面对战后给德国带来的深重灾难和民众生存问题，他提出了"以生活世界"为本的社会工作理论，尝试通过理解服务对象的生活世界，去建构社会工作的任务和意义。他提出了社会工作的五个行为准则：第一，预防；第二，非集中化/地区化；第三，接近日常生活，第四，服务项目的正常化；第五，服务对象的参与权。① 替尔斯的思想对当今社会工作、社会教育学的最大影响和贡献在于社会工作的目标是确保服务对象日常生活的正常化，为此需要将社会工作"正常化"，即面对每个人服务，而不只是弱势群体；为此需要将社会工作的重点由介转向预防。② 从其思想不难发现，他对社会工作的理解就发生了重大转向，服务对象由弱势群体转向全体大众，干预的重心聚焦于防止问题的产生与恶化，而不是简单关注问题带来的负向后果。替尔斯的思想理论把社会工作"预防"的功能融入社会工作的理论与实务中，进一步拓展了社会工作的功能，使得社会工作的作用领域拓展到社会生活的方方面面。

在预防社会工作实务中，"预防"是最大限度地防止风险发生并在事前做好减轻事件损害的准备。具体而言，在社会工作实践中要做到对问题的预防。首先，社会工作者必须在问题出现之前就对其现状和发展趋势做出预测，预测个人、群体或社会组织及更大的社会系统可能发生的障碍，详细分析成因，从而设法提前予以把控；其次，要注意把握干预的时机，选择不同的干预技巧和方式将会取得不同预防的效果；最后，做好初级预防、次级预防和三级

---

① 参见张威：《生活世界为本的社会工作理论思想——兼论构建社会工作基础理论的战略意义》，载《社会工作》2017 年第 4 期，第 3~25 页。

② 高建科、冯浩：《浅析维希昂与替尔斯的社会工作思想——兼论其对中国社会工作本土化的方法论》，载《社会工作》2014 年第 3 期，第 69~78 页。

预防。初级预防，是指在问题没有发生之前进行全面、深入的基础性介入，发展有效的社会福利支持体系，包括个人的自助系统与社会环境的支持体系，以及社会工作助人体系的健全。比如，学校社会工作者在学校积极进行校园防诈骗的宣传教育，以提高大家的预防意识。次级预防，指的是在问题刚出现时就采取措施，不使其进一步恶化。尤其是公共危机或社会问题发生之后的有效介入，社会工作者在政策上代表服务对象利益发言倡导，从而确保公众的利益损失不至于继续扩大或是继续遭受更大的伤害。三级预防，源于微观临床实务领域的"三级预防"和"三观预防"的观点。国际心理卫生界在自杀预防的探索中总结出经典的"三观预防"模式。"三观预防"模式是由宏观预防（Macro Prevention）、中观预防（Meso Prevention）、微观预防（Micro Prevention）构成的全方位综合性的自杀预防模式。在预防社会工作中，社会工作者"回归服务对象的生活世界"，扮演的角色是教育者、服务对象的合作者和资源的链接者，重视与服务对象关系的培育，尊重服务对象的自愿性、参与性与主动性，搭建预防支持网络。

事实上，就高校管理服务育人工作的功能而言，服务性、发展性的工作是基础，而预防工作才是根本，其与高校的育人本质相吻合。预防性社会工作的理念与介入方法在学校社会工作中发挥了积极的建设性作用，对当下高校学生工作中的预防工作具有诸多启示意义。比如，社会工作的主动访视的传统，对现行高校学生工作应对学生的偏差行为或极端行为具有重要的作用。又如，社会工作中"人在情境中"的理念是有效开展中观预防的重要理论工具。预防性社会工作的理念与方法的亮点在于其能够从根源上有效预防大学生极端行为或极端事件的出现，有效降低高校学生工作者的工作风险，同时，更能降低高校治理中的风险。总而言之，从高校思政工作管理服务育人功能看，预防性社会工作的理论与实务可对高校思想政治工作的预防工作予以补充，拓展现行高校管理服务育人工作的预防功能。

三、社会工作参与大学生思政工作管理服务育人的功能实现

社会工作参与高校思政工作管理服务育人的功能主要体现在促进管理服

务理念"人本化"和搭构建三级预防体系，提升管理服务育人预防功能，有效提升管理服务育人质量。

(一) 促进管理服务理念"人本化"

1. 人本主义视角：一种作为社会工作参与管理服务育人的行动视角

坚持"以人为本"或"以生为本"是我国高校教育的出发点，也是教育的归宿。在高校教育、管理、服务的各个育人环节贯彻以学生为本理念，体现的是一种尊重和肯定、一种教育观念和价值取向。"以人为本"作为社会工作参与管理服务育人的行动的一种视角在实践中有以下几点要求。

第一，以学生的内在需求为出发点。需要是产生行为的原动力，而行为本身必定也是指向一定需要，以满足某种需要为目的。从需要的产生机制上看，内在因素和外部环境都会成为需要的诱发因素。其中，人本能或心理的刺激构成内部的驱动力，这是基本动力，有时，外部环境的刺激对心理的激发也可以激发人的需要。人类需要根据不同标准分为不同类型：个体需要、群体需要，物质需要、精神需要，直接需要、间接需要，刚性需要、弹性需要，以及生理性、心理性和社会性需要等。而需求是指在特定条件下人们现实的，可以指望得到的满足的需要，从抽象意义上看，每个人都会有很多需要，但是其中只有那些有望在现实条件下得到满足的需要，才会对人的行为产生实质性的影响。需要和需求是有着本质的区别的，需要是社会中生活的人在其生命过程中的一种缺乏的状态，人的基本需要，如果不能满足这种缺乏状态将损害人的生命意义。基于此，相关需求是对于一种具体需要的满足。具体而言，需要是客观性的、需求是主观性的，需要是长久的、需求是暂时的，需要具有普遍的意义、需求更多的是个体指向具体需要物品的意义。需求包含生理性的需求、心理性的需求和社会性的需求。

坚持以学生为本，从社会工作以人为本的视角出发就是要从学生的多元化需求出发，把解决学生的思想问题和其他实际问题结合起来，不仅要关注学生学习、安全、成才、择业、交往、健康生活等实际需求、现实困难，还要激发其高层次的需求，提高需求品位，引导其追求积极健康的精神需求。需求评估也是社会工作实务过程的重要基础，接案后就需要对服务对象展开需求评估，通过多方条件搜集资料进行预估，同时计划和介入之后也要对服务对象进行评估，所以说需求评估既是服务提供的基础，也是服务质量评价的依据。差异化服务理念是针对高校普遍存在"行政化""粗放型"的学生管理模式而言的。社会工作者在实务过程中通常采用的评估方法有：社会指标方法；社会调查方法；社区印象法；量表评估法，这些需求评估的方法能够有效发掘服务对象的需求，为提供干预服务打下坚实基础。

第二，培养学生参与管理与自我服务意识。当前，我国社会正处于快速发展的转型时期，新时代的大学生他们思想活跃、价值多元、富于变化、敢于尝试，而且知识多源、能力多样，粗放型的传统管理模式已不能适应学生的发展需求。从人本主义视角出发，高校思政管理服务育人工作必须适应时代要求，转变管理观念，尊重学生个性和思想的差异，关注学生发展需求，充分发挥学生的主观能动性，激发学生的发展潜能。学生既是管理者又是被管理者，在这种角色互换的过程中可以大大提高学生自我管理的积极性，增强他们的自我约束和自我教育能力，增强管理服务育人的实效。

在社会工作助人的实践中，坚持以人为本、助人自助的价值理念，充分尊重学生的尊严、价值和个体差异，注重个体的参与性，注意发掘个体、群体内在的潜力，引导服务对象全程参与整个服务过程，从中恢复功能，提高自决的能力。具体而言，个案工作从接案、会谈、制订计划、介入、评估、跟踪反馈的服务流程，社会工作者必须有案主(或案主的监护人)的参与，保持平等的对话，建立信任合作的专业服务关系，开展服务，确保服务的科学开展。尤其是在介入计划和服务效果评估的环节充分发挥案主的参与作用，充分考量案主的个体性需求，与其协商制订服务计划，服务终止时也让服务对象参与服务的评估过程，让其感受到对其主体性地位的关照。在小组工作中，从小组成员的招募(成员自主参加)到小组活动的开展，在小组活动初期，工作者也将充分注重关注每个成员的性格、特点，让其能够参与小组活动；在小组活动中期，能够引导组员选出小组活动领袖，帮助各组员找到在小组中扮演的角色，参与小组的目标任务完成活动过程；在小组活动后期，通过分享总结的环节，让组员参与、发言、分享，能够增强小组自我管理、自我服务的主人翁意识。在社区工作中，社会工作者通过社区工作方法，通过"社区营造""社区治理"等项目式活动，把社区中的人力、物力、财力资源调度起来，构建"社区共同体"；营造社区成员共同参与社区建设的和谐氛围，促进公民意识、公民精神的培育，从而达致"善治"的目标。在社区项目活动中，社区居民(村民)自身才是主体，社会工作者通过发挥教育者、宣传者、组织者、协调者、资源链接者的角色，为居民主体搭建舞台，让他们自己发挥自我管理、服务自己的能力，这也是对人本主义理念的充分诠释。

第三，注重情感交流的过程体验，营造富有人文关怀的育人环境。从人本主义视角出发，管理服务育人工作须充分考虑教育者、教育环境对受教育者个体和团体行为的影响，通过师生之间的情感互动的过程体验，营造富有人文关怀的育人环境，从而达到"润物无声"、潜移默化的育人效果。一直以来，人本主义理论家高度重视教师和学生交互作用的心理气氛，他们认为，学习是一种"人际的相互影响"，和谐的师生关系是教学、育人成功的关键。管理服务育人是师生之间相互作用、相互影响的情感交流过程，是师生之间平等对话的交往方式，这种方式能够激发学生体验积极向上的情感，使师生双方达成理解与认同，在轻松愉快的氛围中发挥育人的作用。基于此，管理服务工作者通过提高自身的精神素质、业务水平和人格魅力，在管理服务学生的过程中构建良好的师生关系，尊重每一个学生个体差异，关注他们的知识能力、性格情感、需求理想，努力与学生形成情感共鸣，能够营造富有人文关怀的育人环境，让学生能够从心灵深处认同大学教育的理念，形成归属感。

社会工作是有温度的专业和职业活动，强调"用生命影响生命""赠人玫瑰，手留余香"的价值理念。在专业实践活动中，社会工作者通过其价值操守、伦理原则和专业精神，给服务对象产生一种独有的"心与心交流"的情感体验。具体而言，首先，社会工作者充分尊重主体的个性、个体需要，从优势视角出发，让服务对象发现自身的亮点，对服务对象的价值观不予非理性信念不予评判，接纳服务对象，真诚毫不保留地公开信息，和服务对象建立起合作信任的关系，让案主获得安全感和信任感。其次，在服务过程中，社会工作者营造安全、安逸、舒适的工作环境和富有人文关怀的活动项目设计，通过支持、沟通、鼓励等肢体语言和澄清、对焦、同感、共情等实务技巧能够进一步让案主获得一种深度有价值的"情感互动"，拉近与服务对象的距离，提高服务的有效性。最后，社会工作者在服务中传递其对专业价值的坚守、认真负责的工作态度和持之以恒的工作使命的精神能够彰显出独特的"育人力量"，让学生能够积极培养志愿、奉献、关怀、服务的人格品质。

高校思政工作管理服务育人最终是做人的工作，在各个环节需体现"人本主义"的视角，从宏观的整体设计和制度的安排，到微观的学生服务管理，除了营造一种双向沟通、对话的学生参与学校管理的氛围外，更需要形成一种人文关怀的环境，通过看得见的、直接的、面对面的情感交流体验来达到育人的目的，这也是大学存在的理由和归宿。

2. 社会工作参与促进思政队伍管理服务理念"人本化"的行动实践

如前所述，人本主义视角给社会工作参与管理服务育人提供了一个思维框架，在这样一个框架下，具有社会工作专业背景的学生工作者在管理服务育人工作中通过促进思政队伍管理服务理念"人本化"的转变，来提高管理服务育人质量。

（1）需求评估意识的强化。需求评估是社会工作开展实务行动的重要环节，直接影响着开展活动的效果与质量。在传统的高校思政管理服务育人工作中，由于对人本理念的理解的片面性和表面性，往往不能很好地在具体工作中做到管理服务工作前的需求评估。在访谈中，多位具有社会工作专业背景的受访者谈及其把社会工作需求评估的意识融会到管理育人的工作实践中，促使思政队伍人本价值理念的培育与优化。

案例 6-1：班级管理要求评估（一）

Z 老师：我在当副书记的时候每次召开班主任工作会议的时候，都会主动给年轻班主任分享自己利用社会工作专业方法管理自己班上事务的一些经历。比如大学生从大一到大四每个阶段，学生的需求是不一样的，大一主要就是适应大学环境，尽快地适应大学群体生活和学习，大二的主要任务就是学习以及人际关系的处理……所以我们班主任在管理自己班级的时候，一定要做好调研，深入学生课堂、宿舍和第二课堂去了解学生的需求，适时做好班级的引导，切不可一刀切，盲目借鉴其他班级的经验而不加任何反思。没有调查就没有发言权，我们有的时候过于相信纸面的东西和一些文字、公示，却忽视了对学生的了解和观察。这样一来，我们院的班主任工作做得非常扎实，有的从专业背景出发开展符合专业特色的活动，有些班主任针对学生读书兴趣浓厚开展常规的读书分享交流会，有的班主任针对大三学生面临考研还是就业的困惑，组织答疑交流会，很好地满足了学生的需求，得到了学生的积极肯定。

案例 6-2：班级管理要求评估（二）

M 老师：我在做班主任的时候，记得当时我带的班级获得"最牛考研班"的称号，上线率当时在我们学校高居榜首，当时在优秀班主任的分享交流会上，当问到我有什么秘诀的时候，我笑着说，哪有什么秘诀，我是真正地把学生们当作自己的孩子看待，我对每一个学生都非常熟悉，他们都乐意与我分享。学生选择考研的时候，我会和他们一一谈话，了解他们的内心想法，以一个过来人的身份去帮他忙分析利弊，让他们明晰自己内心想要的，做出选择。当学生备考过程中出现情绪波动、压力或懈怠时，我并不会一味责备或追问，而是做好准备工作，找到合适的时机去做学生的工作。至于说经验我想说的是："有的放矢，不打无准备的仗，付出和回报是成正比的。"后来，我的做法深深影响了后面几届的带班班主任，把这样社工的专业理念和做法融合到班级的管理工作中，这种模式得到了学生的认可，学生的反馈很好，并且在学习考研工作中也取得骄人的成绩。

这两个案例分别是 Z 老师和 M 老师的工作经历自述。两个案例中都提到从学生的主体出发，注意发掘学生的需求，注重工作背后的准备工作，深入学生的日常生活和心理世界，做足功课，在开展班级管理工作的时候取得了较好的效果。通过班主任工作会议和交流，使得社会工作立足需求评估、做好调研的做法，得到其他班主任的借鉴和采纳，与其说是工作路径的采纳倒不如说是"人本理念"的优化，使得其在以后的班级管理工作中也取得了很好的育人效果。从客观结果而言，正是做好了班级管理前的需求评估等工作，强化了这一意识的培育，才使得管理队伍的人本理念进一步得到体现。

（2）管理——治理的理念转变。在传统的管理育人工作中，由于科层制的影响，高校管理服务育人的工作较多的侧重行政管理工作，而忽视了育人，"去行政化"的目标并没有完全落到实处，许多高校在引导学生参与学校的管理也十分有限，由管理向治理的转变，进一步凸显学生的主体地位还有待进一步加强。而"治理"思想中，高校思政工作可被重新定义，学生及组织不再是工作客体，而转变成重要的治理主体，学生主体性需被充分调动与挖掘，而学生工作的管理方式不再是自上而下的行政管制，而是上下融合式的"协同善治。当前，三全育人"的管理服务格局正是体现这一治理理念的最高境界，建立党委统一领导，发挥各部门参与、齐抓共管新格局即党委统一领导；学工部、团委组织协调；强化辅导员、班主任骨干作用；全体教师的主导作用；行政管理人员、后勤人员、大学生的参与。笔者通过访谈，搜集到国内某些高校在充分发挥学生主体性作用参与高校管理服务事务中的一些先进经验和做法，如一站式服务平台、学生社区组织的建设等行动实践正是通过学生参与高校服务管理，促进自我管理、自我服务能力的发展，来推动思政队伍的人本理念的培育和优化。

案例 6-3：社区中心参与管理服务育人工作（一）

在我国"三全育人"的背景下，为了进一步加强后勤保障服务融入大学生思想政治教育，我国广东省 DG 某大学以"知行合一，立德树人"为目标，以学生宿舍为基点，成立了学生社区知行学院。该院因学生而设，教学内容因学生而变，工作因学生而行，并通过自上而下的方式引入学校之外的社会工作机构的专业服务参与学校思想政治教育工作，并与知名教授、老师、社工、社区服务管理员、"导生"组成的工作团队，来促进学生社区的建设与管理。该院下设综合办公室、杨振宁创新班、人文素质教育中心、社工服务中心、心理发展中心和 7 个社区分院，以社区为依托，达成大学生服务管理社区化、价值引领生活化、素质养成场景化的目标。

　　每个社区都由一至两名院长或副院长(教授)、六名社区辅导员、两名驻校社工、社区服务管理员以及"导生"共同组成工作团队,来开展管理服务工作。社区成员牢记"管理有温度、服务有尺度、教育有深度、引领有高度"的社区服务定位,专业社会工作者参与社区营造和发展,通过在社区开展课程教学、第二课堂教学,推动教学融合;开展社区文化建设,推动社区内多学科学生的交流,提升学生综合能力;为学生提供更优质的心理健康服务;协同相关部门、各二级学院推进学生社区的管理,建设有利于学生成长成才的家园。

　　在每一个社区,社区都有自主制定的院训和 logo,还有丰富多彩的文化长廊和特色文化,除此之外,各社区还配备自助服务室、学习室和活动室,相当于生活区的功能,为学生提供饮食、看书、交友和休息的空间。值得一提的是,这里的功能是通过向全校招募志愿者进行自主管理,同时服务一体化,即三室是面向全校不限男女,使得社区更具吸引力与活力。各个社区逐步建立起学生自我服务、自我管理的运行机制,学生都可以参与社区服务和社区活动。社工通过整合多方资源,招募大学生开展系列社区文化项目,如丰富多样的讲座、沙龙和活动进一步满足社区学生美好生活的需求,以营造和谐、温馨、自我管理、自我服务的社区文化氛围,增强社区成员对社区的归属感和参与感。在这个过程中,学生也得到了自我锻炼和成长的机会。

案例 6-4:社区中心参与管理服务育人工作(二)

　　山东省某大学利用其专业社会工作的优势,最早在其大学开展专业化学校社会工作服务,创建了全国第一家学校社会工作服务中心,该中心面向学校师生提供社会工作专业服务。中心工作人员由社会工作专业教师任督导,社会工作专业高年级学生优秀志愿者任见习员和工作人员,服务对象主要是学院的学生,然后也面向社会。在校内,主要开展的服务项目有:大学生环境适应问题、专业方向选择题、恋爱交友问题、职业生涯设计、学生心理问题和社区建设等。在校外社区,其社会工作服务中心还利用社区工作的专业方法积极参与周边地区一些小区的建设。

社会工作系的师生利用这样一个平台为全校学生提供专业服务。

服务中心成立以来，线上热线和多功能室等接待来访人员的数量呈明显上升趋势，还成功举办了一系列颇具特色的团体活动和大型学生活动，积极参与校园周边社区的建设活动也大大增加了社区的凝聚力，深受社区居民欢迎。中心极具特色专业服务和项目活动不仅获得了校方与学生的颇多赞誉，得到了社会媒体和上级相关部门的好评，更取得了良好的社会效益，在全国的社会工作界获得了广泛的赞誉，并有几十家高校前来学习经验。

有学校领导指出：大学在学校社会工作服务中心的实践探索中，可以看到学校社会工作在高校有它生存的空间和发挥优势的土壤，关键在于如何去挖掘。

上述两个案例分别介绍的是国内广东和山东某大学，通过引入社会工作服务中心，发挥专业社会工作的优势，参与高校的学生管理服务育人工作。社工中心作为一支专业力量引入高校为学生开展生活适应、人际交往、团体辅导、心理援助、职业规划等服务的学校社会工作在国外早有实践。而在中国由于社会工作发展的历史有限，其专业权威和在高校的接纳度还存在极大困难，也面临着尴尬的角色定位。虽然现有的学校社会工作内容与体制中与在党委领导下的高校学生工作系统存在一些重叠(现有体制中的学生工作系统囊括了学生在校学习、生活的广泛领域)但由于高校学生工作系统的自身特点的制约，在开展管理服务方面工作的时候，很难有效帮助学生解决个人发展、社会适应、情感和人际交往方面的实际问题。相对而言，学校社会工作作为一项成熟的专业服务，可运用个案、小组、社区等工作方法，调动学生个人、家庭、学校及社会的相关资源解决学生面临的困境，这样不仅能使学生顺利完成学业，而且能增强其社会适应能力，增强育人的效果。可以看到，上述两所高校在探索将社会工作引入高校管理服务育人的工作已经卓有成效，能够获得学校的积极认可和媒体宣传。现今国内引入社会工作服务的高校越来越多，介入的领域也越来越广，涵盖学生的思想教育、素质教育、心理健康教育、贫困生工作、学生社团工作、学生社区工作、志愿者发动与培训等方面的工作。社会工作专业服务的引入能够促进高校思政工作管理服务育人队伍实现从"管理——治理"的"人本理念"的进一步转变，能够推动行管管理机构进一步放权、去行政化，实现角色职能的有效转变，提高管理服务育人的实效性。

（3）注重情感交流，提升精神素养。前面论到，高校的工作者在管理服务育人工作者通过人本理念的培育和优化，注重育人过程的师生情感交流，用自身对工作使命、责任感和奉献、服务精神，能够营造一种良好的人文环境，增进育人的实效。在现行的高校管理服务育人工作中，工作员在行动实践中往往陷入一种政治性、经验性、任务性的路径依赖，而缺乏对学生的情感交流与共鸣，限制了管理育人作用的发挥。具有社会工作专业背景的高校工作者是一支具有人文情怀和社会工作精神素养（体现在其专业责任、使命感、奉献意识、服务意识，人文情怀，挑战创新精神等）的队伍，在行动实践中会极其注重与服务对象的心理、情感交流对话，产生情感共鸣，进一步突破固有的高校管理服务工作思维框架，重构管理服务育人的工作意义，提升育人水平。

案例 6-5：管理服务育人中"人"的核心作用（一）

L 同学的一段自述：

我觉得我们专业的老师都很认真负责，跟着老师们做志愿服务项目的时候，老师们从来没有缺席过一次例会；会上会让我们做分享，会下也会找到我们指出我们每个组员工作中的优点和不足。尤其是，他们会把一些生活中做人的道理和一些人情世故不厌其烦地告诉我们，比如"在学校，我们老师还会包容你的错误和纰漏，以后出入社会了谁还会容忍，做任何事情都要事事有回复、有交代，这样才能给你的团队成员树立令人信任的形象"。记得我在一次夏令营活动中担任结营仪式的主持人，当时组员们认为我的普通话讲得好就推选我，准备了多次，我第一次彩排的时候非常紧张，说不出话，感到非常挫败，也影响到了整个小组的工作热情。因为主持的角色非常关键，T 老师看到大家非常焦急，通过团体辅导的方式让大家把心里的压力和担心和大家分享，大家一起商量解决，并通过趣味的团队游戏让大家彼此鼓励支持，增强工作的信心和动力。在团队辅导后，老师又单独找到我，并亲自指导我的主持，教会我一些主持工作的小窍门和克服紧张的技巧。最后临走前还给我点了一份外卖，让我特别感动，使我有了更强的自信心。后来我们组的结营活动非常顺利，得到了活动方的大力赞扬。我们都非常开心，最重要的是我们增强了信心。老师的指导让我们提高了控场和应变能力，以后的学习工作中也会从容应对。

案例 6-6：管理服务育人中"人"的核心作用（二）

Q 同学回忆：

我们的学院实行的是管理社区化的方式，学院就像我们的家一样，我们生活中可以向院长、老师、社工、社区服务管理员、学长学姐工作团队寻求帮助。他们身上都有一种共性，即特别具有亲和力，非常有耐心地给你提供帮助，即使自己不能提供帮助也会帮你链接其他的资源，让人很放心。看着他们的工作笔记都有详细的登记、记录、反馈表，会给每个学生提供不一样的服务计划，感觉特别有"仪式感"，让你觉得自己很受宠。我们每周、月、季度都有主题丰富的活动，平时可以在领悟茶道时向院长请教，可以在第二课堂中和老师探讨人生方向，可以在团辅、心理游戏里与学长学姐们追寻生命价值，可以在朋辈讨论中与同窗建立社区公约，每次说给其他学院同学听的时候他们都非常羡慕。我们生活在这样的学院社区中，老师们、社工、服务管理员和学长学姐们，都给我们树立了很好的榜样示范，我也觉得我们院从里到外透露出一种浓浓的人文关怀的气息，走进去就感觉不一样，别的学院虽然基础设施比较完备，文化宣传也做得很大气上档次，但是我觉得最重要的还是要有人文关怀气息，能够给人一种舒适感和归属感，自己也愿意在这样的环境中学习，以他们为榜样，内化到身心，给低年级的同学也做好榜样，传递积极的正能量。

上述两个案例分别是两位社会工作专业背景的学生回忆起大学的学习生

活经历时的自述，第一个案例展现了以 T 老师为代表的社会工作专业教师团队，在日常工作中的管理服务育人的一些做法，可以看到他们从社工的行动理念出发，突破了传统的学生工作的思维，把学生当作自己的服务对象进行介入，帮助其解决困难，发展潜能。在这个育人的过程中，通过和学生的心理情感交流，走进其心理世界，增强其自信心，并给学生树立了良好的精神形象，展现出育人的精神引领作用。在第二个案例中，Q 同学描述自己大学学院社区管理化的环境时，津津乐道。在这样一个富有人文关怀的学院氛围里，让自己和同学们非常有归属感、自豪感。两个案例向我们传递了这样一个道理，高校管理服务育人要注重环境的建设，怡人舒适的教学、生活、学习硬件环境是基础，而关键还在于管理服务育人，"人"的核心作用，一支具有高素质的富有精神气质的专业队伍，能够使大学的育人环境更具"人文关怀"和"生命影响力"。

本章这 6 个案例阐述了具有社会工作专业背景的工作者或院校（引入社工服务参与管理服务育人）在管理服务育人行动实践中，分别从需求评估意识的强化、管理——治理的理念转变，以及注重情感交流、提升精神素养三个层面进一步促进思政工作队伍"人本理念"的培育和优化。在我国许多高校，具有社会工作专业背景的高校工作者在不断丰富探索着用自身的专业优势来进行育人的行动实践，进一步丰富了高校管理育人的理念和行动路径，其所取得的效果也是明显的。

3. 社会工作促进思政队伍管理服务理念"人本化"的内在逻辑

第一，党和国家教育方针下高校思政工作的改革与创新的发展需要。党和国家的教育方针多次强调"以人为本"的教育理念，十八大以来高校在"三全育人"的思想政治教育工作大格局下，始终坚持以"立德树人"为中心，把培养什么人、如何培养人以及为谁培养人这个根本问题放在首位，时刻牢记育人任务，遵循这一中国特色社会主义办大学的基本原则。在理念层面，围绕着这一宏大目标，高校秉承服务性的育人理念，"以学生为本"，将学校的办学目的从"管理"向"服务"转变，学校所承担的角色也由传统的权威的纪律管理者向学生的合作教育者的角色转变，增强管理者的服务意识，并将对学生的教育深入为学生服务中去。在实务层面，高校不断构建全面的组织体系和服务体系，突出为学生全面服务。

从社会工作的行动框架而言，注重人本主义的价值导向是其重要的思想渊源，强调服务对象的主体性，在实务中尊重服务对象的尊严和价值，平等对话，并促进服务对象自我潜能的发掘和能力的提升，达到"助人自助"。其延伸出来的基本原则如个别化、非评判、保密、真诚等原则以及实务中的具体干预技巧都有效遵循了这一基本价值。可以说社会工作作为一门专业和一种职业，其高度重视人的价值，崇尚人的尊严的理念和其在实务中展现出来的专业精神和业务素质是它区别于其他职业的主要特征。就此而言，在价值目标上，二者是耦合的，这也正是给社会工作参与提升思政队伍"人本理念"的优化提供了一种适切选择。

第二，高校管理模式从"管理"向"治理"的转变提供了社会工作参与高校管理服务育人工作的契机。20 世纪 90 年代以来，西方国家在全球化、信息化、政府规模过大、管理失灵及公民社会崛起等多重压力下，兴起了一场公共管理领域的大变革，其变革的核心就是管理模式从"管理"向"治理"的变更。"治理"作为公共管理学的新思想，其运用范围不仅仅局限于政府主体，其广泛运用于企业基层社区、学校等管理主体，因此，也成为目前我国高校管理模式创新的一种重要路径和发展趋势。在"治理"思想中，高校管理服务育人工作可被重新定义，学生及学生组织不再是工作客体，而转变成重要的治理主体，学生主体性需被充分调动与挖掘，而学生工作的管理方式不再是自上而下的行政管制，而是上下融合式的"协同善治"。在这种宏观背景之下，高校管理模式的转变给社会工作参与高校管理服务工作的实践提供了重要空间，一方面，学校不断整合各项为学生服务的功能，建立完整、科学、操作性强的学生事务规范和准则，学生管理服务工作既体现以人为本、精细服务的理念，也体现依法管理、权责对称的思维。另一方面，建立健全的组织服务机构，成立专门的学生心理咨询和辅导中心、健康服务中心等机构，并且在学生之中，还可以建立学生活动中心、党团工作中心、就业指导中心、学生工作常务办公室等部门来为学生提供服务，引导学生自我管理、自我服务，发挥学生在学校管理与教育中的主体作用。

第三，高校思政管理育人工作队伍育人手段专业化和科学化的需要。一直以来，高校学生管理工作者在工作中依然延续着一种行政性、任务性和经验性思维传统，此种指向下的管理服务工作需高度统一自上而下地贯彻上级的要求与任务，在此过程中，极易导致工作者的行动以工作任务为取向而忽视其服务效果。随着高校思政工作的改革与发展，不断对育人提出新的要求，尤其是在实践层面，不仅需要管理服务队伍具备出色的工作能力和人文素养，还需要掌握科学的、专业的服务手段和方法技巧。社会工作的专业发展历程中经历了经验性迈向专业性与科学性的发展历程，不但具有对工作对象施予人文关怀的价值理性特质，而且具有保证工作效果与效率的工具理性特征，其强调程序上的专业性与科学性特质正好契合了现阶段要求提高管理服务育人工作效果与效率的发展趋势。

工作手段、方式的采用只是工作理念思路转变的外化表征，在上述案例中，具有社会工作专业背景的工作者在开展管理服务育人工作时，坚持以人为本的价值导向，利用其专业原则、方法和技巧，大大提高了育人的科学性与实效性。因此，就育人手段方法层面而言，若能将社会工作专业所积淀下来的具有较强专业性与科学性的方法、技巧与程序整合进现有高校管理服务工作的行动框架和实践逻辑中，或许更能深化管理服务育人队伍对"人本理念"的理解和重构。

(二) 构建三级预防体系，提升管理服务育人预防功能

构建三级预防体系，提升管理服务育人预防功能是社会工作参与管理服务育人的另外一项重要功能，本部分包含三部分内容，第一部分介绍社会工作的本质特征和基本功能，即预防性；第二部分进一步介绍社会工作参与构建三级预防体系，提升管理服务育人预防功能的行动实践；第三部分论述构建三级预防体系，提升管理服务育人预防功能的发生逻辑。

1. 预防性：社会工作的本质特征与基本功能

(1)社会工作中"预防"的思想渊源。梳理社会工作早期的发展历史，我们可以看到诸如"预防贫穷协会""预防儿童虐待协会"等组织，可见，预防的思想早就体现在社会工作实务之中了。预防社会工作的历史渊源可追溯到德国社会教育家，也是社会工作理论家的替尔斯，他提出了"以生活世界"为本

的社会工作理论，重新建构起社会工作的任务和意义。国内学者高建科、冯浩指出替尔斯的思想对当今社会工作、社会教育学的最大影响和贡献在于"社会工作的目标是确保服务对象日常生活的正常化，为此需要将社会工作'正常化'，即面对每个人服务，而不只是弱势群体；为此需要将社会工作的重点由介入转向预防"。① 替尔斯的"以生活世界为本"的社会工作理论开启了预防性社会工作之门，使"预防"的功能融入社会工作的理论与实务中，这拓展了社会工作的功能。

在现代社会工作中，社会工作教育和实践都越来越重视预防。在教育层面，1959 年美国社会工作教育委员会资助的《课程研究》中提出，社会工作实践的作用可以划分为三种，其中第 3 种就是预防社会功能失调。美国社会工作教育委员会《教育政策与鉴定标准》（2008）论述总体实务的定义时，提出"评量、预防、干预和评估模式……实施能提升案主能力的预防性干预"，在阐述社会工作实务的 10 项核心能力时，提及"总体实务工作者……使用一系列预防和干预的方法"。此外，在《中国大百科全书·社会学》关于社会工作的定义中以及国际社会工作者联盟在述社会工作的使命时，都提出了预防性社会工作实务相关的问题。1979 年 10 月，美国社会工作教育委员会举行"社会工作教育中的预防"项目于会议，重点讨论了开发一级预防课程问题。此外，还创办了《社会服务工作的预防》刊物。在实践层面，历届美国政府均注重减少和预防诸如青少年犯罪、吸毒、酗酒和虐待儿童等社会问题。1961年，美国国会通过了一部预防和控制青少年不良行为的法律，每年提供 1000万美元鼓励有助于解决或预防这类问题的示范性、实验性和培训性活动。1962 年，约翰·肯尼迪谈道："公共福利一定不能像海难救援工作一样，仅仅打捞起遇难者的尸骸，它的重点一定要逐渐指向预防和康复。"《社会保障法》修正案加入了预防作为一个新的重点。1963 年 2 月，其明确要求拨款增建用于减少和预防心理疾病的社区心理健康中心。

（2）预防社会工作的相关概念。在现代社会工作中，预防是社会工作的重要功能之一。预防指的是社会工作者和其他人为了最大限度地减少和消除

---

① 高建科、冯浩：《浅析维希昂与替尔斯的社会工作思想——兼论构建社会工作基础理论的意义》，载《社会工作》2017 年第 4 期，第 69~78 页。

这些导致或催生生理、心理、社会疾病或问题的因素所采取的行动和措施，其中包括建设有利于个人、家庭和社区满足其合理需要的社会环境。

预防性社会工作就是在问题或危害出现之前的主动介入，相对于早期社会工作的补救性与事后性，预防性社会工作显得更具预见性与前瞻性。此外，预防社会工作的目的是增强人的潜能，维持和保护个人的心理资源，提升人的能力，这些能力有助于人们避免或克服生活中可预测和不可预测的问题。预防性社会工作使用主动而非被动的方法，要做到对问题的预防，社会工作者必须在问题出现之前就对其现状和发展趋势做出预测，详细分析成因，从而设法提前予以控制，把问题消灭在萌芽状态或根本不让问题出现。换句话说，要预测个人、群体或社会组织及更大的社会系统可能发生的障碍，就要预测对其可能产生伤害或阻碍社会进步的任何潜在因素，以便对症下药，不使其成为现实或继续发展而对其构成危害。

在预防社会工作的理论中，有关预防等级划分的论述是其中重要组成部分之一，对预防社会工作实务的开展产生重大影响。预防工作通常可划分为两个等级，第一，采取适当的行动，防止个人、家庭或社区问题的发生。这是初级预防，初级预防能够从根本上预防问题的发生，是预防的最高境界。初级预防的社会福利措施包括开发各类有益的保险项目、开展各种有益的社区活动、建设有利于健康的社区环境(如卫生设施、娱乐中心、公园等)。比如，社会工作者在区中积极进行盗窃的宣传教育，以提高大家的预防意识。第二，个人、家庭或社区问题已经存在或发生，在问题刚出现时就采取措施，不使其恶化，这是二级预防。二级预防是在问题发生之初，社会工作者就能够积极主动地介入其中，防止事态的进一步恶化，使问题对他人的影响最小，把危害控制到最小的状态。

就宏观结构主义的实务而言，预防社会工作在当前我国和谐社会的建设中的作用举足轻重。初级预防可理解为社会工作者积极主动地进行各种形式的社会宣传与教育，以提高公民的各种预防意识。二级预防是在公共危机或社会问题发生之后的有效介入。社会工作在政策上代表服务对象利益，要求社会工作者具有高度社会责任感与洞察力，及早确定问题的存在，从而确保在公共危机或社会突发问题时候，公众的利益损失不至于继续扩大或是继续遭受更大的伤害。从微观的临床实务领域，预防社会工作在具体的临床实务中有"三级预防"与"三观预防"的观点。三级预防亦称临床预防，是社会工作者或其他专业人员为帮助案主从疾病或问题状态复原，并使案主获得足够的力量去阻止疾病或问题复发而采取的行动和措施。三级预防的主要形式是对症治疗和康复治疗（包括功能康复、心理康复、社会康复和职业康复）。大多数形式的临床干预是三级预防形式。

可见，首先，在预防社会工作实务中，无论是结构主义层还是临床层面，都需要划分为不同层面予以介入。其次，预防社会工作实务要关注人与社会环境的相互作用。而无论哪个层面的介入，社会工作者都需要积极地、主动地亲近服务对象的"生活世界"，关注人的各个阶段人与社会环境之间的相互作用，从微观、中观和宏观等各个层面，通过把日常实务与预防实务有机结合，预防性实务促进积极结果、避免消极结果的发生，最大限度地发挥社会工作的功能、满足案主的需要。

（3）社会工作预防性行动框架下的管理服务育人的预防性工作。现代社会某种意义上是一个风险社会，高校作为一个特殊的"小型社会"，生活在现今复杂的社会环境之下大学生也存在着不可预知的风险，这种风险可能来自虚拟网络、周边社区的治安环境、社会的不良风气和糟粕低俗的文化等。就高校管理服务工作的功能而言，加强预防管控工作，为大学生营造安定和谐的生活学习环境是重要任务之一，尤其是预防学生极端行为的出现和突发事件对学生造成的不利影响或伤害，更是关键任务所在。高校在管理服务育人过程中，通常采取相关制度、规定的完善来达到对学生偏差行为的约束和管控，由此达到预防的作用。传统意义上的制度化管理，实际上是一种"刚性管理"，其特点就是以任务为中心，利用约束、监督、惩罚、处分等手段来创设一种环境，达到预防的功能。不难发现，通过这样一种机械化的管控方式达到预防作用的目标，是有明显短板的：首先，刻板的规章教条容易使学生产生逆反心理，并不会从内心深处去接纳认同，从而很难将学校的意愿转化为个人行动。其次，对于管理行动者而言，由于受僵化的制度规定、任务性、线性的工作思维影响，在预防工作中会缺乏创新性和应变性，会降低预防工作的效果。最后，在这样的制度管理框架下，日常预防性的工作聚焦之处往往是补救性的，即等学生出现问题之后，再对问题进行处理。虽然在形式上学校、二级单位、学工、后勤、保卫处等都有相关完善的保障机制，处理突发性事件过程中会发现，预防工作的有效机制是缺乏联动的，相互之间的责任意识也是不够明确的。

在高校管理服务工作中，预防工作才是根本，与高校的育人的本质也是相吻合的，如果能够把风险扼杀在萌芽状态是治理服务的最理想结果，如果等到学生问题出现后才进行"亡羊补牢"、寻根问责，其预防的功能往往难以发挥，或者说作用是乏力的。如此一来，这样不但给学生的管理带来了巨大的难度，同时，更背离了学校以人为本的教育宗旨。从功能主义视角来看，做好预防工作可以大大降低管理工作中的风险，其隐性功能是显而易见的。长期工作在学生一线的学生工作者通过自身的探索在预防工作的理念、方法上也付出了大量实践，取得了一定成效，一定程度上有助于缓解学生工作中的心理压力、焦虑、失眠和紧张感，但整体上讲，现行高校学生工作从体制到工作理念再到方法上并未探寻到较为行之有效的预防路径。

预防是社会工作专业的应有之义，在预防社会工作实务中，并非在工作的价值理念、知识体系或工作方法技巧上与其他类型的社会工作有重大区别，而在于其在干预时机上分为初级、次级和三级。紧密关注人与社会环境的互动关系，从微观、中观、宏观采取干预行动，发挥社会工作预防的功能，可以提升服务的科学性和有效性。在预防性社会工作实务中，预防性社会工作的理念与介入方法在学校社会工作中发挥了积极的建设性作用，对当下高校管理服务工作中的预防工作具有诸多启示意义。比如，社会工作的主动访视的传统，及时发掘服务对象在不同发展阶段可能出现的问题，识别和发现处在危险情境中的人们及其需要，对现行高校管理服务工作应对学生的偏差行为或极端行为具有重要的作用。又如，社会工作中"人在情境中"的理念是有效开展中观预防的重要理论工具，增强案主对压力的抵抗力，消除或减轻环境的压力，开发和使用有利于案主的环境资源；调动一切个人、家庭和社区的积极因素，在问题出现之前主动介入，努力消除环境中不利于人的成长和适应性功能运作的消极因素，促进环境对个人成长的有效支持。总之，预防性社会工作的理念与方法的优势在于其能够从根源上有效预防大学生极端行为或极端事件的出现，有效降低高校管理服务工作的工作风险，同时，更能降低高校治理中的风险，提升管理服务工作的预防功能。

2. 社会工作预防性行动框架参与高校管理服务育人的行动实践

预防性社会工作的理论与实务可对高校管理服务工作的预防工作予以补充，拓展现行高校学生工作的预防功能。笔者及同行工作者在学生事务管理中借鉴三级预防的相关理论模型，进行了多方的经验探索，社会工作促使高校学生工作预防功能的提升的具体实践在以下三个方面得到体现。

（1）初级预防——积极主动的事前教育。在预防性社会工作中，初级预防的本质就是在问题或危险发生之前通过公众教育、宣传，提升民众在社会生活某方面的自救意识与危险防范意识，使其在意识与能力上做好应对问题与危险准备。就上述观点而言，在高校管理服务工作的实践中，初级预防的意涵理解为对其服务管理的群体——大学生进行积极主动的事前教育，以提升其在大学生活中应对问题与风险的能力。下面的案例是笔者搜集到的同仁基于预防社会工作的初级预防思想，运用社会工作专业方法开展事前教育活动。

案例 6-7：管理服务育人中的初级预防机制（一）

各大高校几乎都把新生的入学教育工作作为学校重点部分来抓，西方很多高校专门设立了教育机构负责新生入学教育及适应工作，而我国普遍缺乏这类机构。新生刚刚入学，会面临心理压力大、学习不适应、人际关系紧张以及对环境的不适应等问题，这给管理育人带来了一定难度。据我所知，我们国内有些高校依托社会工作服务中心、心理健康咨询中心联合学校相关学生工作部门，联合开展针对大一新生的系列小组活动，得到不错的效果。我们院从 10 年开始，利用社会工作专业的教师学生团队，每年会在全校各个院系的新生中开展大一新生适应系列小组活动。系列小组涉及认识大学、生活适应、人际拓展，校园安全、时间管理等主题。具有社会工作和心理学专业背景的教师和高年级学生组成工作组，根据大一新生不同的需求制订小组计划，分期开展，活动的形式丰富多彩，有互动游戏、情景表演剧、户外拓展等，活动设计紧密结合大一新生，让他们能够在小组活动中掌握人际交往的技巧、学会合理管理自己的时间、分辨是非善恶，积极遵守校规校纪，更好地适应大学生活。

案例 6-8：管理服务育人中的初级预防机制（二）

我们学院以前每年都会有毕业生误入传销，每年我们学工在毕业生工作上压力很大。前些年传销无人不知无所不晓，学校高度重视，但是近两年结合我们学院和整个学校的统计数据看，都有那么几个学生还是被骗进传销，给学校管理服务工作也增加了负担。后来我主动要求职业规划老师大一上课的时候专门对传销增加 2 个课时的课程，给学生再次普及这方面的教育。据我所知，整个学校只有我们院在这个方面这样做了，近年来毕业生的择业意识和甄别能力大有改善，再也没有这种事件的发生。后来我细想，我们做学生工作的，一定不要过于相信学生的判断力和思考力，不然那还要学生辅导员、班主任干什么呢？不要认为事情没有发生就觉得不会存在，等到发生了就悔之晚矣，与其等他发生还不如未雨绸缪。

上述两个案例中，案例 6-7 谈及的是 WJ 老师利用社会工作的小组方法针对全校大一新生开展的新生适应小组活动。具有社工专业背景的 WJ 老师正是利用预防社会工作初级预防的思想，主动开展对新生的事前教育。在效果评估中，学生纷纷表示通过小组活动让他们学会很多人际交往技巧和独立生活的知识以及如何快速适应大学新生活。这一做法也得到校领导和学工的肯定，现在已经成为该校的惯例，并用于开展对新生的入学教育。在高校管理服务的工作中，新生入学教育极其关键，积极开展事前的宣传教育，能够很好地防患于未然，避免学生出现新的问题，从而减少管理工作中去补救性地处理学生事务。案例 6-8 是 CP 担任某院党委副书记时针对学院毕业生择业过程中被骗入传销组织的情况。在新生入学时就积极开展这方面的专题教育和宣传，能有效提高毕业生的防范意识和甄别能力，很好地解决了一直困扰学工的毕业生就业工作的压力。两个案例的共同之处在于，利用事前预防的工作理念，积极开展事前的教育宣传，从而提高学生的生存生活能力、自我服务管理能力，有效提升了管理服务的预防功能，减轻了学工的管理压力。

（2）次级预防——事中的积极访视与介入。次级预防又称三早预防（即早发现、早诊断、早治疗），指个人、家庭或社区问题已经存在或发生，在问题刚出现时就采取措施，不使其恶化。次级预防是在问题发生之初，社会工作者就能够积极主动地介入其中，防止或减缓事态的进一步恶化，把问题对服务对象的危害降低到最小的状态。下面的案例是笔者搜集到运用次级预防思想针对大学生的生活安全管理问题进行干预。

案例6-9：管理服务育人中的次级预防机制（一）

东北某高校社工老师GF跟笔者有这样一段访谈对话记录：在新冠肺炎疫情防控全国一盘棋的形势之下，高校作为人员密集的组织单位，人数多、空间大、、流动性强，这在某种意义上加大了防控的难度。我们学校在发现有确诊的病例后，一方面，全校进入一级防控应急状态，全员进行核酸检测和仔细排查，做到早发现、早诊断、早治疗。另一方面，学校相关部门利用学校心理学、社会工作专业背景的教师资源组成专业团队，做好学生、教师及相关在校其他人员的心理工作，增设线上心理情绪辅导热线，并成立微信群，及时地在线给广大师生做好心理疏导和情绪安抚等工作。同时，加强师生的舆情舆论的引导澄清工作，在思想动态上积极访视和把控。特别是，发挥学生干部的优势坚持每天体温上报的制度贯彻，负责监督每个学生的执行情况，积极反映学生的思想动态和心理情绪状况。此外，防控指导中心每天进行工作汇报总结，针对工作中的漏洞进行完善提高。正是这种积极的访视和介入，使得在面对重大公共卫生安全事件爆发的时候才能把这种风险有效控制在最低状态，不至于升级恶化，为校园师生提供了相对安全的环境保障。

案例6-10：管理服务育人中的次级预防机制（二）

YL老师的一段自述：

换宿舍对每个大学生可是一件大事，我们院由于学校住宿条件有限，不能保证每个学生都能住进公寓，所以一部分学生只能住进普通宿舍。

学院按照先到先得的原则，大一新生先报到的就优先住进公寓，后报到的只能住普通宿舍，承诺到了大二再另行给住普通宿舍的学生换公寓。虽然看似比较合理的也是学院延续多年的分配学生住宿的逻辑，实施起来却困难重重。学生工作者在学生、学院和校方之间境地尴尬，面临着很大压力。一方面担心学生因为宿舍问题扯皮告状，另一方面换宿舍面临新旧学生的关系紧张的问题，新老生的各种问题会集中爆发，却要顶着头皮和压力把这项任务完成，完不成或者工作没做好的话，在年度考核中又会受批评影响自己以后的晋升。

有一次，我们院几个学生申请换宿舍未果，就集体反映到学院副书记处，要求给他们几人公平的交代，原因是大二还是没有公寓给他们入住。副书记第一时间把处理这件事情的辅导员叫来和同学们谈话，指出辅导员的处理方式欠妥，及时安抚学生的情绪，等待学生冷静下来再进一步干预。第二天，副书记亲自到学生所在的宿舍区去探访学生，并像大哥哥一样和学生交流、谈心，走进学生的内心世界，关心他们的学习生活住宿和学习情况。在做好这些事情后，副书记又嘱咐宿舍寝室长和班长对其进行沟通交流，时间过去一周之后，副书记收到了几位学生的致歉信，表示自己的行为方式欠考虑，并对学院的工作表示理解，承诺会好好继续住在原宿舍，毕竟大学不是用来享受的。后来其中一位同学还当上了学院的"寝管会"部长，副书记也会定期与他保持沟通联系，教授他一些做人做事的道理，他也很好地协助辅导员搞好了寝管会的工作，且能独当一面。

案例6-9是笔者访谈东北某高校社工同仁的记录，在新冠肺炎疫情防控常态下，如何做好将学校、学院等各级单位紧密配合、协调一致开展疫情防控的紧急介入工作。可以看到，高校发现病例后，能及时应急响应，上下联动，积极访视、查漏补缺，并且利用好学校的专业社工、心理学专业教师资源，开展线上的心理辅导服务，了解师生的心理及思想动态。学校防控中心和媒体也及时进行舆论舆情的引导和信息公开，很好地促进了疫情防控工作预防工作的开展。案例6-10是湖北某高校某学院党委副书记YL在处理学生宿舍管理工作时的经历。当学生因为学院学工未同意其换公寓的请求，没有兑现新生入校的承诺时，学生选择绝食、上访、逃课等方式来表达不满。YL书记听闻后，第一时间介入，防止事态升级，并通过有条不紊的疏导工作，展开协调，和学生建立信任关系，积极倾听其内心的诉求，而不是摆出一副领导的姿态来进行问责。经过几次访视和介入，进一步利用其学生班主任、班委会、寝管会的沟通协调，最后很好地处理了这项棘手的工作，从而防止事态的进一步扩大，避免对学校工作造成影响。两个案例在介入重大公共卫生安全事件和学生集体行动时，都体现了一级响应，早发现、早介入、早解决的二级预防社会工作思路，通过多次的积极访视和长效关系的建立促进管理预防工作的顺利进行，进而避免了事态和危害的进一步扩大，把造成的伤害降到最低，很好规避了等事态扩大了再进行补救性的措施，提高了二级预防的工作效能。

（3）三级预防——构建支持网络。三级预防亦称临床预防，是社会工作者或其他专业人员为帮助案主从疾病或问题状态中复原，并使案主获得足够的力量去阻止疾病或问题复发而采取的行动和措施。三级预防的思想针对出现的风险较高的事件或问题，从"人在情境中"的理论视角，积极做好事后介入，为处在危机和困境中的服务对象构建"社会支持网络"；增强案主对压力的抵抗力，消除或减轻环境的压力；开发和使用有利于案主的环境资源，提升社会环境对满足人的需要、促进人的发展的反应性和支持性。

案例6-11：管理服务育人中的三级预防机制（一）

我带班主任的时候，班级出现了一个有抑郁倾向的女学生，她的情况当时比较严重，脸色苍白、胆小，没有安全感，后来我协助其来到心理健康中心。在心理咨询老师的帮助下，其说出抑郁的原因，因为其男朋友对她有暴力倾向，其尝试过与其分手，当时却摆脱不了他的恐吓，精神上遭受重大的折磨。我了解了这个情况以后，事情已经持续了2个月，我及时给她以精神支持和心理抚慰，并和心理咨询老师、学校社区派出所，以及其父母、姐姐形成一个支持帮助的网络。一方面，陪同她进行心理咨询，联系她父母带她去医院进行治疗，把身体状况。同时，我通过学校社区派出所找到其男朋友，对其进行教育和警戒，消除其对她的精神折磨。另一方面，因为其有一个跟她关系最为要好的姐姐，我积极跟她姐姐联系，希望姐姐能够能每天跟她联系，通过各种渠道时刻关注她的情绪状态，帮她进行疏导……半年之后，我再次陪同她来到心理健康中心会见咨询老师，经过评估，她的情况有了明显的好转，和她同住的室友也反映她现在把注意力转移到了考英语六级和备考公务员上，经常和室友一起学习、逛街等。

当发现学生已经长时间处于抑郁的精神、心理危机时，而且一定程度上可能危及学生的生命安全，我从"人在情境中"出发，利用社会工作链接资源的相关手法，为其构建起社会支持网络，为其提供生理、心理和社会的支持。在学生工作经历中同仁与我自身都经历过类似的案例，也几乎都采取了相似的方法。在实际的高校学生心理安全教育工作中，许多学生工作者缺乏有效应对思路与方法，遇到此类事件往往不知所措，时间、精力也顾不上。

从上述个案中不难发现，具有社会工作专业背景的学生工作者由于其自身具备的专业能力与素质，在处置类似事件与关照重点学生方面能够积极地介入，充分调动各种资源，为陷入危机或心理困境中的学生构建社会支持网络，有效地做到了三级预防，大大降低了学生自残、自杀等危机事件发生的风险。

案例 6-12：管理服务育人中的三级预防机制（二）

HZ，男，来自贵州某山区，因为大二期间陷入网络贷，经常陷入恐惧中，不敢上学，而是游离在网吧、娱乐场和城中村的租住房间区域，由于害怕追债的人祸及家人就拒绝和家人联系，家人最终发现 1 个星期没有儿子的消息，这才反映到学院。作为班主任的我主动介入，第一，联系其父亲赶到学院和其在警方的协同下，找到 HZ，在社区警务室，我主动关心他，运用同感、鼓励等技巧缓解他紧张恐慌焦虑的情绪，让他认真配合警方的工作做好记录。同时，我也积极地咨询社区警方，帮助他询问处理事情的办法，与其家人一起商量如何处理。第二，说服其回归学校正常上课，让其不要担心，接下来的事情我们和警方会处理，并让其室友每天 24 小时陪同，关注他的情绪变化。第三，给他在广东的姐姐打电话，并嘱托她在这段时间里抽出时间多和其谈心聊天，帮助他克服心理压力和恐惧，寻找新的生活方向，认真学习。经过一段时间的干预，HZ 终于度过危机，也顺利处理好网络贷事情。他自己也想和父亲一起回老家看望母亲顺便放松心情，我帮其申请了请假手续，经过 5 天后他返校回来，表示认真反省重新再来，变得积极向上，毕业后在一家公司找到一份外贸工作。

上述案例是 WB 班主任利用"社会支持"的基本理论作为危机干预的主要手法积极介入 HZ 同学陷入网络贷的网络诈骗学生安全管理事故。面对学生的无助和恐惧和不信任感，要让学生明白其身后有一个强大的支持系统能够协助他一起解决问题，而并非孤身一人，让他感受到力量和信心。在此案例中，作为高校学生工作者，在处理学生安全事故的突发危机事件时，要具备三级预防的思想，即防止事件带来风险的扩大与升级。WB 班主任选择了恰当的干预时机，首先，利用警方的介入来帮助其克服心理的恐惧和不安，让他协助解决问题。其次，通过家庭和学校教师、同学的支持来帮他渡过心理危机。最后，通过其姐姐的支持来帮助其克服心理阴影，巩固成效，帮他建立起生活学习的信心，从而帮助其恢复正常生活、回归学校社会。在此过程中，迅速调动各种资源为处于危机事件中的当事人构建起空间与情感上的社会支持网络显得十分重要且有效。

3. 三级预防体系的构建：社会工作提升管理服务育人预防功能的发生逻辑

2020 年一场突如其来的席卷全世界的新冠肺炎疫情，是对国家、社会等主体治理能力、应急管理能力的一次重大考验。从某种意义上讲，预防突发事件的产生与升级是一个成熟治理主体的基本职能之一，这也是现代社会的治理方式由"管治"到"善治"的重要标志之一。同样，对于高校而言，要建立起具有现代意义的管理模式，从"管理"到"治理"的转变显得尤为重要。① 作为高校管理服务工作者，保证每位学生在校期间的安全，特别是生命安全，是其工作的兜底红线。在高校中如何建立起有效的预防机制，有效提升高校学生工作中的预防功能，是目前高校管理服务育人工作需要强化突破的重要环节。如前所述，在预防性社会工作的基本思想中，三级预防体系的建立是基本架构，在有效参与高校学生管理服务育人工作的具体行动实践中，三种不同类型的实践形式恰好为高校学生工作的预防实践提供了有效的实现路径。

（1）事前的预防与宣传是高校管理服务育人初级预防的必要前提。在预防社会工作的理论与实务中，初级预防的实质是针对可能出现风险事件的服务对象积极开展社会教育行动，以提升其预防风险的能力。基于预防社会工作中初级预防视角，高校管理服务工作在具体工作中应十分注重对在校生，特别是新生的事前教育。对于绝大多数的大学生而言，大学就是其人生社会化的重要场所，需要在这个场域获得自我同一性，形成对自己的认知，习得不同的角色，掌握不同角色的扮演技巧，同时掌握专业知识和人生本领和相关技能，才能更好地完成此阶段的社会化的任务，以便更好地适应社会。完成该阶段的社会化任务和角色转换学习，需要让大学生能够预见其在大学期间可能会面临的问题，在哪些方面提升自身的意识与能力。这无疑将提升大学生的预防风险的意识与能力，并降低其在面临危机性事件时表现出过激情绪与行为的风险。作为管理服务育人主体的高校学生事务系统，在管理、服务层面虽然制定了一套完善的科学化、制度化保障体系，但却往往遗漏了预防层面的机制和模式的探索或者说是落实得不够充分，增加了工作的难度。在上述社会工作视域下的行动实践或许能为高校学生工作初级预防构建提供一定借鉴。例如，基于社会工作的小组工作的理念、方序系统设计针对全体新生的大一新生适应系列活动和各种主题团组织生活活动。基于此，无论是社会工作中的初级预防思想，还是工作的专业方法与程序，均可为高校管理服务育人工作初级预防功能的有提供有益借鉴。

（2）事中的积极访视与介入是高校管理服务育人次级预防的行动保障。

---

① 李海燕、谢小琼、李兰铮：《从管治到善治：公共治理视域下的高教理改革路径选择》，载《高教探索》2012年第1期，第8~13页。

高校管理服务育人的工作实践中，在处理重大的、突发性的学生安全危机或公关事件时，传统性的会以一种行政任务、命令式的方式来化解危机事件，这种指令性的介入理念和模式虽然在理念层面契合了预防社会工作二级预防"早发现、早诊断、早治疗"的行动理念，但是实践过程中却往往忽视了积极主动的访视介入，行动迟疑、反应缓慢、效率低下。究其原因，从一开始这样一种服务关系就是不对等的，管理服务者往往把自己置于一个"处理麻烦事"的尴尬境地，是一种被动的干预和介入，所以就丧失了主动性，也就缺乏亲力亲为的行为动力。

预防社会工作中二级预防的思想则体现了事件发生后的积极访视和介入。首先，通过积极有效的多方实地调查开展服务，全方位掌握服务对象的相关信息，有效地及时发现问题并解决问题；其次，社会工作者进行预估并和服务对象建立起积极的专业信任关系，让其参与到行动介入计划，是一种对等的服务关系，这样的服务关系是有"人文关怀"的，是务实的，有利于和服务对象建立起长效的情感联结。在许多高校突发的学生安全事件中，学生往往在危机发生之后，看不到自己解决问题的能力，把自身摆在一个相对弱势和不平等的地位，把目光和视线全部转移到学校相关职能部门上，这是不利于学生独立解决问题、应急能力提高的。同时，学校管理工作人员处理问题的不及时，语言、态度的不合理，会加深学生对管理人员的不良印象，认为自己给学校添麻烦，让领导和责任人操心，这些都是自己的问题的认知偏差，从而更不利于师生关系的培育，增加教育的难度。对于当下主体性很强的学生群体而言，这样的师生关系模式使得两者关系疏远与隔离，导致学生不愿意主动与老师倾诉与求助。

基于此，在高校学生管理服务工作的日常实践中，工作者基于社会工作专业注重重塑工作者与服务对象之间的关系，即建立一种积极的、能动的、建设性的专业关系；积极地访视和介入，化被动为主动，能够和学生之间建立良好的信任合作关系，从而有助于长久的关系维持，更有利于学生发掘自身的资源和潜力，提供更为坚实的预防保障。社会工作是极其强调助人和行动务实的专业，在此方面，社会工作专业在应对危机事件时所沉淀的一整套有关次级预防的行动理念、方法与技巧无疑能够给高校管理服务育人的二级预防行动提供参考。

（3）支持网络的构建是三级预防的有效途径。在医学、心理学领域，曾经有过相关病史的案例往往重新回归生活之后，会因为环社会环境、突发事件、家庭变故等不确定因素使得问题的再次出现，特别是心理疾患、自杀倾向、抑郁症等群体，从预防的角度而言，预防工作是一个"永远在路上"的长期工程，并非一劳永逸。由此我们看到，在一级、二级预防的社会工作理念框架下，其实践模型其实给行动者提供了解决问题的"理想模型"，因此，建立具有危机处置性质的三级预防体系对于高校学生管理服务工作体系而言意义重大。在预防社会工作的思想中，三级预防是预防体系中的最后环节，其实质是在社会工作专业"人在情境中"的基本观点指导下，利用各种手段做好及时有效的事后补救工作，以防止因为事态恶化造成更为严重的后果。

在上述行动实践中，无论是针对陷入"网络贷"恐惧、自闭、妄想症等心理疾病学生的长期重点关照，还是面对处于严重心理创伤期学生的及时处置，具有社会工作专业背景的行动者均运用了"人在情境中"的基本思想，调动了一切可以调动的资源，充分调动和利用了人际关系网络，比如家庭成员、社区民警、闺蜜朋辈等初级关系网络，为受困学生建立起具有保护性与支持性功能的社会支持网络。在此过程中，工作者并不仅仅是扮演直接干预者、教育者的角色，而更多的是扮演了资源链接者和协调人的角色，这充分展示了社会业思想与元素在高校学生工作三级预防功能发挥中的积极作用，是一级、次级预防体系的有效补充和完善。从预防功能的初衷而言，更为重要的是支持网络的构建能够提高事后补救的效率与效果，降低事态继续恶化的风险。

综上，就理论层面而言，预防社会工作的基本理论及其多种价值理念对高校管理服务工作预防体系的建构具有很强的启示意义和借用。同时，在具体实践中，具有社会工作专业背景的学生工作者所展开的各项实践，又在实践层面证实了社会工作提升高效管理服务育人工作的预防功能。

第七章

社会工作与大学生思政工作资助育人

高校资助工作对于促进教育公平、维护社会公正，促进和谐社会的构建具有重大意义，同时也发挥着大学生思想政治教育的育人功能。本章主要内容包括三个部分：一是资助育人的概念，从资助育人的内涵、资助育人的理论依据和资助育人的功能意义三个维度去了解资助育人；二是社会工作的资助育人观，即助人自助的核心理念；三是社会工作参与高校思政工作资助育人的功能实现问题，从社会工作参与资助育人的行动策略、行动实践和发生逻辑展开，进而说明社会工作参与高校资助育人的优势和价值。

一、资助育人

资助育人的提出是新时代高校资助工作理念和实践的重构，本节将从资助育人的内涵的理解出发，明确资助育人的思想理论依据，进而更深入理解资助育人当下的意义。在此基础上，能够给予高校资助育人工作实践理念、运行机制和方式方法的创新启发，推动高校资助育人工作更好地开展。

（一）资助育人的内涵

1. 资助育人的提出

（1）高校资助工作。《辞海》关于"资助"一词有三层含义，一是指帮助、提供，二是特指财务帮助，三是帮助出主意或给予物质上、精神上的扶持，显然，第三层含义更符合我国高校资助的价值意蕴。高校资助工作是一项系统工程，高校资助的主体包括高校、政府、社会组织、企业及个人等，客体一般是指经济困难的学生群体，资助的手段主要有直接或者间接的物质与精神帮助。从实践的构成要素出发，高校资助就是与高校相关联的各类组织、单位、群体和个人通过各种手段和政策支持对在校家庭经济困难的大学生提供物质性资助与精神性帮扶的政策性的资助活动。也有人从资助的本义出发，"资助"就是指以财务来帮助，大学生资助是指为了保证接受高等教育的学生，完成学业、顺利就业而实施的一系列经济资助。

目前，经过行之有效的探索和实践，高校基本建立起"八位一体"的多元高校学生资助政策体系，为经济上贫困的大学生提供多样的支持。具体包含：一是各类各级奖学金；二是生源地和校园地国家助学贷款；三是各类各级助学金；四是学生在课余时间从事高校提供的勤工助学，助教、助研或助管的"三助"岗位津贴；五是路费和生活费补助，特殊困难补助、伙食补贴等，毕业后应征入伍或基层就业的学费补偿贷款代偿；六是包括师范生免费教育政策、家庭经济困难学生学费减免政策等；七是为学生提供城镇居民医疗保险；八是为学生开通"绿色通道"，入校时经学生申请学校批准后缓交部分学费和住宿费等。可以简化为"奖、贷、助、勤、补、免、保、缓"，也是正在运行的相对完善的资助体系结构。黄建美、邹树梁指出，我国高校学生资助经历了形成期、改革期、调整期和成熟期四个阶段，[①]"形成期"（1952—1982）实行的是"免费高等教育加人民助学金"的资助模式；"改革期"（1983—1991）采用的是"收费+资助"的模式，标志着中国"免费上大学"政策的终止；"调整期"

---

① 黄建美、邹树梁：《高校资助育人创新视角：构建多维资助模式的路径探析》，载《中国高教研究》2012 年第 4 期，第 81~85 页。

（1992—1998）采用的是助学金制度、奖学金制度和学生贷款制度并存模式；"成熟期"（1999 年至今）是高校资助改革独立探索阶段。韩丽丽、李廷洲将改革开放以来的高等教育资助划分为 5 个阶段：一是人民助学金阶段（改革开放至 1983 年）；二是人民奖学金和人民助学金并存阶段（1983—1986）；三是奖学金与助学贷款并存阶段（1986—1994）；四是初步建立"奖、贷、助、补、减"资助体系阶段（1994—2007）；五是多种助困方式并存的资助体系阶段（2007 年至今），逐步建立起以"奖、助、贷、补、减、免、勤"为主的较为完善的资助体系。① 综观我国高校资助工作发展历程，高校资助工作随着高等教育改革与发展的深入，资助育人也以不同形式显性或隐性存在。

从 1999 年成立的全国学生贷款管理中心，到 2006 年成立的全国学生资助管理中心，体现出步入新时代的全方位、全员的资助体系的构建。梳理学者的研究成果不难得出这样一个共识，即高校资助主体由政府主导向多方主体参与发展，资助方式由单一向多元转化。高校资助工作在政策层面、实践层面都取得巨大进展，资助规模逐步扩大，资助力度不断加强，资助主体多元化发展，资助方式多样化综合发展，大大推进了大学生资助事业的不断发展。中共中央、国务院印发的《关于加强和改进新形势下高校思想政治工作的意见》指出：学生资助的最终目的在于帮助家庭经济困难学生成长成才，使他们共同享有人生出彩的机会，共同享有梦想成真的机会，共同享有同祖国和时代一起成长和进步的机会。② 事实上，高校资助工作越是快速发展、机制不断健全完善、质量与效率不断提高，其隐性或显性的育人功能就越发突出，这主要源于资助育人是高校资助工作固有的功能，资助育人是高校资助工作的应有之义。③

（2）高校资助育人。高校学生资助工作已成为高校办学的重要内容之一，随着我国高校资助政策的不断完善，资助育人工作的内涵也在不断丰富和发展。在实践中，贫困大学生的实际需要除了物质帮助，还包括精神帮扶、心

---

① 丽丽、李廷洲：《改革开放 40 年我国高等教育资助体系的回顾与展望》，载《中国高教研究》2018 第 6 期，第 29~36 页。

② 陈宝生：《进一步加强学生资助工作》，载《人民日报》，2018 年 3 月 1 日。

③ 张远航：《高校资助育人的价值意蕴与实现路径》，载《思想理论教育》2018 年第 6 期，第 106~109 页。

理援助等，这就决定了大学生资助工作本身要突破狭隘的单纯的经济资助，要承载起更多的育人职能。也就是说，资助工作要在落实资助政策、实施资助的过程中达到教育人、培养人的目标和效果，用优质的教育资源实现高等教育机会均等、促进社会全面发展和大学生的健康成长成才。

高校资助育人实质上是对高校资助的进一步升华。向辉、曲莎莎认为资助育人内涵应做到"思"与"行"合一，"德"与"才"合一，资助育人首先应是帮助经济困难学生树立正确的人生观和价值观，培养学生责任意识；其次为经济困难学生提供更加公平的发展资源，帮助他们更好地成长。[①] 赵贵臣认为，高校学生资助工作的本质是通过经济扶贫达到精神扶志的效果。[②] 在2016 年召开的高校资助育人工作座谈会上，杜玉波指出资助育人的目的在于"培养受助学生的科学精神、思想品德、实践能力和人文素养，引导青年大学生树立正确的三观，最终实现成长成才"，进一步阐述了资助育人工作的内涵。2017 年教育部出台的《高校思想政治工作质量提升工程实施纲要》提出通过构建十大育人体系提升高校思想政治工作质量，将资助育人纳入我国十大育人体系；要求资助育人应把"扶困"与"扶智"和"扶志"结合起来，建立发展型资助体系，着力培养受助学生自立自强、诚实守信、知恩感恩、勇于担当的良好品质。"资助育人"首次出现在教育部关于加强高校思想政治工作的正式文件中，这标志着高校资助工作已不仅仅是单纯的经济资助和服务保障，"资助育人"已成为高校资助工作的新发展态势，更成为高校加强大学生思想政治教育的新举措。

综上，高校资助育人即高校在深化落实资助政策的基础上，通过经济上与精神上的同步教育资助举措达到教育人、培养人的目标或效果，帮助学生树立正确的价值观，不断完善道德素质，提升个人综合素质和全面发展的能力。资助育人是高校资助工作的固有功能，也是高校资助工作的高级功能。资助育人是高校资助工作发展高级阶段，只有实现了经济资助的基本保障功

---

① 向辉、曲莎莎：《挖掘育人内涵促进高校资助体系成熟化——以清华大学学生资助工作为例》，载《思想教育研究》2011 年第 12 期，第 46~49 页。

② 赵贵臣：《高校学生资助育人方式创新研究——坚持经济扶贫与精神扶志相结合》，载《思想教育研究》2012 年第 8 期，第 94~96 页。

能，才能充分发挥其育人功能。可以说资助育人的提出进一步彰显了高校资助工作的本质要求，丰富了高校资助工作的内容，拓展了高校资助工作的服务模式，创新了高校资助工作的实践方式方法。

（二）资助育人的理论依据

马克思主义关于人的需要理论构成了资助育人的理论基础，推动了高校资助工作的发展，为资助育人提供了理论指导。高校资助育人中的资助活动的基础就是保障人的基本生存需求，符合马克思主义"人的需要理论"中的生存需求，个体在满足了基本生存需要之后，就会寻求更高层次的需要，资助育人中的育人活动正是为了满足个人的精神需要、社会的发展需要而产生的。高校资助育人工作为学生提供了物质性保障，在此基础上为学生实现更高层次的精神需求提供了支持，促进学生在更高层次追求自己的价值实现，提高自身的综合能力。除此之外，人本主义思想家马斯洛的需要层次理论也和马克思关于人的需要理论有契合之处，需要层次理论认为个体在最基本的生理、安全需要获得满足之后，会更加有动力和目标去追求更高层次的需要比如归属、审美和自我实现的需要，从而促进个体的自我价值的提升。资助育人，资助是初级需要最基本的，而育人才是终极目标，符合人的发展最高层次自我实现的需要，给予资助育人工作的启发就在于注重经济援助和精神帮扶的双重目标实现，促进人的全面发展。有学者也倡导从人本主义出发来进一步重构高校资助育人的行动框架体系，以人本为主线，坚持经济资助与教育育人、经济救助与精神帮扶相结合，完善家庭经济困难学生资助体系，健全资助政策，规范资助流程，增强受助学生的主体意识，充分挖掘其作为教育主体转化为主体教育的作用。

习近平总书记的精准扶贫思想为高校资助育人工作提出了新的框架和思路。目前，有学者立足精准扶贫的视角去探索高校资助育人的实践路径，将精准扶贫"六个精准"运用到高校资助育人活动的全过程，大大推进了大学生资助工作的开展。譬如根据受困学生的现实情况采取相应的扶贫方式，精准识别资助育人对象、育人的标准、精准管理资助育人的各项活动、精准资助资金的分配和使用、精准评价资助育人的效果等。

教育公平的理念为高校资助育人提供了理念价值支撑。教育公平是社会公平的基石，长期以来，党中央、国务院高度重视，坚持把教育公平作为国家基本教育政策，"不让一名家庭经济困难学生失学"既是党和国家的庄严承诺，也是党和国家依法保障学生平等享有受教育权利的重要举措，既是建设世界一流大学的重要内容，更是国家扶贫攻坚、全面建设小康社会的重大任务。资助育人是促进教育公平、社会公正，构建社会主义和谐社会的重要举措，高校必须将资助育人工作上升到国家战略、长治久安和改革发展稳定的大局中谋划和推进。因此，教育公平理念为高校资助育人提供了理念价值支撑，高校资助育人反过来有力地丰富了教育公平的价值理念，同时也促进了高校思想政治教育"立德树人"的进一步发展。高校资助育人工作践行教育公平的理念，目的是更好地、更精准地进行人文、精神帮扶，尽可能公平地满足每一位学生的发展需求，促进每一位学生享有同祖国和时代一起成长和进步的机会。

(三) 资助育人的优化路径

有学者指出，资助育人工作是高校践行科学发展观，落实"以人为本"思想的具体体现，为高校学生思想政治教育工作提供了很好的平台和载体，有助于提升高校教育管理水平，促进校风、学风建设，有利于促进学生的全面发展。[1] 从国家层面而言，高校资助育人有利于促进教育公平和社会公平，实现人才强国，保障社会稳定，改善民生，构建和谐社会；从高校培养人的层面而言，做好资助育人工作是对高校党委的政治要求，是对高校人才培养能力的重要检验，更是高校思想政治工作的生动实践；从学生个体成长需要的角度而言，资助育人是贯彻"三全育人"的内在要求，能够强化大学生进取思想，能够促进大学生心理健康，有助于减轻经济困难学生的经济压力和心理压力，促使他们有更多的精力关注学业，增强学习动力，进一步提高专业技能和就业能力。

目前，我国高校资助政策体系在不断调整和创新中逐渐完善，正经历着

---

① 高晓峰、肖剑、刘荣贵：《高校助学与育人并重工作体系构建研究——以石家庄铁道大学为例》，载《石家庄铁道大学学报(社会科学版)》2013年第2期，第86~90页。

资助模式由保障型资助转变为发展型资助，资助结构由无偿发展为无偿和有偿相结合的优化转型阶段。在此过程中，面对新形势的严峻考验，我国多数高校在大学生资助育人工作过程中仍然对资助工作的育人功能认识模糊，未能走出旧思维框架，出现如下问题：经济困难学生资格认定不够精准；资助主体过多依赖政府，未充分调动社会各界力量；资助认定体制不完善不科学，缺乏有效监督反馈；资助方式以经济物质为主，忽略精神育人，缺乏人情味，创新不足等，大大降低了资助育人工作的实效性，导致资助育人的功能逐步弱化。针对目前的诸多问题，尝试提出以下优化路径：

1. 完善和创新的资助育人工作理念

有什么样的理念，就有什么样的工作方法，推动各高校不断完善和创新资助育人工作理念是高校资助工作不断发展的需要，更是高校思想政治教育育人质量提升的需要。这就要求我们做到：第一，积极运用互联网和大数据思维，树立"精准资助"的工作理念。运用互联网和大数据手段，通过数据统计分析，准确掌握困难学生家庭经济情况，确定具有针对性的个性化资助方案。同时，促使学生资助部门与学校其他部门、单位的数据共享，方便提取家庭经济困难学生的学习成绩、资助情况、社会实践等信息，对资助的过程进行科学跟踪和评估。第二，探索"发展型"工作理念，服务学生全面成长成才。资助育人的提出标志着高校资助工作进入新阶段，必须突破以往"保障型"资助模式，推动"发展型"资助工作高质量开展，遵循高等教育发展规律和学生成长成才规律，通过学业规划、科研指导、社会实践、心理辅导、创新引领、项目驱动等方式，着力提高学生的成长发展能力和社会竞争实力。[1]第三，强化"造血型"工作理念。当前高校资助过多依赖于国家、政府，主体单一，"造血"不足，"输血型"无偿资助负面滋生了"等靠要"的现象，不能更好地调动学生的主体性，实现自我增能。应致力于校企和单位合作开发，提供勤工助学岗位，搭建就业实习平台、基地等，帮助他们锤炼意志、提升素质、增长才干，助力学生真正的自立自强。第四，强化人本、情感关怀的工作理念。资助育人工作过程中人性化的操作有利于维护受助学生的尊严、经

---

[1]　杨振斌：《做好新形势下高校资助育人工作的实践与思考》，载《中国高等教育》2018年第5期，第17~20页。

济状况与心理状况，并有助于重塑其人格，对主体性的重视有助于激发受助学生自立自强的意识。目前，各高校在国家资助政策的基础上，结合地方实际相继出台了自身的资助政策和方案、办法，但对受助学生精神帮扶、心理辅导方面还存在明显短板。由此，应该强化人本、情感关怀的价值理念，充分尊重学生主体地位，了解心理需求，培养学生的自尊心、自信心，进而增强学生的安全感、幸福感和归属感，实现经济帮扶与精神帮扶的相结合。

2. 健全完善工作体制机制，注重资助制度的刚性约束

体制机制建设是高校资助育人工作高质量开展的重要保障。一方面，要建立更加完善的资助工作领导体制和运行机制，构建起"学校资助工作领导小组、学生资助管理中心、学院资助工作小组、班级帮扶小组"四级资助育人体系。同时，要强化相关部门单位的协同配合，调动辅导员、班主任和任课教师等各方面力量，着力形成协调顺畅、合作紧密的全员、全方位、全过程资助育人工作新格局。另一方面，要建立科学的资助工作监督评价反馈体系，注重资助制度的刚性约束。高校资助工作体现着教育公平，在各种资助形式组织与落实过程中，涉及认定、评审、资金发放等环节，具有很强的规则性与制度性。运行过程中要用法治理念规范资助行为，规范资助对象评定、监督程序，同时加强资助育人监督工作，强化资助工作人员的责任意识和担当精神；完善并细化学生资助工作绩效考评办法，建立起导向明确、定性与定量、内部与外部评价相结合的资助育人工作评价体系。

3. 强化正向引导，加大对受助学生品格的培养

第一，搭建以助学金为主的感恩教育平台。服务学习指的是一种方法，通过学校和社会的合作，将提供给社会的服务与课程联系起来，使学生参与有组织的服务行动以满足社会需求并培养社会责任感，同时在其中学习以获得知识和技能，提高与同伴和其他社会成员合作分析、评价及解决问题的能力。① 以助学金为主载体的感恩教育平台，要改变传统的单纯获得经济资助的理念，以服务学习为理念，引导受助学生深刻领会感恩社会这种情感，使他们意识到在获得经济资助的同时，有义务作出积极的回应，通过社会公益

---

① 赵希斌、邹泓：《美国服务学习实践及研究综述》，载《比较教育研究》2001年第1期，第35~39页。

服务把思想教育和经济资助有机结合起来，引导学生感恩祖国、回报社会。同时，不断通过学校和社会的舞台提高社会角色的归属感、使命感和责任感。

第二，搭建以奖学金为主载体的专业成才平台。奖学金的设置，有利于激励和引导学生，激发学生的内在动因，通过对优秀者、先进者某种行为的肯定和奖励以及对优秀事迹的宣传，达到鼓励先进，树立榜样示范，引导全体学生共同进步的目的。通过奖学金为主载体的专业成才平台，使将奖学金评审与学生的科研创新相结合，选拔高素质的专业创新人才，发挥奖学金的资助、激励和引导作用，通过申请、评审、表彰三个阶段，激发学生的创新思维，提升专业素养，创造社会价值，促进受助学生全面成人成才。

第三，搭建以助学贷款为主载体的励志育人平台。以助学贷款为主载体的励志育人平台，强化资助形式的目标导向，以"扶志、立志"为理念，关注受助学生实际情况的同时注重学生的人格塑造和品质培养，以励志教育加强贫困学生的精神建设，把解决学生实际困难与思想教育工作有机结合起来。通过创新诚信教育的方式，用生动的、多样化的教育方式激发学生的诚信情感，培养诚信意识。通过建立贫困学生诚信档案，记录大学生的诚信轨迹，使学生对个人诚信问题引起重视和关注，把诚信档案作为一个重要指标，与学生入党、综合测评、就业推荐、发放资助相结合，使诚信内化为学生的主体认知和自觉情感，将诚信教育与贫困学生的实际生活紧密联系起来，从根本上提升学生道德品格。

4. 挖掘整合校内外资源，积极探索资助育人新模式

首先，加强受助学生资源数据库及平台建设。建立家庭受助学生数据资源库，依托互联网和大数据优势，有针对性地为学生提供学习、生活、就业信息提供和创业服务。其次，整合联动校内外资源，拓展资助育人渠道。可以发挥学校基金会、校友会等各方力量，广泛争取企业、社会组织、校友的爱心捐助，以设立社会奖助学金等形式拓宽资源渠道。联合开发能力型和创业型勤工助学岗位，使勤工助学成为学生能力锻炼提升的基地，在服务他人的同时切实提高自身能力和社会价值。同时，探索社会奖助学金项目化管理模式，将物质帮助和项目资助相结合，为受助学生提供一个激发竞争意识的场域，服务人才培养，强化育人目标。最后，加强课程资源建设。开发建设针对受助学生的线上为主、线下为辅的课程资源，侧重技能、操作能力培养的课程建设，有针对性地帮助他们提高专业学习能力、社会适应能力、创业就业能力。

全面推进资助育人，不仅仅是要加强资助工作顶层设计，完善体制机制建设，建立资助管理规范、办法，还需要在构建资助对象、资助标准、资金分配、资金发放上形成协调联动的精准资助工作体系，形成"解困—育人—成才—回馈"的良性循环，每一个环节不容有失。除此之外，更应该整合思想政治理论课教师的理论优势和辅导员、班主任的实践优势，加强对资助育人工作的理论研究，准确把握新形势下资助育人工作规律，推动资助育人工作的高质量开展。

二、社会工作的资助育人观

随着高校资助育人工作的深入开展，资助育人的理念也在发生转变，转向一种经济与精神、心理与情感同步的育人理念，这与社会工作的本质"助人自助"的价值理念是有共通之处的。社会工作在历史的助人实践中形成了其独特的"助人自助"的核心价值理念，"助人自助"的价值有着其深厚的历史渊源和科学内涵，历史渊源包含思想渊源和实践渊源，科学性内涵不仅奠定了助人实践的价值基础，更包含价值指导下的专业原则。

(一) 助人自助的科学内涵

助人自助(Help People to Help Themselves)是作为解决社会问题的工具而提出的，既是社会工作专业的基本价值之一，也是社会工作"增权"理念及其理论中一个重要的价值信念，还是社会工作专业确立和发展的指引。

助人自助指的是社会工作不但要具体地帮助有困难的人士解决困难，而且要帮助他们增强自己的能力以应各种挑战，即帮助他们增强战胜困难的能力，以达到自助。① 在社会工作的助人观中，"自助"的理念是其重要的意涵

---

① 赵希斌、邹泓：《美国服务学习实践及研究综述》，载《比较教育研究》2001 年第 8 期，第 35～39 页。

所在，有很强的赋权充能的意蕴。社会工作是"通向能力建设的助人自助"，社会工作者作为一种专业的助人者，其助人的目的在于帮助别人实现"自己能帮助自己"的效果。这就意味着在助人过程中要注重培养受助者的能力，利用好优势视角，发掘并发挥受助者的潜能。在社会工作的专业视域中，社会工作者对服务对象的帮助不仅仅是帮助其解决苦难，更重要的是帮助其提升自身能力，以便应对未来的挑战。此外，有学者认为社会工作还仅仅停留在助人层面上，至多为服务对象提供良好的可持续发展平台，以保持其长久的服务效果，在自助效果达成的可能性上受到一定质疑。刘晓春认为将"助人自助"理解为帮助人的同时最终实现对其个人能力的改观并最终让其自助，目标太高，太难实现。那么怎样才能实现呢？他认为"帮助别人，就是帮助行动者自己"，这是现实可行的，也是专业效果确定可以达到的。这种解释也可以理解为"赠人玫瑰，手留余香"，基于此助人自助的内涵又多了一层本土实际的考究。

关于助人自助的科学内涵，大多学者认为就是"帮助他人解决问题并提升能力使其能够在未来生活中运用这种能力帮助自己脱离困境"。助人活动的专业特征因此增强了社会工作者的使命感，使其能够与其他助人活动明确区分，助人自助也逐渐成为社会工作者心中的标杆，倡导不仅要助人还要实现自助，不仅要解决问题还要赋权增能。

(二) 助人自助的历史渊源

1. 历史渊源

助人自助的历史渊源包含思想渊源和实践渊源。从思想渊源来看，首先，社会工作的"助人自助"观念植根于西方人本主义思想。人本主义思想起源于15世纪欧洲的文艺复兴运动，西方早期的人本思想主要是相对于神本思想，主张用人性反对神性，用人权反对神权，用人道反对神道，尊重人的价值和尊严，从神权话语体系解放出来，强调把人的价值放到首位。经过宗教改革运动、启蒙运动的进一步推动，人本主义思想成为新兴资产阶级反对封建宗教文化的锐利武器，成为自由、民主、权利等理念的思想基础。

其次，延续自卢梭以来的社群主义平等观念。卢梭在《论人类不平等》中探讨了不平等的起源和基础，在《社会契约论》中则提出了实现社会平等的理想，其论述了社群主义的平等观，指出在自然状态下，在社会契约基础上人人平等，即每个人的价值、尊重、权利上的平等性。最后，"助人自助"的观念发展至今，人本主义代表马斯洛的需要层次理论、罗杰斯人本主义治疗方法和克尔凯郭尔的内在心灵的发展等心理学理论对其影响甚大。马斯洛的层次需要理论认为，每个人都有自我满足的需要，且只有当较低层次需要得到满足后，较高层次的需要才会出现并要求追求更高层次的需要，并最终做到自我实现。而罗杰斯的人本主义治疗方法思想中，强调人的本质是向上向善的，人类具有趋向完善或完美的潜能，人具有能力解决问题、提高发展自己，相信自己有能力和他人建立和谐关系并能够和谐地与别人合作逐渐变得成熟，每个人都具有差异性，都会从自己的角度理解生活，并根据自己的理解做出各种选择。

2. 实践渊源

助人自助的实践渊源，可追溯到现代社会工作缘起的《伊丽莎白济贫法》《汉堡制》和《埃尔伯制》等。在1600年布的《伊丽莎白济贫法》中规定，凡是有劳动能力的贫民都必须参加工作，用工作来换取救济；对不能工作的贫民送入救济院或者实施院外救济；教区设立贫民习艺所，为失去依靠的男女儿童提供学习各种技艺的场所和机会，教区也有义务替他们介绍工作，或者为他们提供原料和工具，强迫他们进行生产自救；禁止无家可归的以及无业游民行乞游荡，设立救济收容所，强迫他们在救济所内工作。《伊丽莎白济贫法》严格规定受惠人的资格，并且还需付出个人尊严和自主权的代价。1788年，德国颁布《汉堡制》来解决德国工业革命以来的汉堡市的人口骤增，贫富差距加大所带来的沿街乞丐列队街市、沿门乞讨的最严重的社会问题，宗旨是设法帮助贫民自力更生，其救济方法是"助人自助"。具体措施包括为失业者介绍工作，给贫困者提供救济，将贫苦儿童送往工艺学校学习就业技能及语文，把患病者送往医院诊治，规定对沿门乞讨者不准任意施舍，等等，并联络各社会救济机关协同工作。同样，1852年，埃尔伯福市仿造和改良了"汉堡制"，提出"埃尔伯福制"，完善了救济工作方法。在德国的《埃尔伯福制》中，"助人自助"的思想贯穿始终。该制度规定，救济的标准必须是国家规定的最低标准，以防止贫民养成依赖心理，救济员还要负责本区段内贫民的增能工作，例如：职业训练、职业介绍、管理游民等。后来英美国家的社区睦邻运动、慈善组织会社等都始终体现"助人自助"的思想。比如，睦邻运动中的"道德提升"运动，向社区居民传授有关道德、卫生、英语、工作技能等知识，帮助其寻找工作，改善生活条件和卫生条件，改造社区环境就体现了浓厚的助人自助思想。

总之，社会工作的"助人自助"观念具有深厚的思想与实践渊源。在信念层面，体现了人本、平等、自由、发展和参与的哲学内涵。就实践过程而言，"助人自助"的实践过程体现了对服务对象尊严的尊重、潜能的激发和能力的提升、环境的改善。因此，在历史的延续中，社会工作的"助人自助"观念使得在社会工作实务过程中，始终关注服务对象的价值与尊严，注重与服务对象的平等对话和权利的实现，并将着力点放在服务对象能力的提升上。

(三)"助人自助"价值下的专业原则

在社会工作的价值体系中，"助人自助"是其基本价值之一，在具体的实践中，社会工作者更多的是需要遵循与运用由此价值演化出的若干更为具体的专业原则，这些专业原则可以直接在实践中加以运用。

1. 尊重

在社会工作专业价值中，尊重是非常重要的价值原则之一，社会工作者要尊重个人固有的尊严和价值。这一原则认为，世界上没有什么东西比人更宝贵和值得崇尚的了，每个人都是有尊严和价值的，且是平等的，不论其地位、身份、年龄、性别或收入等一切差异。这一原则使得社会工作者在面对案主时，要关怀和尊重每个人，留意个体间的差异、文化多元性和种族多样性。需要在如下方面予以持守：第一，每个服务对象作为人的尊严和价值是值得肯定的，不能因为各种外在的社会符号和标签而区别对待；第二，每个服务对象的成长经历和发展历程是值得肯定的，每个人的现在都是过去成长经历和发展历程的结果；第三，每一个人对人与事的看法、想法与感受都是值得尊重的，无论其是感性还是理性，是成熟还是不成熟，是主流还是非主流人对未来的选择也是值得尊重的，只要不损害他人的利益或是公共安全。

事实上，尊重原则是社会工作"助人自助"思想中人本与平等观的具体体现，个别化、自决和接纳都是和尊敬人有关的，都是从尊敬人这个基本价值推导出来的。

2. 自决

所谓自决，即案主自我决定，是指社会工作者在工作的过程中，承认案主有自己选择和决定的权利与需求。因此社会工作者的任务就是尊重当事人的权利，承认他的需要，协助他应用适当的资源和发挥人格潜能，达成自我决定。① 自决是人的自由权的一种具体体现，尊重案主的自决权就是尊重案主的自由人权。

自决从某一意义而言，是"助人自助"思想最重要的专业原则之一。因为只有真正让案主自决，才能真正满足其内在需求，才能真正激发其潜能、提高其选择的能力，才能真正做到对案主的尊重。案主自决一方面是为了防范社会工作者替服务对象作出决定，另一方面是为了体现社会工作者在帮助案主时的专业性。因为案主自决在实务过程中，涉及如下几层含义：第一，案主自决，首先需让案主清醒地认识到有多种方案可以用来解决他（她）所面临的个人问题或社会问题，自决就意味着从可能的方案中选择出最合适的一种。第二，自决意味着是案主，而不是社会工作者是解决问题的主要人物。社会工作者需要始终清醒地认识到，只有案主是解决问题的关键人物，社会工作者的作用并不在于替代案主做决定，而是帮助案主分析事态、厘清思路，发现、确定问题，并寻找发掘可能解决问题的方案，提高案主的自决能力。第三，案主自决的原则并不意味着限制或禁止社会工作者提出建议和意见。事实上，处于困境中的案主，受限于其知识水平、信息渠道、人格特质、非理性情绪、生活阅历等多方面的因素，使其无法转换视角、找到合适的解决问题的策略。因此，社会工作者可以通过自己的专业知识和生活阅历为案主提供更多的参考。第四，社会工作者必须知晓案主自决的前提条件：第一，案主绝对清醒，有自决的意志和能力；第二，自决的方向和后果绝对无害，否则会给社会工作者带来伦理责任和渎职的风险。

---

① 王思斌：《社会工作概论（第三版）》，北京：高等教育出版社 2014 年版，第 52～53 页。

案主自决原则是"助人自助"原则重要的专业原则体现。在实务过程中，社会工作者在协助案主做决定时，往往无需告诉案主应该做什么，而仅仅是帮助案主恢复理性，重塑信心，探求其内心真实需要，并鼓励其自我选择。

3. 个别化

个别化是一种分别逐一对待的理念与方法。它体现了传统的社会工作价值，把每个人都看成是唯一的、不同的实体，应该受到不同的对待，体现了对个人的尊重。个别化体现了一个人区别于他人的心理特征的总和，这些特征无论从结构还是内容来说，都是独特的、与众不同的差异。个别化原则是社会工作"助人自助"观的重要体现，因为其肯定每个个体的价值与独特性，体现了人的平等性与自由性。

在个别化原则下，社会工作在实务中需遵循如下方面的原则：第一，社会工作者首先应把案主当成是一个独一无二的人，而不是某一类人，或用某一群体的特征加以分析案主。比如，社工一看到是一位女性案主，就刻板认定是弱势的、没有主见的、被动的。第二，社工需要意识到，案主面临问题的性质、成因及解决问题的阻力和助力都是不同的。不能犯经验主义、教条主义的错误，应该充分了解服务对象的环境系统、生活经历等，做足功课、有的放矢。第三，社工在处理问题时，必须具有艺术性，而不是遵循所谓的公式和套路。在工作的过程中要具体问题具体分析，避免同质化和一概而论，尊重每一个案主的心理特点和独特性，处理问题要根据生活、工作、学习的不同需求采取针对性措施。

4. 参与

参与是社会工作"助人自助"观的另一条重要原则。所谓参与，意指案主需全程投入服务的全过程，并在参与服务过程中得到体验并加以反思，从而促进自身的增能与发展。

在参与的专业原则中，社会工作者需要认识到：第一，自己与案主的地位与关系是平等的，绝非灌输和教育的不平等关系。案主需要全程参与整个服务，社会工作者在不违背伦理守则的情况下有义务告知案主服务的相关细则和规定，让案主知晓服务全过程。第二，案主只有参与才能改变，进一步提高挖掘潜能，提升自决能力。因为案主的改变并非通过社工简单的说教与讲理可以达成，而必须使其投入整个服务过程，包括分析问题的情境、解决问题的过程等。参与是社会工作助人活动区别其他助人活动的重要特征，案主只有在参与中才能对目前的困境有所体验，才能在参与中厘清思路、恢复理性，才能在参与中体验到自身的改变与成长。

综上所述，社会工作"助人自助"的观念演化出了尊重、自决个别化和参与等专业原则，这些原则使社会工作者在具体的实践过程中拥有更为具体的操作原则。然而，上述大的区分只有一种概念的"理想类型"，而在具体的实践过程中不可能截然分开，孤立地加以运用，而是在助人过程中根据案主的问题和处境灵活地加以运用。

三、社会工作参与大学生思政工作资助育人的功能实现

社会工作是一个极其注重用专业的方法提高助人的科学性和有效性的专业，社会工作参与资助育人行动的策略即"授人以鱼不如授人以渔"。在助人自助的价值指导下，社会工作嵌入高校思政资助育人工作的行动理念和实践是有别于传统思政工作体系的资助育人工作的，对现行的高校资助育人工作是一种有效的补充，也是一种更好的尝试，能更好、更全面地提高资助育人工作的科学性和有效性。本节将从社会工作参与资助育人的行动策略、行动实践和内在逻辑进行阐述说明。

(一)社会工作参与资助育人的行动策略：授人以鱼不如授人以渔

"授人以鱼不如授人以渔"的理念在中国源远流长，指的是传授给人以知识，不如传授给人学习知识的方法。《汉书·董仲舒传》书中写道："故汉得天下以来，常欲治而至今不可善治者，失之于当更化而不更化也。"后来还有了"授人以鱼不如授人以渔；授人以渔，不如授人以欲"的古语，指没有直接给予物质，而是教以方法或某种信念。

"授人以鱼不如授人以渔"的道理也被广泛运用到教育与管理领域，一个好的称职的教师，不但要教给学生知识，还要教会学生自学的方法；一个优秀的管理要做到"管理八鱼"：授人以鱼，即给员工养家糊口的报酬；授人以

渔,即教会员工做事情的思路和方法;授人以欲,即激发员工上进的欲望,让员工树立自己的目标;授人以誉,即帮助团队成员获得精神层面的赞誉,成为更有价值的人等方面。

社会工作"助人自助"的价值理念也正是教育工作中经常提到的"授人以鱼不如授人以渔"的信念,社会工作者对服务对象的帮助不仅仅是帮助其解决苦难,更重要的是帮助其提升自身能力,以应对未来的挑战。高校资助育人工作是一项系统的育人工程,而且受助者多是贫困生,从小生活的环境复杂,经济拮据,社会资源短缺,与普通学生的习惯、思想、价值观存在较大差异。因此,针对高校受助者的实际情况,高校思想政治工作者一方面要了解受助者的情况,为其提供一定的帮助和支持,另一方面更要引导、帮助受助者学习"自助"的方法,培养其"自助"能力。高校思想政治教育工作者应当坚持"助人自助"社会工作价值理念,在工作中注意尊重学生的主体地位,尊重其价值尊严,遵守个别化原则、保密原则、自决原则、参与原则、公平公正原则,不断提高业务能力和技巧开展资助育人工作。

一方面,基于外在的工具性、技术性层面,思政工作者需要在与学生受助者的互动过程中提供可供选择的解决问题的方案、路径和知识、信息等技术,具备处理问题的基本技能;另一方面,基于个人潜能价值层面,社会工作者要发挥催化剂的作用,促进案主的增能,帮助案主理解和认识自身的能力、环境和资源,在此基础上发掘自身潜力,运用资源解决问题、发展能力;社会工作者还需时刻保持警醒,即使是在为案主提供外在资源时,也更多的是为其提供促进其潜能激发、能力提升的资源与机会,而不是简单地予以物质帮助。最后,基于信念层面,社会工作者要激发、培养案主的自信心和自我效能感,激发内在的自我发展动机,以应对未来的挑战。因为在社会工作者的信念中,个体身处于困境之中,绝非仅仅由于外在资源的贫乏,更多的是源自其内在发展动机不足,发展能力匮乏。

(二)社会工作提高资助育人科学性、有效性的行动实践

大学生资助育人工作的内容具有多元性、全方位性,形成了以国家助学贷款为龙头,以高校"奖、贷、助、勤、补、减"为主要形式的"八位一体"高

校学生资助政策体系，高校资助工作随着高等教育改革与发展的深入，资助育人也以不同形式显性或隐性地存在。笔者在长期的学生工作中，通过自身行动实践和对多名具有社会工作专业背景的学生工作者的访谈搜集了大量实证资料与案例，通过这些案例的深度挖掘剖析才进一步说明社会工作在提高资助育人工作科学性、有效性上的作用。

1. 助学金资助工作

案例7-1：社会工作助人自助的原则（一）

W老师是某高校的社会工作专业老师，向笔者回忆到其当班主任时做学生助学金资助工作的一段经历：

我曾经在上大学的时候也获得过助学金。记得当时我的班主任让我们申请助学金的同学上台说明自己家庭状况，让班级同学投票来确定ABC档的同学。许多和我一样来自农村家庭条件不好的同学因为这件事非常的"心里不舒服"，感觉像在撕自己的伤疤，觉得特别没有面子，虽然结果最终还是评上了B档，但是心里头总不是滋味……大一下学期的时候我的另外一个室友（上一年评定的B档）考虑到又要上台说明情况（因为每学期都要动态评估），所以自己选择了放弃名额。我后来进了高校也当上了班主任，同样面临学生的助学金资助工作，我首先对学生交上来的申请书仔细阅读，后来适时找到写申请的学生进行摸底谈心进一步了解学生的家庭情况、经济状态、生活情况，给每个申请的学生建立个案资料卡。学校助学金工作启动以后，我根据名额安排，通过QQ群投票的方式，匿名把申请的学生的基本情况编辑好让班级学生进行投票，如此一来，既真实地通过投票选出了应该建档的学生，也照顾到了学生的自尊和尊严的要求。最后通过成立班级民主评议小组（含班委会成员和各寝室代表和班主任）对评议结果进行审核，保证了助学金评定工作的公平性和公开性，也充分尊重了当代大学生的个体性自主性需求。

上述案例讲述的是W老师担任班主任工作时，结合自身专业社会工作的知识，去开展班级助学金评定工作。可以看到，其认识到简单粗暴地让学生上台当着老师同学的面陈述自身家庭情况的方式让学生存在心理上的抵触、排斥和一定压力的问题，进而会导致评定工作的失真，在班级产生不良的班级影响。即使学生工作者有一颗善良的心，如果不懂得尊重学生的尊严价值，效果反而会适得其反。W 老师在整个助学金评选工作中做了大量的铺垫和准备工作，最后采取匿名的方式(候选名额匿名，投票学生匿名)开展工作，很好地关照到了学生的尊严，这也正是遵循了社会工作助人自助的"尊重人的尊严和价值"这一原则，提高了助学金资助工作的科学性、合理性。

案例 7-2：社会工作助人自助的原则(二)

ZF 是一名具有社会工作专业背景的西南某高校辅导员，在和自己班上一名多年享受学校 B 档助学金的学生 G 的学生工作中，向笔者提供了这样一段对话：

Z：你看一下你大三的综合测评成绩，班上倒数第 10，大一到大三稳定系数还是很高啊，一直在班级倒数 10 名左右稳中有降！总得有点突破吧。

学生 G：老师，我是真学不进去，英语基础太差，班上女生考 90 分，我只考 40 几分，我压根没有机会。

Z：你说的我也了解，你知道咱们学校的助学金政策是为了资助那些思想、学习上进的学生，你常年在班级专业排名垫底，民主评议的时候同学们对你都有很大的争议。

学生 G：评不上就评不上吧！学习我是真没天赋，班上人缘我也不好……

Z：好，我们不谈学习，你从大一到现在做过哪些你觉得有意义的事，且不说为班级增光添彩，我看重的是你的态度，你对大学的态度。你的老乡 ML 同样成绩不好，你看她展现出来的精神气儿就和你不一样，她参加了 2 项社工志愿社会实践活动，英语同样成绩不好，但是你看她学习上比你用心得多，你呢？

学生 G：当时报名老师的实践项目的时候，人已经满了，所以我……想着没有机会了就……你可以帮我跟专业老师说一下吗？

　　Z：机会是要靠自己争取的，我一句话很容易解决，但是你自身并没有得到任何锻炼，你懂我的意思吗？另外，老师们给大家提供这样的平台就是希望看到你们学生自身的主动性，所以你没弄清楚核心问题所在。

　　学生 G：谢谢您的指点，我还是学生思维，我以后会多积极主动锻炼自己，虽然成绩不好，但是可以通过其他方式来锻炼自己，这样至少在班级同学心中的形象会更好一些。

　　Z：你能明白是最好的，换言之，假如你以后是咱们院的杰出校友计划资助你的学弟学妹，你希望被你资助的是哪样的学生呢？

　　G：老师，我知道该怎么做了。

　　后来学生 G 在这次谈话之后，生活中变得积极主动，积极联系我，并私下咨询老师关于志愿服务和考研的问题，积极联系专业课老师并且积极参加了留守儿童社会工作志愿实践活动，大四期间通过自己的努力考上了研究生。

　　在上述案例中，Z 教师利用助学金资助工作的机会，开展对长期精神状态、学习不在线的 G 学生的帮扶工作，首先利用自尊原则，并没有对其非理性信念(认为自己学习能力不足、人缘不好)进行评判，与其平等地展开对话；其次，利用对质的谈话技巧帮助他澄清问题的实质，让他把握事情问题的核心关键点，提供解决困难的思路和途径。在整个个案中，Z 教师充分利用了助人自助的价值理念和原则，并不是直接帮助学生加入志愿服务项目，而是引导学生自主做出选择发挥自身的主观能动性独自去解决自己大三面临的学习生活问题。在自我决定和自我选择的过程中也激发了其考研的内在动力，挖掘了内在潜能，克服了习得性无助的心理，转变非理性认知，最终实现了自我的成长发展。在资助育人的工作中，工作者在帮扶学习成绩不好的学生时一定要有足够的耐心，且不能用"学习成绩不好还拿助学金，分配班级名额"的理由鞭策学生，只会让学生产生压力和逆反心理，需要尊重其人格尊严，帮他们澄清问题的所在并提供一个努力的方向，让他们通过自身的努力做出选择，通过这个过程进一步锻炼其自主性、沟通能力，增强其内在动机从而促进自身的成长。

2. 奖学金资助工作

案例 7-3：社会工作干预的艺术性（一）

WM 同学的一段自述：

记得大二的时候，我是班上的学习委员，专业测评排名第四，拿到了大学第一次奖学金 2000 元，正在和室友分享着获得奖学金的喜悦心情并计划着去哪个地方大吃一顿的时候，班主任不小心听到了我们几个聊天的内容。他私下找到我说："奖学金是你靠自己的努力获得的，老师无权过问你的处理方式，上次无意间听到你们的谈话内容，老师想问你一下你有没有想过跟你的家人、班集体一起分享你的这份快乐。"我当时回答说"我没有想到这么多，老师，就想着 happy 一下，奖学金买了一件衣服，请室友闺蜜吃了一顿就没了。""可以多看一下身边的人，独乐乐不如众乐乐嘛，学社工专业的情商可以高一点。"

大三时，我拿到了一等奖学金，班主任的话仿佛萦绕在我的耳边，所以我做出了至今让我觉得很欣赏我自己的举动：我拿出 500 元给班上的每一个同学买了一份小零食，同学们感到非常开心，看到我这么做，其他几个拿奖学金的同学也效仿我的方式，有给班级充班费的，有给班级购置图书的，等等。我还拿 120 元给我的一个个案服务（困境儿童小强）对象买了一个大蛋糕，和小组成员一起给他过了最令他难忘的 11 岁生日，至今回想起来仍历历在目。记得当时我还主动跟班主任打了电话跟他分享我的这个故事，回想起来，班主任的一句话真正提点了我，他没有过多地干预我对奖学金的处置方式，而是语重心长地对我说让我"多关注一下身边的人"，自己学的就是社会工作专业，当看到同学们、案主、老师脸上的笑容，我才真正感受到快乐其实可以那么简单。

上述案例是 WM 同学对其大学处理个人奖学金的一段故事的回忆。其班主任表面上是在干预 WM 同学如何处理奖学金使得更加合理，实质上是在用社会工作科学的助人价值理念来引导学生如何处理为人处世的实际生活问题，体现了干预的艺术性。通过奖学金处理的人生小事，其班主任用人在情境中视角和社会工作专业理念引导学生做出了令学生满意的选择，使其找到了快乐的真正来源，可以说对其今后的人生价值导向是有重要意义的。工作者在这个案例中运用了非评判的原则，发挥社会工作者引导者、建议者的角色，给予学生及时的建议，让学生能够以小见大，从小事情领会做人的大道理，无疑让"金钱奖励资助"发挥了额外的育人作用。同时，也需要一线的学生工作者去了解学生奖学金的去处，及时做好价值导向，形成有调查有反馈的闭环思路，促进奖学金资助工作育人功能的进一步体现。

案例7-4：社会工作干预的艺术性（二）

XW，女，平时性格内向，做事认真负责，成绩优秀，常年拿奖学金，班上同学都称其为学霸。大三的时候我与她有过这样一次对话：

XW：我不是学霸，每次学业测评奖学金名单公布后，听到班上同学背后议论，我心里总是很反感。

S：我能理解你的感受，是不是有种被贴上标签的委屈，我看得出你的成绩是靠你的勤奋取得的，你想说的是你并没有像班上同学说的那样有天资，对学霸这个称号有点言过其实，对吗？

XW：是的。每次拿到奖学金我反而开心不起来，我只想把专业学好，认真做好自己的事情，拿不拿奖学金真的不重要，只是有的人羡慕。

S：做你自己的事情就好，可以试着换一个视角去看啊，也是同学们对你的肯定，你心里不想承认"学霸"一词，其实说明你是一个追求卓越的人，希望自己全面发展，足够优秀，看得出来你是一个对自己要求很高的学生。

XW：老师分析得很对，谢谢您的鼓励，我这缺点在您眼里成了优点，说到底我还是不太喜欢被人关注。

S：试着去认可自己，不是所有的同学都是表面阿谀，大多数同学对你的称赞还是发自内心的、真挚的，去接受它，奖学金只是你人生中的一小道心坎，以后进入社会还会有更大挑战，不要让这种心理影响你的情绪工作和生活。老师看重的是你们的内在，至少你让我看到你是一个不大注重物质外在而注重内心的有正能量的大学生。

XW：谢谢老师的开导，我心里舒服多了，可能是我平时太敏感了，哈哈。

后来 XW 同学毕业时作为专业优秀学生代表发言，并分享了这一段心路，变得更加阳光自信，面对学弟学妹的赞美也十分从容。

上述案例是笔者同事当班主任时所处理的一个个案，XW 学生拿到奖学金后不是欢喜而是忧虑。许多来自农村的家庭背景稍差的学生很少被放到聚光灯下，而常年拿到奖学金的荣誉让 XW 学生感到不适。首先，S 班主任看出学生不自信，稍显自卑的端倪，积极同感学生的感受，与其平等交流对话，帮助其澄清内在的想法和认知，回应学生的感受。其次，S 班主任用优势视角善于发现学生的亮点，并鼓励支持学生接纳自己的优点，做自己想做的事。最后，S 班主任提出建设性的意见，鼓励学生自己处理生活中的小插曲，利用幽默、转移视线和第二课堂等方式充实自己，提高自己，不断增强自信心，完善自我，形成积极的自我评价。在学生工作中，看似品学兼优的学生往往却是我们工作中容易忽视的环节，也需要把学生的奖学金资助与心理帮扶结合起来，让这一类学生能够走出藩篱，让奖学金资助工作更细致、更有人文气息。

3. 生活资助工作

案例 7-5：社会工作中强化自主能力

YY，男，大一，来自甘肃农村，讲述了他的一个故事：

大一下学期我申请勤工助学，被学校勤工部安排到西苑食堂工作，负责清理餐具、打包食品等工作。工作一个星期后，因为食堂工作油渍多、没有挑战性，同时害怕遇到班上熟人等理由我离开了工作岗位，并没有告知值班阿姨。后来，学院辅导员告诉了班主任，班主任这样做我的工作：你现在已经19岁了，有自己选择的自由，也应该具有像成年人一样的处理问题的艺术，我看到的是你的不成熟和没有担当。你告诉我应该怎样处理这件事呢？我当时有点不知所措说："老师，你给我拿个主意吧。"班主任说："你辞掉勤工俭学的工作，说明你已经思考成熟了，你自己先想想，明天我再和你聊聊。"第二天我拿着写好的检讨书找到他，他说检讨写了几千字，不用看你的态度我知道了，又关切地问我："你的家庭情况我是了解的，你觉得自己有什么优势呢？你想利用课余时间赚取一点生活费，是吗？"我说："我数学还可以吧，想打算做一下家教试试。""那万一又做不下去呢，是不是又当逃兵？"我沉默片刻。"老师希望你做事要有策略，自己做的选择都要为自己买单，出入社会后都是如此，社会不会给你再来的机会，在学校我们老师还可以允许你犯错。下次做决定一定要考虑清楚，比方说你从食堂勤工俭学岗位出来，你就没想好自己去干吗？又没有考虑后果，对自己有什么影响？我让你自己思考一天如何处理，你自己还是知道该怎么做，说明你可塑性还是很强，只是需要认真把它当成自己的事来做。"

后来我去勤工部解决这件事情之后，班主任给我介绍了一份中学数学家教的工作，我认真踏实工作，经历了这些事后我通过自己的努力当上了院勤工部部长，认真地把自己的工作方法教给干事，也会利用自己的人脉资源去主动给院系的贫困学生争取兼职的机会。在我看来，班主任通过勤工助学这件事让我学会了做事情要有担当，兼职家教，不光是解决了我的部分生活费问题，也给予了我信任和包容，让我明白了做人做事的基本原则，我也会把这种态度带到以后的工作中去。

上述案例介绍的是具有社会工作知识背景的班主任介入帮扶其学生 YY 生活资助的问题，面对学生的不懂事并没有责备，而是正面强化学生自主能力，让他看到自己解决问题的能力。同时，帮助其以一种发展的视角看待生活中的细节问题，引导其掌握做人做事的基本道理，具备一定的责任担当。最可贵的是，班主任作为学生工作者通过进一步利用自己的资源给学生介绍兼职家教，将显性资助和隐性生活资助相结合，让学生在锻炼提高生活技能的同时也提高了自身对社会生活的阅读能力。生活资助虽然在外在上解决的是学生的生存需要的现实问题，但从内在而言，更关乎学生自主能力的提高和动机的激发，运用社会工作专业视角，从"授人以鱼不如授人以渔"的行动策略出发，事实证明是能够达到预期效果的。

案例 7-6：榜样感召在社会工作中的作用

M 学生回忆说：

记得那年院里有"冬季棉被"生活资助，主要是针对建档立卡的学生。当时我是院学生会干部，从辅导员那里得知，每个班级的名额分配有限，只有 3 名同学，当时我们老班跟辅导员说"我们班可以申请 4 个名额吗？因为我上次刚刚查寝，也了解了我们班的情况，XM 同学需要这个名额，可以吗？"辅导员说：这个恐怕不行，院里都是规定好了的，而且已经上报了学校。"那可以怎么可以另行增加申请名额呢？"辅导员回复道："需要找院长、书记同意签字，然后报学校勤工部备案申请，审核批准公示才可以……要不下次机会给这个学生？"

在得知这一连串的程序之后，我觉得班主任会放弃给 XM 申请，让我没想到的是，三天后，他让 XM 写好了申请书，带着他走过了几个程序，最后真的把这个名额给申请批准下来，后来我们班级对班主任另眼相看了。正如他在班级里常说的一句话一样，"当你没有付出 200% 的努力，你就不能轻言放弃，事在人为，不去做永远都不会知道什么结果。"这句话也给我们班注入了一种力量，什么事情做了才知道，不轻易言弃，而我们应该时常告诉自己，什么事情要靠自己的努力争取，等待永远是未知数。

在上述案例中，M 学生回忆了其班主任帮助其班上贫困生 XM 同学申请冬季棉被资助的故事，虽然名额有限，程序复杂，看似不可能完成的定制，却在其班主任的努力下完成了这项工作。看似其班主任的初衷就是为了一床棉被，在这个过程中却向学生传递出了一种对生活不妥协不放弃的态度，老师以身作则，一丝不苟，带给学生的却是一种精神力量。没有过多的责备程序的不公，而是去有条不紊地去按自己的心去做，这就是榜样的力量，乍一看并没有跟社会工作的专业方法相联系，细思其不就是社会工作者在服务服务对象时的一种不忘初心、义无反顾的专业精神。在助人自助的价值理念中，受助者如果坚信自己有能够达成某项任务的能力，在这样一种信念感召下是能够取得相当进展的。从这个角度而言，在学生自主工作中，通过榜样感召、精神引领，也不失为一种践行社会工作价值理念的途径。

（三）社会工作促进资助育人工作科学性、有效性的内在逻辑

资助育人工作是现行高校学生工作的重要内容之一，也是学生工作者重要的日常工作。从现行的资助体系看，已经形成了行之有效的育人机制，从多方面给予了各类学生关注与帮扶，包括学生的奖学金制度、贫困生的奖助学金制度、生源地助学贷款以及生活资助、减免、补贴制度等。本书所论述的社会工作参与资助育人工作，旨在通过对笔者及同仁的行动实践的反思，探寻社会工作参与高校资助育人工作能够更为有效、更能彰显在资助育人工作中达到高等教育育人的本质，更好地从微观层面、隐性资助层面达成促进育人工作科学性、有效性的目标。

1. 去标签化

标签理论是以社会学家莱默特、贝克尔的理论为基础而形成的一种关于符号互动论的社会学理论，最早应用于越轨行为问题研究。标签理论认为越轨行为是社会的产物，并指出越轨行为是如何在社会互动关系中被建构出来的。王思斌提出："社会工作的一个重要任务就是要通过一种重新定义或标定的过程来使那些原来被认为是有问题的人恢复为'正常人'。"[1]我们可以看到，标签理论是社会工作的重要理论之一，对社会工作有着深刻的启发意义。

高校学生资助工作经过多年的探索和实践，体系不断完善，资助范围和幅度不断扩大，而相应地也出现了受助学生"被标签化"的现象，尤其是贫困大学生的"被标签化"问题尤为突出，也会出现相应的"逆向标签化"的问题，这给高校学生工作者带来了新的挑战。从制度层面来看，各高校在"去标签化"工作上突破创新，比如学生资助从申请、评定、公示到发放，最大限度地减少标签对受助生的影响，做到过程公开透明且照顾受助学生自尊和隐私。然而资助育人工作最终是一项做人的工作，高校资助育人工作不仅仅是物质上的给予更是心理、精神上的帮扶，所以更应该从微观层面入手，从具体的

---

① 王思斌：《社会工作概论》，北京：高等教育出版社 1999 年版，第 67 页。

干预过程着手。

事实上，当受助学生与工作者交谈的时候，基于关系的不对等，内心已经接受了"问题者"的角色，所以在社会工作介入的辅助过程中，首先应该排除一切预先的成见也就是去标签化，以一种价值中立态度对待学生，以一颗平常心，尊重其平等地位，言语适中、举止恰当帮助其解决生活困境。其次，要积极唤起受助学生的自我意识，引导其自我反省，促进其自我发展。例如在案例 7-1 中，W 老师采取匿名助学金申请和匿名投票的方式，不仅照顾了学生的尊严，也以一种更加科学、人文关怀的方式来完成高校的贫困生建档工作，在保证落实资助政策和程序规范化的同时，巧妙结合社会工作的"去标签化"的技巧，促进育人工作的开展。在案例 7-3、7-4、7-5 中，高校学生工作者在工作中排除成见，克服一贯认为贫困生在学习上刻苦，学习成绩都应该不错、生活上勤劳节俭；心理上自卑不自信；人际交往上普遍性格内向的固化偏见。不急于对学生的行为作出评判，而是耐心地与其平等对话，基于彼此的信任关系，引导受助学生自我反省、自我剖析，促进其自主能力的发掘。去标签化意味着尊重学生的个体差异，差异意味着平等与尊重，意味着站在工作对象的客观属性及价值观角度去看待他们的思维方式与行为模式，从而更能够让受助学生接纳和认可。

2. 发掘潜能

高校资助育人工作可被视为是一种促进学生个体增能与发展的工作，与制度层面的自上而下的物质资助不同，更应该从社会工作视角出发注重学生自下而上的自我增能。从大学生群体的问题看，大学阶段的问题可被视为在其人生发展阶段中由于潜能未被激发、能力未被提升而造成的成长发展困境，如学业、人际关系、就业、生活等。而就其需求而言，存在着自我增能、自我成长和自我发展的内在需求。实现服务对象的增权赋能是社会工作的终极目标，受助学生在学生工作者引导鼓励下，通过与周围环境的积极互动，其内在潜能得到激发，无力感得到缓解，并认识到自己才是改变自己的媒介时，他的权能意识就得到了进一步增强。

在当下的资助工作中，存在着制度层面资助工作重视的多，而实务育人层面自助潜力发掘的少，资助过程关乎的多，资助育人效果的反馈关乎的少等相应问题。社会工作助人自助的价值体系下，"自助"的实践过程体现了对服务对象潜能的激发、能力的提升和尊严的尊重，即使是在为案主提供外在资源时，也更多的是为其提供促进其潜能激发、能力提升的资源与机会，而不是简单地予以物质帮助。在这一过程中，学生工作者扮演着受助学生的"催化剂"角色和引导者角色，帮助学生理解和认识他们的能力、环境和资源，在此基础上给予他们思考的空间，发掘其潜能，促使其独立作出决定，运用资源解决问题、发展能力。

　　从案例7-2、7-3、7-4、7-5中，我们不难发现具有社会工作专业背景的学生工作者很好地遵循了案主自决，注重发掘学生的潜能充分让学生参与。如案例7-2中，引导学生认识自我，增强学习的主动性，自己联系专业指导老师参加志愿实践项目；案例7-3中，班主任引导WM同学自己处理奖学金分配问题；案例7-4中，引导XM学生自己处理好"逆向标签化"（学霸标签）的困扰，并成功形成对自己的积极认可；案例7-5中，即使班主任在生活资助工作中通过自己的资源给学生提供了家教兼职的机会，也并不是物质层面的帮助，意在靠学生增长自己的才干获得资助。同样，学生工作者在这几个案例中，都立足长远，从学生的长远人生成长意义出发，让学生自己领悟为人处世的基本常识，促进其悟性能力的发掘和提升。从某种意义而言，也是为今后踏入社会进入职场做好充分的认识和准备。

　　3. 隐性资助

　　隐性资助是相较于显性资助（国家、社会、学校层面的直接资金支持）而提出来的不同的资助方式，相较于传统粗放型的资助，隐性资助更符合人本化要求。首先，利用隐性资助介入模式既体现了对受资助者个体的尊重，也可以达到"去标签化"的作用。其次，进一步而言，如果说显性资助有助于满足受助学生基本层次的需要，解决高校受助学生的燃眉之急，那么隐性资助就侧重于满足受助学生较高层次的需求，而这类资助更有利于受助学生的长远发展和能力开发。最后，隐性资助从逻辑上也符合社会工作倡导的"以人为本、助人自助、增权赋能"的价值理念。

　　传统的思想政治教育是一种"大满灌式"教育，学生处于被动接受教育的状态，很难体现教育的效果。近年来，随着高校资助工作的制度化、规范化的开展，资助范围力度也逐年加大，引起的"被标签化"、负面化问题也不容忽视，比如尊严维护、制造伪贫困、诚信、感恩意识缺失、道德绑架等。在此背景下，尝试把国家、校方，宏观、中观层面的干预与社会工作微观层面的实务干预相结合，未尝不是一种创新举措。首先，就资助育人的目标而言，三者在促进大学生全面发展的本质上具有高度的契合性。其次，在本质目标契合的基础上，微观领域下的社会工作隐性资助工作秉承"助人自助"观念，发挥隐性资助的空间、内容可能更加具体、更具操作性。社会工作参与微观领域的受助学生的资助工作内容是多元的，包括学习能力促进、生活态度的改变、心理压力、情绪的调节、就业规划指导、人际交往提升、社会适应等各个方面。

　　笔者在从与多名具有社工背景的学生工作者的访谈中，收集了大量实证资料与案例，这些资料与案例充分印证了在"助人自助"观念下，在诸如学习能力促进、生活态度的改变、心理压力、情绪的调节、就业规划指导、人际交往提升、社会适应等隐性资助领域，运用社会工作专业原则、方法与技巧可为受助学生提供适切的成长发展指导，并取得了较为良好的育人服务效果。在案例7-2~案例7-6中，分别体现了学生工作者从受助学生态度认知的改变，从行为消费观的引导，从心理、认知的澄清，从人际、社会适应的导向到榜样精神信念的引领，无不展现了社会工作者从人本视角出发，运用尊重、自决、个别化和参与等原则和个案工作沟通技巧对受助学生开展隐性资助服务。从收到的效果来看，受助学生的积极反馈和成长成才的例证就是最好的说明。除此之外，在上述案例中，无一不体现出受助学生跟工作者的情感友谊，也正因为有了工作者的情感投资和情感付出，才使得这条看不见的"线下"隐性资助路线一直发挥着显性资助所不能企及的效用。社会工作开展隐性资助的实务行动可以有效破解现当下高校资助工作物质资助多而情感资助缺乏的育人困境。

　　综上所述，社会工作价值理念及工作方法有其科学性和优越性，把握好高校思想政治教育"育人功能"和社会工作"助人自助"的契合点，运用去标签化、发掘潜能、隐性资助等优势可以提升高校学生工作者在资助工作及其能力建构中的专业性和科学性。同时，运用好社会工作中"个案工作、小组工作、社区工作"这三大工作方法，在为受助学生提供物质帮助的同时，做好其精神层面的价值引导，实现"自助"，发掘潜能、能力重构，利用资源优势，促进其与社会环境相适应，促进其全面健康地成长发展。

第八章

社会工作与大学生思政工作心理育人

心理育人是教育部提出的"十大"育人体系建设中的重要组成部分，在"三全育人"的布局下，明确提出要发挥其他学科参与"心理育人"的要求，进一步发掘、创新心理育人路径，提高心理育人的质量。社会工作作为人文社科当中的重要专业，其价值理念、实务原则和方法与高校思政工作心理育人有着许多共性，本章试图从心理育人的基本概念、社会工作的心理育人观出发，进一步阐明社会工作参与心理育人的现实性、可行性，从而以社会工作参与心理育人工作的行动实践为基础来论证社会工作参与心理育人工作的功能是如何实现的这一命题。

一、心理育人

(一)心理育人的提出

1. 心理育人的内涵

心理育人，简而言之，就是通过心理健康教育的方式达到育人的目的。

从广义上讲，凡通过运用心理学仪器设备、素材，开展心理辅导、咨询等相关活动达到育人目的的活动，均可称为心理育人。从狭义上讲，心理育人是指育人者根据人身心发展的规律和特点，采取个别化的服务方式，有目的、有计划地对受育者进行积极的心理引导，激发潜能、完善人格，养成积极心理品质，以达到培养新时代中国特色社会主义建设者和接班人之目的的教育实践活动。

高校心理育人指的是高校教育者根据教育对象（主要是在校师生）的实际身心情况，通过多种教育手段来实施的心理健康教育，是以积极引导、排解困惑、开发潜能、提升素质为目的的育人方式。因其高等教育场域的特殊性，故而高校心理育人中的育人者主要包括高校全体教职员工、学生家长、亲朋好友、社会教育力量；受育者包括在校师生，而高校学生是最主要的受育对象。高校教师在心理育人过程中具有"育人者"与"受育者"双重身份，同时也是为了方便论述，本章探讨的心理育人的受育者主要限定为高校学生。育人的手段（方式）包括全方位、多角度、多形式的心理健康教育，普及心理健康知识，开展心理健康教育活动，提高心理咨询服务水平，推广心理素质测评工作，加强预防干预，完善心理预警、危机干预机制，培养学生自尊自信、理性平和、积极向上的健康心态。心理育人是一种全过程、全员参与、全方位进行的育人活动，党的十九大报告中明确指出要"培养担当民族复兴大任的时代新人"，旨在培育有理想、有能力、有担当的时代新人，这是我国高校教育的根本目标，也是开展高校心理育人的指导方向。

2. 心理育人的历史发展

20世纪80年代，北京、上海、杭州、武汉等地一些高校主动汲取世界卫生组织关于健康的科学内涵，探索教育学、心理学、思想政治教育等相关学科与心理健康教育的关系，并推动在学生工作中引入心理咨询，逐渐引起了教育行政部门的关注和重视，心理育人工作初步萌生。90年代，国家相继出台《中共中央国务院关于深化教育改革全面推进素质教育的决定》（1992）、《中共中央关于进一步加强和改进学校德育工作的若干意见》（1994）、《中国普通高等学校德育大纲》（1995）等政策文件，自此"心理健康教育"开始成为"德育的重要组成部分"。与此同时，高校心理健康教育工作受到肯定和鼓励，高校专门的心理咨询机构也随之设立。2001年，教育部《关于加强普通高等学校大学生心理健康教育工作的意见》，明确了心理健康教育的指导思想、主要任务、内容、方法及领导管理、师资队伍建设，使相对独立的高校心理健康教育工作在我国高校初步形成；2005年教育部、卫生部、共青团中央联合下发的《关于进一步加强和改进大学生心理健康教育的意见》和2011年教育部颁布的《普通高等学校学生心理健康教育工作基本建设标准（试行）》进一步推动我国高校心理健康教育工作日趋规范成熟。自此之后，在顶层设计上有了明确的方针指导，机构、人员、工作体制等都有了明确的规范体系，高校心理咨询与心理健康教育工作逐渐普及，并在实践中探索出专业化、本土化的心理健康育人工作模式。

进入新时代以来，处在多媒体、自媒体多元化的当代大学生的思维、思想、学习以及交往均发生了极大变化，多元化的信息、价值观深刻影响着高校大学生的思想状态与心理健康。党和国家高度重视高校心理育人工作，2016年，习近平总书记主持召开全国高校思想政治工作会议，会议上提出了"三全育人"的思想政治教育工作布局，强调高校切实落实立德树人的根本任务，会议上进一步明确提出把"心理咨询教师"纳入高校思想政治工作队伍；2017年12月颁布的《高校思想政治工作质量提升工程实施纲要》指出心理育人作为高校"十大育人体系"之一，要大力促进心理育人，深入构建教育教学、实践活动、咨询服务、预防干预、平台保障"五位一体"的心理健康教育工作格局，同时，要坚持育心与育德相统一，构建心理育人质量提升体系，更好地服务于高校师生，从更为开阔和整体的视野规划设计心理育人工作；2018年7月，教育部党组颁布了《高等学校学生心理健康教育指导纲要》，围绕立德树人和培养社会主义建设者和接班人的目标，提出心理育人工作要"更好地适应和满足学生心理健康教育服务需求"，"培育学生自尊自信、理性平和、积极向上的健康心态，促进学生心理健康素质与思想道德素质、科学文化素质协调发展"。在总体布局上就新时代高校心理育人的指导思想、总体目标等六大方面进行详细规定，为下一步工作指明了前进方向。

梳理高校心理育人工作的历史，心理育人概念的提出是30多年来，高校心理健康教育工作发展的结果，更是心理健康教育与思想政治教育相结合的体现。自 20 世纪 80 年代以来，高校心理育人工作从探索实施心理咨询工作开始，经由"心理咨询""心理素质教育""心理健康教育"等称谓变化，发展为全员、全过程、全方位育人框架下的"心理育人"。心理育人的理念对新形势下的高校学生心理健康教育提出了要求，需要在多变的时代环境中，创新心理育人的理念、服务方式、完善机制，满足学生心理发展的需要，培育合格的时代新人。

(二)心理育人的特征

在高校思想政治教育的总体框架下开展心理健康教育，通过心理育人提升和优化高校思想政治教育效果，实现立德树人总目标，是我国高校心理育人的鲜明特色。高校心理育人工作的发展历程，体现出如下几个基本特征：

一是着力于促进学生全面发展。马克思认为"现实的人"是把握人的思想意识形成发展一般规律的依据，而人的全面发展是人自身发展的高级形态。习近平指出："思想政治工作从根本上说是做人的工作，必须围绕学生、关照学生、服务学生。"①心理育人在马克思人学理论指导下，更加重视人的本质和人的自由发展，重视学生的需求和价值实现，尊重人的独特性和个人的存在，促进学生的全面发展。譬如 1995 年颁布的《中国普通高等学校德育大纲（试行）》提出"具备良好的个性心理品质和自尊、自爱、自律、自强的优良品格，具有较强的心理调适能力"的要求；2005 年《关于进一步加强和改进大学生心理健康教育的意见》中提到"提高心理调节能力，培养良好心理品质，促进大学生思想道德素质、科学文化素质和身心健康素质协调发展"；2018 年教育部颁布的《高等学校学生心理健康教育指导纲要》中指出"引导学生正确认识义和利、群和己、成和败、得和失，培育学生自尊自信、理性平和、积极向上的健康心态，促进学生心理健康素质与思想道德素质、科学文化素质协调发展"，等等。以上都充分体现出通过心理育人促进学生的积极发展，了解学生需求，尊重学生个性差异，为学生提供正向心理支持，注重对学生的认知、情感、意志、行为、人格与价值观等进行引导和干预，最终实现了人

---

① 习近平：《习近平谈治国理政》(第二卷)，北京：外文出版社 2017 年版，第 377 页。

的智力、体力以及思想品德、精神状态的充分自由发展。

二是以立德树人为总目标和基本遵循，实现"育心"向"育德"转向。一方面，习近平总书记在全国教育大会上明确指出，高等教育要坚持把立德树人作为根本任务，切实培养社会发展、知识积累、文化传承、国家存续、制度运行所要求的人。心理育人不应仅仅局限于解决大学生的心理问题，还要站在更高的角度，着眼于为国家育人育才，引导青年大学生努力确立共产主义崇高理想和中国特色社会主义共同理想，不断充实精神世界，拥有自由而高尚的心灵，为社会主义培养合格建设者和可靠接班人。另一方面，心理育人逐步实现从"育心"向"育人"推进。其一，在积极心理学的干预下，引导帮助大学生调适消极情绪，重构心理平衡，进一步对他们进行思想和价值层面的教育，引导学生正确看待与自身、与他人、与社会、与国家的关系，确立积极健康的人生价值观，理性处理现实问题，提升自我认同感。其二，充分挖掘心理育人在立德树人、"三全育人"中的价值引领作用，通过心理层面对学生进行思想和价值层面的引导，发挥其在育人中的理想信念导向价值和道德人格塑造价值。

三是建立了多元创新的工作机制。首先，在"三全育人"的思政格局下，逐步建立起全员、全程、全方位的"三位一体"心理育人机制，从全方位、全过程调动全员力量参与心理育人。运用系统论的观点可以进一步提升心理育人的温度、深化育人深度、拓展育人广度。其次，高校心理育人工作基本形成了心理健康教育教学、心理实践活动、咨询服务、预防干预、平台保障五位一体的高校心理健康教育实践方式。育人方式灵活多样，也由最初的个案咨询、课堂教学发展到目前运用各类新媒体、网络平台、社团活动等多种方法开展心理咨询、访谈、跟踪调查、服务、拓展的专业活动。再次，各大高校已建立起学校、社会、家庭系统横向联动机制。基于系统理论的启示，心理育人的工作需要构建学校、家庭、社会的支持网络，家庭为个体提供强大的心理援助与支持，学校能够提供及时的直接的发展性的心理服务，社会能够链接社会志愿服务组织、援助热线、精神专科医院以及心理危机干预服务等。最后，建立学校、院系、班级、宿舍四级防控预警体系。高校根据《"三全育人"综合改革试点工作建设要求和管理办法》，均已建立起学校、院系、班级、宿舍"四级"预警防控体系，进一步完善心理危机干预工作预案。具体而言，由学院领导、心理健康教育中心、二级院系党团书记、辅导员组成统一战线工作小组，发挥学校心理健康教育中心的师资、设备资源优势。依托班主任、辅导员队伍、班级心理委员、寝室长等朋辈团体，搭建心理育人四级防控预警体系，从而提升心理育人工作的前瞻性、针对性。

四是初步形成多学科共同参与心理育人的合力。高校心理育人队伍是一支以思想政治教育为主导，联合其他等学科人员发展起来的多学科队伍。然而，教育者自己必须先受教育，心理育人工作者自身的人格魅力和马克思主义理论素养等是实施心理育人的重要元素，多学科共同参与心理育人，将极大增进心理育人工作者自身的人格魅力和马克思主义理论素养，提升其育人意识和育人能力。正如习近平总书记多次就教育者的育人能力指出："传道者自己首先要明道、信道"，① 要"有理想信念、有道德情操、有扎实学识、有仁爱之心"。② 具体而言，鼓励和支持多学科共同参与是我国高校心理育人的基本特点和重要经验，能够使学生工作者加深对思想政治教育、社会学、教育学等学科的价值认识，学习运用这些学科的研究成果和理论框架，开拓分析、认识心理问题的思维和视角，丰富优化其助人育人的方法和手段，开展心理育人工作。

(三) 心理育人的功能

1. 提升高校思政工作的实效性

心理育人是心理健康教育和思想政治教育相结合的成果体现，是思想政治教育内容的有机组成部分，同时有助于提升思想政治教育的实效性。③ 思想政治教育工作要取得好的效果，就要重视育心与育德结合，二者是相辅相成、互相促进的关系。一方面，心理育人的理论基础为思想政治教育提供理论支持。思政工作者具有相关心理学知识背景，可以提高育人者的能力素质，

---

① 习近平：《习近平谈治国理政》(第二卷)，北京：外文出版社 2017 年版，第 379 页。
② 习近平：《在北京大学师生座谈会上的讲话》，北京：人民出版社 2018 年版，第 8 页。
③ 马建青、杨肖：《心理育人的内涵、功能与实施》，载《思想理论教育》2018 年第 9 期，第 89~92 页。

探索走进受教育者内心深处的有效方式，开展工作。借助心理学知识及原理，从学生主体出发分析问题，走进学生内心世界，更好地理解学生，注重调动学生的积极性，使学生更乐于接受，使工作更有针对性，推动思想政治教育由"教育人"向"服务人"转变，由"说服人"向"引导人"发展，促使思想政治教育深入学生内心，提高思想政治教育工作的温度。另一方面，心理育人的实践经验为思政工作的方法选择提供支持。处于新媒体时代背景下的大学生的价值多元化、认知和态度等原因会影响学生的思维、价值判断和行为选择判断，使其难以正确理解、接受思想政治教育的内容。心理育人可以从方法和技巧的层面，在服务、咨询过程中通过环境的营造、专业方法的介入和传递给受教育者亲和力等，都为思想政治教育提供了一定的路径与方法支持，进而降低了思想政治教育工作的难度。

2. 推动高校心理健康教育工作的全面发展

高校心理健康教育是在思想政治教育的有力支持下不断发展的，工作的开展始终坚持以育人为本，新时代"三全育人"的心理育人格局形成之后，心理健康教育与思想政治教育的关系就变得更加紧密，育人作用也将更加凸显。育人的目光不再以单纯地排除学生心理障碍、解决心理问题为终极目标，更在于服务于学生的全面发展，培养有健全人格、有本领、有担当的时代新人。加强高校心理育人体系的建设有助于开创高校心理健康教育事业的新局面，进一步为高校心理健康教育工作的发展找到新突破。① 其一，心理育人的深入发展重构心理健康教育工作的服务体系。它将进一步重构心理健康教育工作的人才队伍力量、知识体系，拓展和丰富心理课程内容，丰富心理健康教育工作的实践途径和手段，解决心理健康教育工作实施中的困境。其二，促使高校心理健康教育找到突破口和发展方向。从早期关注心理障碍到后来关注心理发展，再到强调育人，折射的是时代的变迁和教育理念发展的结果。随着学科的多元交叉发展，教育改革的不断深入，人们对心理健康教育认识将不断深化，心理健康教育与思想政治教育会更紧密地结合，届时必将促使高校心理健康教育找到突破口和发展方向，推动心理健康教育工作的全面

---

① 马建青、杨肖：《心理育人的内涵、功能与实施》，载《思想理论教育》2018 年第 9 期，第 89~92 页。

发展。

3. 凸显高校大学生社会心态疏导价值

习近平总书记在全国高校思想政治工作会议上的讲话中指出："要坚持不懈促进高校和谐稳定，培育理性平和的健康心态，加强人文关怀和心理疏导，把高校建设成为安定团结的模范之地。"[①]培育理性平和健康心态，做好大学生心理建设工作成为新时代思想政治教育重要任务之一，以凸显高校思想政治教育的社会治理功能。党的十九届四中全会提出："坚持和完善共建共治共享的社会治理制度，保持社会稳定、维护国家安全。社会治理是国家治理的重要方面，必须加强和创新社会治理"，"健全社会心理服务体系和危机干预机制"。[②]思想政治教育是促进社会治理的重要方式。[③]心理育人作为思想政治教育的重要组成部分，在一定程度上承担着社会治理功能，有利于帮助大学生疏导社会心态，促进社会心态治理。[④]

心理育人社会心态疏导价值指的是高校心理育人作为一种育人途径和方式，能够满足当前个体和社会现实的需要，对培育自尊自信、理性平和、积极向上的健康社会心态意义重大，具有积极社会心态引领、负面社会心态疏导和心理危机干预三重价值。心理育人作为价值客体能够满足育人主体的需要，同时心理育人本身属于思想政治教育的重要组成部分，蕴含社会治理功能，具有积极心态引导，负面情绪调处和一定心理危机化解等功能。更为重要的是，从主体出发，它能满足个体和社会解决重大现实课题需要（比如2020年新冠肺炎疫情）。在应对重大公共安全卫生应急事件下，加强社会心态疏导、救济、人文关怀和舆情传播成为全国人民共同的心理需要，而通过心理育人实践活动可以满足这个重大现实需求，从而促进心理育人社会疏导价值的实现。针对价值观、心理、人格正在形塑之中的当代大学生，及时加

---

①　习近平：《习近平谈治国理政》（第二卷），北京：外文出版社2017年版，第377页。

②　《中共中央关于坚持和完善中国特色社会主义制度推进国家治理体系和治理能力现代化若干重大问题的决定》，载《人民日报》，2019年11月6日。

③　郑永廷、田雪梅：《社会治理与思想政治教育的发展》，载《思想理论教育》2017年第6期，第10~15页。

④　陈虹：《论重大疫情应对中高校心理育人的社会心态疏导价值》，载《思想教育研究》2020年第3期，第71~75页。

强心理干预，扎实推进心理育人工作，加强在校大学生社会心态的疏导是必要之举，可凸显其治理价值。

二、社会工作心理育人观

（一）人在情境中：社会工作心理育人观的历史渊源和基本内涵

1."人在情境中"的历史渊源

"人在情境中"（Person-in-Envronment，PS）是社会工作专业理论与实践的重要概念之一。其中一个基本理念就是"人在环境中"（Person-in-Envronment，PE），这是一种系统论的观点，它将个体遇到的问题与环境中的各种因素结合起来，反对将问题单独归因于个体特质或某一外在因素的简单化观点，而从整个生态系统（包括生理系统、心理系统、社会系统、自然系统）着眼，寻找问题的根源和解决办法。这一思想从起源到成型，经历了长期的发展过程，直到最近 20 年才逐渐成为社会工作实务的主导性理念。在 1987 年，美国社会工作者协会等权威机构将社会工作界定为以"人在情境中"为基础的知识和理论以及服务。①

从历史渊源看，早期的社会工作实际上非常重视社会环境对个人的作用，早在 19 世纪末到 20 世纪初的英美慈善组织会社与社区睦邻运动中，倡导贫民住宅运动的简·亚当斯和社会个案工作的莫基人玛丽·瑞奇蒙德都很注重社会因素（如社会改革和家庭）对个人的影响。瑞奇蒙德在 1917 年出版了《社会诊断》一书，指出个人所遭遇的问题，是由于个体不能适应社会环境制度，或由于环境不良所导致的个人与社会关系的失调。住宅、失业、医疗卫生等环境因素，都可能是造成案主问题的根源。1922 年，她又出版了《社会个案工作是什么》一书，明确指出："社会工作者应当对个人的异常和环境的异常给予同样关注而不应当忽略彼此……（社会个案工作定义是）通过个人对个

---

① Comell K L. *Person-in -Situation：History，Theroy and New Directions for Social Work Practice*，Berlin：Praxis，2006，pp. 50-57.

人、个人与他人的社会环境之间的有意识调整，促进案主个性发展的过程。"①这是社会工作者第一次正式提出应当注重人与环境的关系以促进社会工作实践。这些论断奠定了社会工作专业的理论基础——从环境角度理解和干预个人以及其所面临的问题，而就实践而言，促进人与环境间的良性互动，提升个人适应环境的能力成为社会工作实务的主要目标和手段。可以说，就此种意义而言，"人在情境中"的观点即是社会工作专业化的发端。

但"人在情境中"观点的发展并非一帆风顺，在 20 世纪 20 年代至 50 年代，世界大战之后退伍士兵及其子女心理问题的大量涌现，弗洛伊德精神分析理论盛行使其一度成为社会工作者对问题的归因工具与工作取向：人们的注意力普遍集中在对案主心理动力的探究和分析上，注重案主本身对问题的主观看法和解释，强调案主心理感受及潜意识因素对行为的影响，重视"案主自决"原则的运用，而较少地关注社会情境因素。直到 20 世纪 50 年代，心理—社会学派对"人在情境中"观点的重塑，其代表人物托尔（Charlotte Towle）在这一时期正式提出了"人在情境中"的概念。② 20 世纪 60 年代之后，人们对个人病理学的社会工作模式有了更多的反思，社会工作者开始批评心理治疗只是一种点性的方法，忽略心理问题背后的深层社会问题。在这种社会氛围下洛伦斯·赫利（Florence Hollis）出版了《个案工作：一种心理社会疗法》一书，将人和环境因素的互动作为社会工作的关注焦点。她明确指出："个案工作的核心在于'人在情境中'这一观念，它包括三层含义：人、环境以及两者之间的互动。"③她的这一理论也被称为"心理—社会（Psycho-social）模式"，成为社会工作实务理论中的重要流派。然而，"心理—社会模式"更多的还是一种直接针对案主的心理动力学取向的社会个案工作，而很少通过直接影响环境获得案主困境的改善，它较少全面地认识环境工作，更多的是注意个人工作。"环境工作只被看作是工作者与案主周围人的关系，而不是对机构和社区或在

---

① Richmand. *What is Social Case Work? Russell Sage Foundation*，1922，pp. 98-99.

② 许莉娅：《个案工作（第二版）》，北京：高等教育出版社 2013 年版，第 23 页。

③ Florence Hollis. *Casework：A Psychosocial Theraty.* New York：Random House，1964，p. 10.

政治层面的干预。不过的确也提到了工作者有责任改变不合适的机构服务。"①

随着"人在情境中"概念的提出，人们越来越普遍地从这一视角对新社会下的社会工作实务进行专业反思和整合。社会工作的专业特征究竟何在？汉密尔顿第一个使用了"人与情境"（person and situation）这一词语作为论证社会工作"人道的"、临床职业之专业特征的一种方式。而在"人在情境中"的观点提出之后，更多的社会工作者开始据此为社会工作的专业性质和职业地位辩护。弗朗西斯·特纳也在他的《心理社会疗法》指出，社会工作者也应当掌握多种技巧而不仅仅是心理分析技巧，更加强调社会工作者利用社区资源的重要性，以及资源得到利用时对案主的"解放性效果"。另外一些社会工作者则对于把社会工作等同于心理治疗的观点进行了强烈批判，批判片面夸大心理因素的决定性作用而背离了社会工作注重通过社会情景帮助社会中的贫困群体和受压制群体脱离困境的优良传统。经由这一系列的努力之后，到了1980年，广义上的临床社会工作定义终于"重新确认了人在情境中的视角，同时重视社会和个人情境……（确定了）生物—心理—社会的视角和宽泛的知识基础"。② 这表明，"人在情境中"的基本思想已经在社会工作领域得到了基本的承认。

2."人在情境中"的基本内涵

"人在情境中"在英语中有两种表达方式，即"Peon-in-Situation"和"Person-in-Environment"。这两种不同的表达本质上是含着社会工作不同学派与工作取向的不同理解。比如，心理—社会学派就是"Peon-in-Situation"这一表达方式，其强调环境是服务对象的"situation"。该学派认为个人受到其生存环境内的诸多因素的影响，并且人的内心状态及所处的社会环境经常处于交互作用状态，因此必须注重人的心理因素和环境（社会）因素之调适。人的行为，既受外界环境压力的影响，也受内在心理冲突的影响。这两种影响以复杂的方式交互作用，个案社会工作应当综合考虑案主的内在心理过程、外在

---

① ［英］Malcolm Payne：《现代社会工作理论》，何雪松等译，上海：华东理工大学出版社2005年版，第18页。

② 汪新建：《人类行为与社会环境》，天津：天津人民出版社2016年版，第13页。

社会因素以及它们之间的相互影响，解决由于人心和不平衡所导致的问题。不难发现，心理—社会学派对"人在情境中"的理解兼有建构论与生态系统论的哲学内涵，即强调人与社会环境之间的交互与复杂关系。同时，从工作取向而言，其带有明显的适应与改良色彩、强调个人对环境的适应过程。但在实践中，其片面强调心理因素的决定性作用的心理动力学倾向而忽视环境的干预，也成了社会工作者所诟病的问题。

"Person-in-Environment"由美国社会工作者协会于1994年正式提出并使用，"人在情境中"用以描述服务对象的人际、身心状况与环境因素的知识系统，该系统兼顾了案主的问题和能力，强调问题不仅来源于个体特质同时也存在于个人与环境的复杂性。[①]此种表达方式受到系统理论渊源的影响，自20世纪70年代以来，系统论开始对社会工作领域产生深刻影响，尤其是其中的生态系统论。

生态系统理论（Ecosystems Theory）又称为社会生态系统论（Social Ecosystems Theory），它把人类的社会环境（如家庭、机构、群体、社区等）看作一种社会性的生态系统，强调生态环境（即人的生存系统）对于分析和理解人类行为的重要性，注重人与环境间各系统的相互作用及这种相互作用对人类行为的重大影响。它注重把人放在环境系统中加以考察，注意描述人的生态系统如何同人相互作用并影响人的行为，揭示了家庭和社会系统对于个人成长的重要影响。个人的生存环境是一个完整的生态系统，是由一系列相互联系的因素构成的一种功能性整体，包括家庭系统、朋友系统、工作职业系统、会务系统等；它是在环境与各种生态系统持续互动的主体，既受到各种不同社会系统的影响，也持续而主动地与其他系统进行互动。

"人在情境中"概念的提出与使用，使得社会工作者普遍接受人类行为"多元决定论"工作焦点从注重个人对环境的适应开始转向个人的赋权。总之，无论"人在情境中"观点在历史实践发展的脉络中如何演化，其在实践行动中强调人的主体性地位实质未变，注重人与环境的交互作用这一核心没有发生变化，其强调社会工作者调动环境中的有利因素帮助服务对象改变这一

---

① 参见曾华源、黄俐婷：《心理暨社会派，生态系统观点及增强权能观点对"人在情境中"的诠释比较》，载《东吴社会工作学报》2006年第6期，第63～89页。

基本工作手法也没有发生改变。

(二)"人在情境中"视角下的心理育人

心理育人是思想政治教育的重要组成部分,在大学生思想政治教育心理育人的基本范畴中,育人环境是其中重要的概念之一。思想政治教育的环境,是指对思想政治教育活动以及思想政治教育对象的思想品德形成和发展产生影响的一切外部因素的总和,包括自然环境和社会环境。人的本质属性是社会属性,是社会关系的综合体,显然社会环境是对思想政治教育活动和教育对象品德形成和发展产生影响的主要环境因素。就其覆盖面而言,可分为宏观环境和微观环境,宏观环境一般包括社会经济制度及经济生活条件、社会政治制度及现实政治状况、社会文化及各种文化活动、大众传播媒介等。微观环境是指对思想政治教育互动和教育对象产生直接影响的具体环境因素。即通常所说的小环境,它一般包括家庭环境、学校环境、社会组织环境、社区环境、同辈群体环境等。① 高校心理育人工作的本质也是立德树人,所以在育人环境这一点上,宏观育人环境是共融共通的,微观育人环境除了传统意义上的"小环境"之外,则更加强调心理距离、环境布局、人际互动等微观场域,这也是心理育人的专业性和服务性的特征所决定的。

对于高校思想政治教育心理育人的具体实践而言,微观环境是实践者可予以并施以影响的环境要素。近30年来,随着心理健康教育工作的不断发展,心理育人的概念也出现在高校思政教育"十大体系"里,在大学生思想政治教育过程中,形成的"全员育人""全过程育人"的格局也成为心理育人不断优化育人环境和提高育人质量的总体目标取向。各大高校结合自身实际,创新出多元的"心理育人"服务模式,形成"主体、客体、中介手段"的联动效应,将环境育人,特别是"全员育人"的目标追求不断探索推陈出新。如打造"学校—学院—班级—宿舍"四级工作网络、预警体系、家校社服务模式、"1+X"的服务体系(即1个心理健康咨询中心加N项育人主体)还有多元心理主题实践:电影沙龙、读书会、手语操展示、心情树洞、心情驿站、心理主题

① 参见陈万柏、张耀灿:《思想政治教育学原理(第三版)》,北京:高等教育出版社2015年版,第103~104页。

班会、心委素质拓展、沙盘体验等。

在心理育人层面，社会工作的"人在情境中"的理论与实践方面或许对大学生思想政治教育中心理育人的实现路径有所启示。一方面，就理论层面而言，就"人在情境中"的基本哲学基础与基本内涵而言，其基于社会生态系统论的基本观点，将个人的问题置于更大的环境中加以审视与考察，这本身与马克思主义的有关人与环境的辩证关系的基本观点是相吻合的。而就"人在情境中"对环境的界定而言，其与心理育人领域对环境的界定同样具有高度交叠性。另一方面，就实践逻辑而言，社会工作"人在情境中"关注个人能力提升、关注环境、关注人与环境互动的关系与大学生思想政治教育心理育人的实践逻辑具有耦合之处。其一，就目标取向层面，心理育人的目标取向是促进人的全面发展，而社会工作的实践目标取向是排除环境的妨碍，最终促进服务对象潜能的激发与能力的发展。其二，就方法与手段层面，"人在情境中"在实践中注重社会工作者扮演的资源链接者的角色，彰显与突出在为服务对象链接资源过程中的主体与中心地位。社会工作在发展历程中，就曾一度转向精神分析学派的目标与实务导向，受到来自多方社会工作学者的质疑，高校心理育人的工作中也曾存在这种专业偏向，强调"人在情境中"则正好弥补了心理育人工作的短板，重新审视工作者利用开发、链接资源在心理育人工作中的重要性。

在现阶段，学生工作者在大学生思想政治教育中处于主体地位，但其在促进心理育人过程中，特别是在形成"全员育人"这一追求格局过程中，其角色定位如何，实现路径如何选择仍是需要进一步明确的问题，而在此方面社会工作"人在情境中"对促进大学生思想政治教育心理育人，整合并调动各个育人主体形成合力的方法与手段具有较强启示意义。

三、社会工作参与高校思政工作心理育人的功能实现

社会工作"人在情境中"的基本视角强调个体能力的发展、强调环境、强调人与环境的互动是社会工作参与高校思政工作心理育人工作的行动策略。在此视角下，工作者能够从"全员育人"的生态系统理论入手从学校、家庭、

社区开展卓有成效的心理育人行动实践。通过行动实践的介入与反思，进一步探讨社会工作参与高校思政工作心理育人的内在逻辑。

（一）"人在情境中"：社会工作参与心理育人工作的行动策略

"人在情境中"即把人置身于其所处的环境系统来考量。首先，强调任何人都是"环境中的人"，反对将问题单独归因于个体特质或某一外在因素的简单化观点，而从整个生态系统（包括生理系统、心理系统、社会系统、自然系统）着眼。李勇、李卫华、张金俊在其主编的《个案工作》一书中阐明："人在情境中"认为人不能被看作一个完全独立自存的个体，研究一个人，一定要同时了解他所处的环境，即他的家庭、学校、朋友、工作场所等社会组别因互动所产生的状态。① 其次，"人在情境中"的观点认为无论是个人需要抑或生活任务，都源自同环境的互动，所以要从个体所处的环境系统去寻找问题的根源和解决方法。最后，个体生活任务的完成和个体需要的实现必须在特定的环境中运作，并且需要得到环境中资源的支持。而环境中的资源具有广泛性：包含任何用于实现任务目标、减缓困扰、解决问题及满足需要的一切有价值的东西，主要是有形的资源，如金钱、物质等。同时，还包括无形的资源包括爱、信息、服务、希望等。不难发现，"人在情境中"的理论核心在于人的层面、环境的层面、人与环境关系层面，因此，"人在情境中"实践逻辑的本质是工作者调动协调整合环境中一切的资源促进案主的改变。在具体的实践中，"人在情境中"的实践逻辑可从三个方面展开。

第一，关注个体能力的提升。所谓关注个体能力的提升，即关注个体解决问题、应对环境和发展自身的能力的提升。在心理育人工作中，高校大学生既是受育的客体同时也是育人的主体，旨在强调通过自身的能力（情绪管理、人际交往、自我认知等）建设来达到和环境相协调的目的。在这方面，社会工作的理论范式存在着若干不同的解读。以生态系统论和赋权理论为例，就个人的能力而言，生态系统理论将人的发展能力分为人际关联能力和胜任能力。人际关联能力指的是个人拥有与他人联结而建立关系的能力，这种能

① 李勇、李卫华、张金俊：《个案工作》，合肥：合肥工业大学出版社 2005 年版，第 47 页。

力源自个人人生发展早期亲子间的依恋关系程度，并由此奠定了个人未来所建构的各种人际交往能力的基础。胜任能力指的是通过个人与环境之间的成功交流经验，建立起的个人有效掌握环境的能力，包括自我的效能感、做决定的能力、获取资源和支持的能力。① 而赋权理论则认为每个人都不能缺少权能，个人的权能不是他人给予的，而是要通过社会互动不断增加。个人需求不足或者出现问题无法实现自我，主要是因为人受到来自环境本身的压迫而产生无力感、边缘化、缺权化。② 两种不同理论范式对"人在情境中"观点和对人产生问题的归因侧重点不同，但都对个体潜能的发掘持积极乐观的态度，相信人的自我改变、自我发展的意愿与能力。同时，对于心理育人的启示在于个人能力的欠缺，而不是简单的道德因素或心理因素造成的，更多的时候是与环境相联系的，需要增强受育者在环境中的"人际关联能力和胜任能力"，以应对来自环境对个体产生的无力感、挫折感等心理困境。

第二，关注环境。环境，就人类而言，指的是围绕着生物圈的空间和其中可以直接、间接影响人类生活和发展的各种自然因素和社会因素的总和。在社会工作实践中，环境被定义为在一个特别的区域，社会结构和建构的空间中人们以及他们之间的互动和变迁的整合。③ 一般意义上，环境可分为自然环境和社会环境，社会环境主要指个人、家庭、社区和阶级等，二者相互影响、相互渗透。按照系统理论，环境又分为微观的、中观的和宏观的环境，比如家庭、职场、社会就对应每个圈层的一个环境系统，虽每个环境系统对个体的影响有所区别，但每个系统之间也是相互渗透的，也应该看到社会对个人的影响往往通过家、学校这样的中介系统环境对个体产生影响。汉密尔顿兼顾了心理和社会两大要素，将"环境"分为内在的压力和外在的压力两种，两者之间相互作用，内在的压力指个人的压力、外在的压力来自家庭、朋友、老板、老师以及更大的文化、组织、家庭、社区、社会系统等的压力。

---

① 宋丽玉、曾华源、施教裕等：《社会工作理论——处境模式与案例分析》，台北：台湾洪叶文化事业有限公司 2002 年版，第 258 页。

② 宋丽玉、曾华源、施教裕等：《社会工作理论——处境模式与案例分析》，台北：台湾洪叶文化事业有限公司 2002 年版，第 420 页。

③ 宋丽玉、曾华源、施教裕等：《社会工作理论——处境模式与案分析》，台北：台湾洪叶文化事业有限公司 2002 年版，第 35 页。

社会建构主义的观点更是将环境的概念放大，认为个体其所处的环境是主观建构的，所以可用"情境"一词替换。在社会建构主义的观点看来，环境可以分为实际的环境、服务对象理解的环境与社会工作者理解的环境。

从社会工作视角出发，因其环境的丰富内涵，所以说关注心理育人的环境系统要做到：其一，既要关注有利于个体发展的优势资源，同时又要关注环境中阻碍个人发展的各种因素并在可能的情况下加以改变或重构，使之更有效地满足人的需要、促进人的发展。其二，关注受育者的个体内在的环境、与其联系紧密的生活的环境，更要关注不断变化建构着的微观、中观、宏观环境系统。其三，工作者要认识到自己本身对于服务对象而言就是其环境，同时也要关注自身所理解的环境，时刻检视自己的价值观和伦理，从而更好地服务受助者。

第三，关注人和环境之间的关系。所谓关注人与环境之间的关系即关注人与环境的交互状况。对于社会工作实务的目标取向而言，即力争把服务对象和他们所需要的资源、服务与机会连接起来。① 对于"人在情境中"的理论而言，其本质在于阐明人与环境之间的复杂关系；对于服务对象而言，对其产生影响的所有因素都可称为环境。在具体的实践中，就是需要将服务对象与其所处环境中的各种有利资源结合起来。由于资源的潜在性和不确定性，环境中的资源并不会主动满足服务对象，这就需要社会工作者为服务对象去寻找、挖掘并链接环境中的资源、使环境中的资源惠及服务对象。另外，由于服务对象自身的局限性，无权或无能感也会使得其"人际关联能力"弱化，发现不了自身和环境系统中的有利资源，所以，社会工作者资源链接者的角色显得尤为重要，以帮助服务对象发掘整合资源促进案主问题的解决。

在心理育人工作的实践过程中，如在传统意义上的心理健康咨询工作中，学生工作者多扮演咨询服务角色而较少扮演资源链接者的角色，虽然在一定程度上从专业的角度缓解了受助者的心理压力和无能感、无助感，但在促进"人际关联能力"即建立个体与环境的资源链接桥梁作用能力方面则稍显不足。通过调适性的资源供给，发挥中介桥梁作用，使服务对象与环境之间达

---

① 库少雄：《人类行为与社会环境》，武汉：华中科技大学出版社 2005 年版，第 18 页。

成良好适应状态，其中，既包括服务对象个体的增能，同时也包括扫除环境障碍，消弭环境与人之间的隔阂，建构起积极的人际关系，从而使环境资源惠及服务对象。

综上所述，在"人在情境中"理论下心理育人工作的行动策略指向即个人、环境和人与环境之间的关系，这三个指向并非实践行动中需同时介入的三个层面，而是在实践行动过程中具有不同的意义价值。首先，关注个体，旨在关注个人能力的提升，是实践行动中的目标指向，即所有实践行动的目的是促进服务对象的增能。其次，关注环境是实践行动的条件指向，即环境中的资源是保障服务对象增能的基础条件和资源。最后，关注人与环境之间的关系的实践行动的方法取向，即要达至个人的增能，虽然有环境中的资源作为条件，但最终还是需要通过人与环境的有效链接方能实现。

(二)"人在情境中"框架下社会工作参与心理育人的行动实践

在"人在情境中"的心理育人观的理论框架下，社会环境起到决定性作用，尤其是对个体产生直接影响的微观环境，如家庭、学校、社区等。基于社会工作"人在情境中"的行动策略，在心理育人工作中需要从个体增能、环境系统的协调和人与环境资源链接层面进行干预行动，关照受育者的生理、心理、社会问题来促进"三全育人"。在此方面，笔者与同仁们在"人在情境中"的理论指导下，开展了大量行动实践，以促进心理育人工作的开展。

1. 增强权能，自立自强

心理育人的终极目的是育人，行动实践的目标是促进个人能力的提升，通过对学生负面情绪的调适，自信心的培育、训练，学习工作生活的引导以及优势资源的发掘等方式能够帮助学生增强权能，帮助学生建立自信，促使其变得自立自强、向上向善。

案例 8-1：学会强化自我效能，悦纳自我

LL 女，20 岁，出生于湖北一个偏僻的农村，家中有三姐弟，父亲在煤场务工，母亲患有间歇性精神病，丧失了劳动能力，每年需要在治疗上花费不少的费用，整个家庭就指望着父亲每个月微薄的收入。LL 平时

沉默寡言，有很强的自尊心和自卑感，大一期间因为英语和计算机两门课程的"挂科"，在谈话中其情绪非常低落，表现出对学习的困惑和对生活的"无兴趣感"，使我开始关注这个学生。起初，她除了跟我谈学习上、生活上的事之外从来没有提起过家里的情况，每次问起，她也总是避而不答。后来，通过与其宿舍舍友和家长的沟通才了解到她患有颈椎病、贫血等生理疾病，长期生理上的阴影使其从高中到现在一直饱受折磨，也害怕告诉别人，学习上生活中总是提不起激情，考试的"挂科"让她的自信心受到了更大的打击，觉得自己很没用，对不起父母和老师。

该生的心理问题表现在自卑心理、较强的自尊心和学习压力，由于家庭的经济状况和学习负担让其产生挫败感和无力感。我从以下几个方面入手：首先帮她申请到了困难学生的资助，并且鼓励她申请勤工助学的岗位，暂时解决了经济上的困难。其次，帮助其消除自卑感。其间，我鼓励她多参加集体活动、竞选班干部，与同学建立友谊，不把与学生交往当成一种负担。同时，我鼓励她加强身体锻炼，不要总看着自己身体的不足，也要看到自己身上的优势。最后，鼓励其进步成长。当她竞选上了班级的生活委员的时候，全班同学给予她热烈的掌声，我也对其鼓励表扬；后来发现她具备文笔好的特长也在周日点评和课堂上表扬，并带领她做大学生科研立项。第二年暑假当她利用暑假时间去兼职拿到第一份工资时她满心喜悦地给我打电话说："老师，谢谢您的鼓励，让我战胜了挫折，战胜了自己，我不再是同学们眼中的 L 小妹了。"可以看到，经过一年的时间，她完成了蜕变，脸上洋溢着自信的微笑。

该案例是 L 班主任介入其班上学生 LL 的故事，在心理辅导的过程中，注意强化对 LL 的增能是主要亮点，通过鼓励其学生参加集体活动建立自信、克服自卑。让学生看到自己的点滴进步，强化自我效能，悦纳自我，并鼓励其敢于尝试去经历，最后让学生获得自信和自助的能力，变得自立自强。

案例 8-2：社会工作介入自我增能

FH，女，20 岁，大三，性格内向，讲述了她的一段经历：

大三那年，我发现自己像只丑小鸭，周边的女同学都相互交谈着交男朋友、化妆、打扮和娱乐活动的时候，我却插不上嘴，我感觉这些离我非常遥远。渐渐地，我发觉我总是独来独往，在哪都是一个人，小组团队的活动她们不叫我，知道我也不会去。我经常怀疑我自己，我真的是不合群吗？我连说真心话的朋友都没有。后来，班主任 T 对我进行辅导，她首先对我说"不能界定为不合群，这是个人自由，这也正是你的独特性所在"，我本以为她也会认定我是不合群，反而她却正面认同了我的性格特征，后来班主任成了我的良友，她会经常找我沟通谈心。后来的几次谈心，她问到我在大学里有没有真心对我的朋友，我说我这个人不怎么友好，别人不会跟我做朋友，我自己也觉得交不到真心的朋友……她说："你这是认知偏差，可能你的成长经历使你成为现在特立独行的风格，但它是你的优势同时也有劣势，以后踏入社会进入职场是要同人打交道的，所以你的人际沟通能力一定要拓展，当你不能改变环境的时候，你就要学会适应环境。我相信你如果你把在学习上的认真劲放在这上面一定能够有所突破，可以做到吗？"在班主任的教导下，我按照他的建议每天试着跟不同的同学说话交流，一个月以来我发现效果很好，我在院级三好学生班级投票中的票数也没有以前惨淡了，很多同学也主动跟我开起玩笑起来，说我是一个外冷内热的人。

我很感谢 T 老师，假如不是他那个阶段的计划逼着我去提高自己的沟通能力，我永远都无法突破自己，也不能相信自己能做到。我现在在公司做 HR，真正能感受到人际交往能力的重要性。正是在有了这样一段经历让我相信只要决心想做成一件事，就要看你决心下得够不够，当你不能改变环境的时候就试着改变自己，人的可塑性是最强的。

上述案例是 T 老师介入的一个案例，讲述的是其帮助经常感到孤独感、人际交往能力欠缺的 FH 学生，通过引导学生自我澄清、人际拓展训练和能力建构，完成人生蜕变的经历。同样，班主任充分尊重学生的独立性地位，不对其偏差性人格作出评判，而是循序渐进地开展心理援助帮扶，最后通过提升学生自身的自我认同，激发起向上向善的心理动机，塑造其人格品性。

不难发现上述两个案例共同之处在于，充分从受助者的主体性地位出发，介入的目标最终聚焦到学生的自我增能，使其克服心理障碍，增强战胜困难的信心，锻炼自立自强的意志品质。

2. 构建社会环境支持网络

从"三全育人"出发，每一个环境系统都是大学生心理育人工作不容忽视的环节，大学生的家庭、学校和社区是其微观系统，与其日常学习、生活和工作最为联系紧密，从社会工作"人在情境中"理论出发，构建社会环境的支持网络有利于促进"全员育人"格局的形成，提高心理育人的实效性。

案例 8-3：家校联动

GH，20 岁，大二，来自湖北某农村。原生家庭因为母亲患间歇精神障碍，父亲再娶，母亲进入精神病院治疗好转后随外公居住。其父亲常年在外，自由职业，有入狱前科，因借高利贷欠债，为了逃离债主，四海为家，电话号码频换，GH 自小跟随爷爷奶奶长大。大二以来，GH 频繁逃课去网吧打游戏，有时甚至通宵，也放弃以前做过的兼职和家教，发表的 QQ 说说也极其消极，学院已经向他下达了给予处分的决定。作为班主任的我，在尝试找副书记与其谈心、"写保证书"未果之后，决定从其家庭方面入手，首先，与其姑姑（GH 经常提及的她最亲的家人）通话，一方面了解了 GH 父亲对其成长的影响，另一方面告诉其在学校的学习、心理状态，并嘱咐其姑姑对他进行疏导工作；其次，从姑姑口中得知 GH 和姑姑的子女（儿子和女儿，都已经工作，在培训机构做老师）比较有共同话题，平时也是最处得来的亲友，我打电话邀请 GH 的表哥来到学校进行了一次简短的面谈。看到远道而来的表哥为了自己的事而来，面对表哥的严厉斥责其当场流下泪水，并诉说压抑已久的委屈，把父亲对他的冷关心和漠视从心底说了出来，得到了情绪上的宣泄（因为其父亲不给其交上大学的学费，向他索要他做兼职家教挣到的钱，不给他就言语呵斥、威逼相加，使其无心上学，用游戏来转移注意力，只有在游戏中才是最放松的，自己才是最自由的）。最后，我嘱咐其表哥和表姐在生活中多去关心 GH，并和姑姑、表哥、表姐建立起来支持网络，并及时向他们反馈其在学校的优异表现，形成了良性的互动育人机制。

在行之有效的干预之下，大三的 GH 及时调整状态重修了拉下的专业课，并在我们的帮助下做出了自己的人生规划——考取了中学教师资格证，毕业后当上了一所民办中学的数学老师兼班主任。

在上述案例中，GH 心理层面的问题主要是由于原生家庭的破裂。对其成长经历造成重大影响，从而在大学初期产生自卑自闭、自我放弃等系列学习、生活适应性问题。笔者从家庭—学校联动视角出发，通过搭建起家庭成员姑姑、表哥、表姐和班主任、辅导员、副书记的支持网络，系统全面地多线开展工作，最后帮助其成长。家庭是个体最重要的社会环境之一，不幸的家庭环境会导致人的一生都在治愈家庭环境造成的创伤，"心理—社会模式"下的联合家庭治疗模式、萨提亚沟通模式都能够为传统的心理育人工作提供建设性思考。

案例 8-4：协同任课老师参与

ZW，男，21 岁，一个非常有思想的男生，看了很多书，心气儿很高，用他的话说因为高考失利本来是考重本的结果来到二本院校。从大一开始他就十分用功地学习立志考一所"985"高校的研究生，不然觉得对不起自己。考研结果出来之后，他如愿以第 10 名的初试成绩进入复试，结果在复试阶段表现不好被刷，面试完之后他就把电话关机、微信、QQ 信息屏蔽，封闭自我。作为班主任的我，来到其宿舍把他约到操场与其沟通，当问及其为什么面试环节问题出在哪儿时，他很洒脱地说："面试没问题，就是有个加试的专业测试，写一个对社会热点的看法我觉得太不专业了，'985'学校就这样，我就随便写了一下就交卷了，结果出来看到只给了我 50 分，就这样我的总成绩下去了，刷了。"我又问道："你下一步计划怎么办，准备调剂吗？"他斩钉截铁地说："不调剂了，'985'学校也就这样，况且通过这次面试我感觉我对它失望了，对我们专业也没有热度，我计划'二战'考法学硕士，这个更实用，对我以后工作更有帮助。"通过与他的对话，我发觉这个学生认知存在偏差，过于自负，为了让他正确认识自己，作出关键选择，我主动联系里其他几位任课老师，让他们从他们的视角来介入这个个案。通过 L 老师和 Z 老师的两次辅导面谈，帮其分析了利弊、澄清其认知归因上的偏差，后来其主动积极的争取调剂，并最后选择了一所西部高校读研，打消了再次考研的念头。

此案例是笔者当班主任时做过的个案，作为班主任的我面对 ZW 学生在学业选择上出现岔路口的时候及时引导，当进一步发现从考研一事暴露出来的其存在认知偏差和归因错误问题时，其自负的人格严重影响到他的人际生活、学习动机，笔者并没有直接指出其问题所在，而是果断放弃与其死磕到底的盲目干预，积极主动地与任课教师沟通，让他们通过各自的视角来帮助其改善认知、归因方面的问题，从而让其更能清楚地认识自我。笔者在此过程中，通过转换工作方法，避免了单独为战的困局，及时加强同任课老师的沟通，寻求专业的帮助，从而达到对 ZW 学生心理育人的效果。

案例 8-5：朋辈群体的支持

LJ 老师分享了她在做学生工作时的一段经历：

CC，来自城市独生子女家庭，性格比较敏感多疑。大一时，其作为青年志愿者协会的宣传干事要负责写新闻稿，当其把新闻稿以 QQ 的方式发给其部长（也是其直系学姐），部长提出了很大修改意见并嘱咐其凌晨 2 点之前必须改好，而其觉得是部长对他有看法：对别的干事从不这样，为什么偏要我这么晚去弄，所以他选择没有理会，关机睡觉第二天再改。后来，青年志愿者协会会长在第二天的总结会议上对 CC 提出批评，理由是自由散漫，对事情不负责任，态度有问题。CC 觉得是部长学姐对会长告密，气不过就退出了青年志愿者协会 QQ 群，把协会的所有关联同学都拉黑不联系。回到宿舍的他也因为这件事心里久久不能释怀，无故对室友发脾气，不和任何人讲话，在接父母的电话时也语气不好，并且还经常说"你们都逼我，都不喜欢我"诸如此类反应过激的话。当我从班长（和 CC 住同一宿舍）口中得知这一情况之后，我首先跟 CC 有过一次沟通，为了让他打消心中的疑惑，进一步了解事情背后的真相，我让班长协同 CC 三个室友一起来帮他：三个人分工负责，班长负责联系青年志愿者协会部长，并鼓励 CC 主动加部长 QQ 并表达歉意，给他出主意邀请部长当面道歉；另外两名室友和 CC 关系比较近的两名女生也在我的倡议下，形成了 5 人小组，以茶话会的形式与其交流谈心，并从他们的立场分析其遇到的问题帮助其认识自己处理问题的方式，增强面对问题的信心而不是选择删除联系方式的形式来逃避。

过了一个星期，CC 给我发来他和学姐关系重归于好的 QQ 消息截图和他和室友们一起生日会的照片，开心地留言："老师，我做到了，真的很感谢我的这帮哥们，还有学姐她们都帮助了我很多，让我有了勇气去解决发生的问题，我相信我会变得更好的。"

LJ 老师通过这个案例，让我们看到处在青春期的大学生很普遍的人际关系处理问题，大学小社会，工作学习处理不当也会给其带来心理上的包袱和压力。LJ 老师通过巧妙借助朋辈群体的力量来化解 CC 学生遇到的人际关系处理方式不得当、认知极化等问题，朋辈群体相比教师有着一定优势，他们和案主有着相似的地位身份、年龄、经历和认知，能够站在学生的立场上去同感问题学生经历的一切，提供及时的心理帮助。"没有一顿火锅解决不了的问题，有的话，那就两顿"，这句话也反映出学生朋辈在解决人际关系问题的独特路径，把问题化繁为简，利用好朋辈资源有时也不失为学生工作者的一种方法选择。在这个案例中，虽然老师的工作在幕后，但整个心理育人工作的过程老师是来把控的，台前和幕后工作彰显出这种方式的联动效果。

案例 8-3~案例 8-5 展现了班主任老师协同家长、任课老师和学生朋辈达致心理育人的目标。三个案例的行动过程具有相似之处，即学生工作者将家长、任课教师和朋辈群体作为心理育人过程中的积极因素加以挖掘与调动，促进学生的成长与发展。从上述案例不难看出，与大学生联系最紧密的是微观的社会环境即家庭、学校（教师队伍）、朋辈群体，作为具有社会工作专业背景的学生工作者在解决学生心理成长的问题上，遵循了"人在情境中"的行动框架。在具体工作方法上，为学生构建社会环境的支持网络，让他们有信心、有能力去解决问题而避免无力感和无能感，家庭、学校、朋辈从自身的环境系统给予困境学生的援助能够帮助受助学生悦纳自我、拓展潜能。

3. 发掘、链接、整合有效资源

回溯心理健康咨询到心理育人的发展历程，一般高校心理健康中心是开展心理育人工作的主阵地，配备了专业的心理询老师和场地、设施。值得注意的是心理健康中心提供的服务是一种被动式的服务模式，也就是说，专业心理咨询服务的提供必须是学生主动去寻求咨询才能惠及服务对象。在调查中，我们发现绝大部分学生由于自尊心、对心理问题的认知不足、传统文化或是信息闭塞等因素影响，并不会主动去寻求心理咨询，这实际会造成一种人所需要的资源与环境中实际拥有的资源的一种隔离状态。除此之外，由于专业心理咨询师聚焦问题的点集中于学生的心理层面的问题，加之心理干预的时间范围限制，使其不能延伸拓展关注到学生其他方面的问题，在帮助学生发掘、链接整合资源层面存在明显短板。所以说，在心理育人工作日常实践中，学生工作者一是要积极引导学生主动求助更为专业的心理咨询，"强化专业的人做专业的事"，突出利用更为专业的心理咨询加以解决学生出现的各种心理问题；二是要补齐心理专业咨询之外的短板，发掘、链接、整合其他有效资源，促进生理、心理、社会问题的全面解决。

案例 8-6：寻求专业心理咨询服务

WS 是我班上的一个女学生，比较追求完美主义，有轻微的洁癖和强迫症，跟我反映说她想换宿舍。她觉得宿舍的同学不爱干净，作息上也截然不同，跟她格格不入，影响到自己的学习和生活。我后来私下找她的室友了解情况，发觉并不是像她描述的一样，才知道她撒了谎。经过几次谈心沟通，她慢慢向我吐露心声，她对学习生活都没有兴趣，自己想学可是就是没有动力。后来，我鼓励她参加院宣传中心活动(因为发现她在新媒体上有特长)，负责平时活动拍照、新闻推送的工作，慢慢地她开朗了许多。最大的一个转折点是，我陪她去了学校的心理辅导中心，经过心理老师的心理疏导后，她说效果很好，感觉心理上得到了种宣泄。后续我把心理咨询老师的电话给了她又鼓励她约了几次心理老师，她的整个精神面貌都好了很多。之前一直要求换寝室，今年换寝室的时候，她并没有跟以前的室友分开，后来跟室友的关系处得很好，并且热爱上了健身还找到了男朋友，最后二人都考上了南方某所高校的研究生。

上述案例是笔者当班主任时，帮助班上 WS 学生主动寻求心理咨询服务，解决了她认知与行为上出现的偏差问题，促进她恢复心理健康状态。在与 WS 学生的互动中，发现她存在一些人际交往障碍，后其积极采取措施进行干预。笔者发现其单亲家庭和高中时的患病史让其产生极大的自卑感和落差，形成自闭的人格，通过主动为该生寻求专业的心理咨询服务，以帮助其解决更为深层次的认识偏差问题。

案例 8-7：学校、家庭联动，助力解决心理问题

我们班有个女生，ZYS，大一入学时，有一次我借助学金评定申请跟她谈话，无意中发现她非常紧张，甚至全身发抖，不敢抬头。见状后我问她为什么这样，她说她对老师有种恐惧感，很害怕跟老师说话。在我追问下，才告诉我原来她父亲是自己以前初中的语文老师，成绩不好的时候父亲就会严厉斥责、打骂，因为父亲出轨和母亲离异，自己被判给了父亲抚养。"在学习方面，我从来没有自信，反正好坏他总是不满意，我想逃离他可又逃离不了，我好无助无力，我什么也做不了，妈妈也长时间没有联系……"认识到 ZYS 学生的问题的复杂性，第一步，我陪同她去学校心理咨询中心，通过心理咨询老师的介入，让她在情绪上得到宣泄，将压力释放出来；等待其情绪稳定下来后，我在情感上对她给予及时的呵护，并跟她交朋友，让她感受到爱与支持，使其对老师的紧张感有了进一步的缓解。第二步，我鼓励她上课多发言，敢于说出来，克服恐惧和紧张。在任课老师的积极帮助下，她慢慢地进步，每位任课老师的课堂上都积极发过言，主动问老师问题，坦然了许多；还参加了学院的话剧社，拿到了第三名的成绩。第三步，由于 ZYS 的深层次问题在于其成长经历中原生家庭的破坏，父母离异，母亲不在身边，加之父亲粗暴打骂的管教方式使得其性格内向、胆小，缺乏安全感，甚至产生

一种自卑感、无力感。通过和其父母亲的通话，其母亲每个月都打电话主动关心其学习生活，给女儿 500 元作为零花钱。其父亲也在我和心理老师的沟通下，认识到自己家庭教育存在的问题，表示会加强和孩子的沟通，共同帮助孩子的健康成长。

大三的时候，她主动加入我负责的社区困境儿童服务项目，在辅导一个和她有着相似家庭背景的案主时，她主动要求做小组长并很好地负责开展社工志愿服务，个人能力得到明显提高、变得更加开朗和自信。

此段谈话是 J 老师的一段自述，谈及班上一位女生对老师产生强烈的恐惧心理，从而出现应激障碍。在发现该问题后，J 老师通过挖掘家庭、学校和社区的有利资源，帮助学生 ZYS 链接心理咨询老师，通过任课老师和社团活动帮助其建立自信，克服自卑感，通过家庭亲子关系的整合重塑，帮助她感受家庭的爱与关心，最后通过志愿者服务活动锻炼其社会适应能力和集体协作能力，促进学生生理、心理、社会层面问题的解决。

在上述两个案例中，具有社会工作专业背景的两位班主任老师发现学生的认知与行为问题后，判断其问题需要更专业的心理咨询服务，积极主动地为学生提供专业心理咨询服务并且以点带面地促进学生问题的全面改善。进一步考量不难发现，这一行动过程背后体现了社会工作"人在情境中"的实践逻辑在学生工作者主体意义脉络中得以建构后，在学生工作实践中对该专业行动框架的有效运用。

综而述之，上述七个案例总体上呈现了具有社会工作专业背景的学生工作者与家庭、任课教师和心理咨询老师协同开展育人活动的行动实践。从个体潜能、环境系统和人与环境互动层面开展的行动实践，在上述案例中均能发现社会工作"人在情境中"参与心理育人的行动策略，促进了心理育人工作的全面发展。

（三）"人在情境中"行动框架促进心理育人功能实现的内在逻辑

社会工作"人在情境中"的行动框架之所以能促进心理育人工作的有效开展，其在实践中具有自身的内在逻辑。具体而言，此种内在逻辑至少表现在以下方面：

1. "人在情境中"的价值追求是对"心理育人""全方位、全员育人"思想的有效落实

首先，习近平总书记在全国高校思政工作会议中规划了"三全育人"思想政治教育工作的布局，将立德树人作为高校思政工作的中心环节。心理育人是思想政治教育工作的重要组成部分，也将"全方位、全员、全过程"的"三全育人"思想作为行动指南。大思政下的"全方位、全员育人"，意指调动环境中各主体要素，并加以整合，以求得育人环境的优化，并最终通过全面育人实现育人实效性的提升。具体到心理育人范畴，需要在传统的心理育人主体上进一步调动、组织与整合起育人要素，从自发性转变为自觉性，从被动性转变为主动性，促进心理育人实效性的提升，协同其他育人体系，提高育人质量，最终实现立德树人的终极目标。

其次，社会工作"人在情境中"的行动框架下的价值追求的本质是助人，是全方位地助人，在高校学生的特殊实践场域中，"助人"的价值追求在很大程度上蕴含着"全方位、全员育人"的目标取向。目前，学生工作者运用社会工作"人在情境中"的行动框架在传统心理咨询工作场域外，开展了卓有成效的助人活动，产生了积极"育人"效果，极大丰富了心理咨询工作的育人实践。

在上述诸多案例中，笔者及多位具有社工专业背景的学生工作者同仁在学生工作行动实践中积极主动地去调动与整合学生环境中的各个要素开展对学生的育人实践，以促进学生个体的成长与发展，从而无形中促进了"全方位、全员育人"格局的有效实现。就此种意义而言，社会工作"人在情境中"的理论与实践发挥了促进"全方位、全员育人"格局形成的潜在效用；更进一步而言，"人在情境中"的价值追求是对"心理育人""全方位、全员育人"思想的有效落实，其具体行动实践产生的潜在效果也践行着思想政治教育工作的核心实质，即"立德树人"。

2. "人在情境中"的行动策略使"心理育人"的"全员育人"更具明确性

在思想政治教育心理育人范畴里，"全员育人"中的"全员"（育人主体）在广义上指代所有能对心理育人开展产生正向影响的所有主体要素，强调整体

性的全面性。就此种意义而言，其指代是抽象的。然而，在其心理育人的实践过程中，"全员"应当是具体的，即主体需要考量哪些要素会对学生个体产生影响，是正向的还是负向的。在此层面上，需要工作者根据学生个体的具体情况和需求，具体情况具体分析对能调动和整合的环境要素加以考察。因此、"全员"的概念在实践中并非抽象的，而是具体的。

社会工作"人在情境中"的行动策略从个体、环境和个体与环境的互动关系出发，在心理育人实践中，首先会对受助学生的主体需求与心理状态、环境中的资源与障碍及其个体与环境的关系加以评估与界定；其次从心理问题出发，以点带面，进一步发掘其他困扰学生的问题，可以关照到心理育人的全方位性；最后确定哪些环境要素阻碍了个体的成长与发展，哪些要素可以被挖掘、调动和整合，进而促进个体与环境资源的链接和修复。这就使得"全员"的内涵在具体的时空中具有了明确性、周全性、可针对性。在具体行动策略上，学生工作者就有了明确而具体的调动、整合或改善的育人要素。因此，社会工作"人在情境中"的行动策略在具体实践中能使得"全员育人"中的"全员"更具明确性。

3. "人在情境中"的实践逻辑拓展了心理育人实践主体的角色定位

心理育人工作在实践中强调的是"全方位、全员、全过程育人"，是具体的，结合心理育人的发展历程，这种"全育人"格局还有待加强，核心环节与诸多育人要素仍处于被动或是自发的潜在状态。一直以来，作为心理育人主体的心理健康咨询中心由于其特殊性和专业性并不能做到在保证自身主动性、自觉性的前提下，去激发心理育人系统中的其他环境要素和潜在参与力量。在调动、激发、组织和整合心理育人力量和资源方面的优势也不及与学生接触最多，最了解学生的问题与需求的一线学生工作者。这就造成了心理健康中心在心理育人实践中往往处于孤军作战的状态，往往不能与其他育人主体形成有效的协同育人状态。若进一步加以考量不难发现，此种工作状态的形成主要是由于心理育人学生工作者的角色定位不准，把职责主要是面向学生而未充分将其角色定位置于"全方位、全员育人"的格局中加以审视。

社会工作"人在情境中"对实践中的角色定位十分清晰与明确，不仅承担着心理咨询师的心理治疗者、辅导者的角色，更承担着具体服务的提供者、支持者、引导者、协调者和资源的链接者的角色。在此种角色定位中，实践者的工作职责就不仅是面向于对象，而且要面向服务对象的环境，这就使得工作者在实践中必须主动自觉地去调动服务对象环境中的各种资源要素，整个育人的过程具有了主动性与自觉性。

上述社会工作参与心理育人的行动实践的诸多案例能够看到具有社会工作背景的学生工作者在育人的过程中很好地诠释了心理支持者、辅导者、服务提供者和资源链接者的定位，尤其是资源链接者的角色，能够在个体和环境系统中架起一座桥梁，建立起学生和各育人主体之间的长效联系，发挥真正的协调育人的效应。就此种意义而言，"人在情境中"的实践逻辑拓展了心理育人实践主体的角色定位，在实践中，进一步突破了单一的心理咨询者的角色定位，丰富拓展了心理育人实践主体角色的内涵。

附录：

新时代大学生思想政治工作现状调查问卷

问卷编号：_____

访 问 员：_____

调查日期：_____

亲爱的各位同学：

您好！衷心感谢您参与此项调查！

为了了解目前我国新时代大学生思想政治工作现状，我们将开展一次系统性的问卷调查。我们将从各大高校的同学中随机抽取部分同学作为代表，很高兴，您是其中的一员。

问卷的题目为选择题，答案没有正确与错误之分。请您根据自己的实际情况和真实感受进行填写。选择题有单选与多选之分，每题干后均有说明，请在对应选项上打"√"。

本次调查问卷采取无记名的方式，我们将严格遵守《中华人民共和国统计法》的相关规定，对您的回答予以保密。

再次感谢您对此项调查活动的大力支持！

《新时代大学生思想政治工作现状调查》课题组

2020 年 6 月

一、基本信息

1. 你的性别是：

A. 男　　　　　　　　　B. 女

2. 你来自：

A. 农村　　　　　　　　B. 城市

3. 你所学专业属于：

A. 理工医农类　　　　　B. 人文社科类　　　　　C. 艺术体育类

4. 你所在院校的类型是：

A. 211、985 大学　　　　B. 省、市属公办大学

C. 民营大学　　　　　　D. 高职高专

5. 你是否提交过入党申请书：

A. 是　　　　　　　　　B. 否

二、调查内容

6. 你所学习过的思想政治理论课开展的形式有：（可多选）

A. 翻转课堂　　　　　　B. 传统教学　　　　　C. 网络课程

D. 实践活动　　　　　　E. 其他

7. 你对学习思想政治理论课程的态度是：

A. 非常喜欢，对相关知识涉猎广泛，有意向以后从事相关工作

B. 将理论作用到实际中去，提高生活质量

C. 学校强制规定学习，完成任务即可，重点放在其他学科

D. 以后不参与相关的工作，没有了解的必要

8. 你认为现阶段完善思想政治理论课程教育的有效路径是：（选三项）

A. 全校各个系统形成合力，营造"大思政"氛围

B. 加强对课堂和学生的管理

C. 增加更多的社会实践环节

D. 教学手段与方法创新

E. 多媒体资源平台资源建设

F. 思政课老师要更加具有人格及个人魅力

G. 其他(请注明)＿＿＿＿＿＿＿＿

9. 你认为你的专业课老师在教学、科研和实践过程中注重培养学生如下内容的程度如何？

内容 ＼ 选项	非常注重 (5分)	比较注重 (4分)	一般 (3分)	不大注重 (2分)	根本不注重 (1分)
(1)以德为先、德法兼修					
(2)人文素养与人文情怀					
(3)科学精神与科学伦理					
(4)深入基层，服务民众					
(5)社会责任感与使命感					

10. 你与专业课老师沟通与请教学习以外的内容多吗？

A. 非常多　　　　　　　B. 比较多　　　　　　　C. 一般

D. 很少　　　　　　　　E. 从不

11. 你的专业课教师乐意与你交流为人处世的话题吗？

A. 非常乐意　　　　　　B. 比较乐意　　　　　　C. 一般

D. 不太乐意　　　　　　E. 非常不乐意

12. 你认为专业课教师除了讲授专业知识外，对学生思想与价值观引领的作用重要吗？

A. 非常重要　　　　　　B. 比较重要　　　　　　C. 一般

D. 不太重要　　　　　　E. 根本不重要

13. 你如何评价学校组织的社会实践教学内容：（可多选）

A. 丰富课堂教学，很有收获

B. 很多，但是与理论联系不够紧密

C. 流于形式，玩大于学

14. 你认为实践实训是大学生将所学理论内化为思想、外化为行为的重要环节。

A. 非常同意　　　　　B. 比较同意　　　　　C. 一般

D. 不大同意　　　　　E. 根本不同意

15. 你愿意参加大学生"互联网+"的创新创业的赛事吗？

A. 非常愿意　　　　　B. 比较愿意　　　　　C. 一般

D. 不大愿意　　　　　E. 根本不愿意

16. 你所在大学的校园精神或文化对你精神、价值的形塑影响是：

A. 非常大　　　　　　B. 比较大　　　　　　C. 一般

D. 不太大　　　　　　E. 没什么影响

17. 你对学校或学院组织开展的各种传统文化、红色文化、革命文化、社会主义先进文化活动的评价是：

A. 非常好，能从中获得非常多的知识

B. 比较好，收获还算比较多

C. 一般，平时自己都知道

D. 不太好，没有太大的收获

E. 没意思，只是一种形式主义而已

18. 你能背诵你所在大学的校训吗？

A. 能　　　　　　　　B. 不能

19. 你觉得大学生校园文化建设的有效途径是：（可多选）

A. 校风教风学风建设

B. 持续开展文明校园创建活动

C. 建设一批文化传承基地

D. 充分发挥校园建筑景观、文物和校史校训校歌的文化价值

E. 加强高校原创文化精品创作与推广

F. 其他(请注明)＿＿＿＿＿＿＿＿

20. 网络在我们文化交流中扮演着重要角色，您觉得网络对你了解思想政治的相关内容有帮助吗？

A. 很有帮助，增强我的相关知识

B. 有相对帮助，只是在我不熟悉的领域有帮助

C. 一定帮助，我的网络只用来我所感兴趣的领域

D. 对于我了解思想政治没有太大帮助

21. 你所在的学校/院系是否有思想政治工作新媒体载体(微博、微信、平台等)(若选"B 否"，请跳过第 23 题)？

A. 是　　　　　　　　　B. 否

22. 思政网络新媒体对你的政治观形成是否有影响：

A. 非常大　　　　　　B. 比较大　　　　　　C. 一般

D. 影响不大　　　　　E. 没有影响

23. 你认为你所在的学校/院系思想政治工作新媒体载体存在哪些缺陷：(可多选)

A. 平台的服务力、吸引力不够

B. 网络文化产品形式、内容单一

C. 经费不足、运营困难

D. 人员配置简单

E. 推送时间不科学

F. 关注度不高

24. 你认为学校开设心理健康课程对你的帮助大吗？

A. 非常大　　　　　　B. 比较大　　　　　　C. 一般

D. 不太大　　　　　　E. 没有帮助

25. 当你遇到心理问题时，你会第一时间想到去校心理咨询中心咨询吗？

A. 会，觉得心理老师肯定能帮到我

B. 不会，不是很相信

26. 你更愿意参加哪种形式的心理主题相关活动：(可多选)

A. 团体辅导

B. 心理主题班会

C. 大学生心理健康教育课程

D. 心理知识相关讲座

E. 其他(请注明)_____

27. 你所在学校(或院系)的学生管理与奖惩制度完善程度如何？

A. 非常完善   B. 比较完善   C. 一般

D. 不大完善   E. 很不完善

28. 你所在的学校或者院系有制定自律公约吗？

A. 有   B. 没有   C. 不知道

29. 你对学校以下人员工作效能的评价是：

内容 ＼ 选项	非常好 (5分)	比较好 (4分)	一般 (3分)	不大好 (2分)	根本不好 (1分)
(1)行政管理人员(教务处、学工部、院系办公室等部门)					
(2)后勤保障人员(宿管、食堂、保安等)					
(3)图书馆工作人员					
(4)辅导员					
(5)班主任或导师					

30. 你认为从学生角度出发，学校可以从哪些方面入手完善工作：(可多选)

A. 建立健全管理服务育人制度体系

B. 营造民主、有序、到位的育人环境

C. 加强规范管理、严格要求

D. 加强宣传教育，提高自律意识

E. 推广先进经验和典型做法

F. 其他（请注明）＿＿＿＿＿＿＿

31. 你学校在宿舍文化建设或评比中最重视的是：（可多选）

A. 宿舍卫生

B. 宿舍装饰与布置

C. 宿舍学风与总体成绩

D. 是否建立宿舍公约与规则

E. 宿舍人际关系和谐

F. 其他（请注明）＿＿＿＿＿＿＿

32. 你觉得你所居住的宿舍区像是一个有"人情味"与归属感的社区吗？

A. 是的，有归属感，很温暖

B. 不是，只是个暂住蜗居的地方

C. 说不清，没有什么特殊的感觉

33. 你认为学校对"贫困生资助的认定"精准吗？

A. 非常精准　　　　　　B. 比较精准　　　　　　C. 一般

D. 不大精准　　　　　　E. 很不精准

34. 你认为获得各种资助的同学做到如下方面的程度是：

选项 内容	非常好 (5分)	比较好 (4分)	一般 (3分)	不大好 (2分)	根本不好 (1分)
(1)投身志愿服务					
(2)认真刻苦学习					
(3)如实陈述家庭状况					

35. 你认为学校针对大学生的各种资助政策完善程度如何：

A. 非常完善　　　　　　B. 比较完善　　　　　　C. 一般

D. 不大完善　　　　　　E. 很不完善

36. 你对校、院学生会的工作满意度如何：

A. 非常满意　　　　　　B. 比较满意　　　　　　C. 一般

D. 不太满意　　　　　　E. 很不满意

37. 你认为在学生会、社团等学生组织中工作收获大吗？

A. 非常大　　　　　B. 比较大　　　　　C. 一般

D. 不太大　　　　　E. 没有收获

38. 如果你在学生会、社团等学生组织中锻炼，你想收获什么？（可多选）

A. 个人能力的提升

B. 正确价值观的塑造

C. 个人人际交往圈的扩大

D. 能和老师有更多接触、交流的机会

39. 你认为社团、学生会等学生组织有什么不足：（可多选）

A. 组织过于松散，缺乏凝聚力

B. 缺乏老师的指导与扶持

C. 事务性工作太多，活动内容单一

D. 学生自主性不强，对学生多使用、少培育

E. 其他(请注明)＿＿＿＿＿＿＿

后　记

　　本书系湖北省高等学校马克思主义中青年理论家培育计划第六批(省社科基金前期资助项目)的最终成果。该成果的完成是项目组成员和湖北工程学院2018级社会工作专业、思想政治教育专业部分同学共同努力的结果。该书全文主要由张微和王祖根共同参与完成。其中，张微完成本书全文思路、大纲的设计勘定和问卷设计，王祖根负责前期数据、案例和文献的收集和整理，后期全书文稿初步勘定工作由两人共同完成。

　　本书第二章社会工作：一种大学生思政工作路径优化的行动策略、第三章社会工作与高校思想政治理论课课程育人、第四章社会工作与大学生思政工作实践育人、第五章社会工作与大学生思政工作学生组织育人、第六章社会工作与大学生思政工作管理服务育人、第七章社会工作与大学生思政工作资助育人、第八章社会工作与大学生思政工作心理育人等部分内容主要由张微执笔和勘定；王祖根主要完成本书第一章新时代大学生思政工作育人现状的实证分析、第三章社会工作与高校思想政治理论课课程育人、第四章社会工作与大学生思政工作实践育人、第五章社会工作与大学生思政工作学生组织育人、第六章社会工作与大学生思政工作管理服务育人、第七章社会工作与大学生思政工作资助育人、第八章社会工作与大学生思政工作心理育人等部分内容的执笔和勘定。同时，其余项目组成员卢时秀、季小天老师以及曹云龙、聂蔚奚、兰海霞等同学也为本书的完成做出了不小的贡献，还有本书责任编辑胡国民老师的辛苦付出，在此一并表示感谢！

张微